从悉尼歌剧院眺望悉尼海港大桥　　姚 军　摄于 2003.12.7.澳大利亚

从戴维斯角远眺悉尼歌剧院　　姚 军　摄于 2003.12.8. 澳大利亚 悉尼

从伊甸火山顶俯瞰奥克兰　　姚 军　摄于 2003.12.16.新西兰

晚霞中的自由女神像　　张纯磊　摄于 2004.1.22.美国

江南人家　　姚 军　摄于 2005.8.18. 浙江 绍兴

跑马溜溜的青海湖　　姚 军　摄于 2006.7.31.青海湖边

藏东香格里拉——巴松错　　姚 军　摄于 2006.8.7.西藏 林芝

甘南拉卜楞寺一角　　姚 军　摄于 2006.8.7.甘肃 夏河

扎什伦布寺　　姚 军　摄于 2006.8.7.西藏 日喀则

黄白分明的墙——拉卜楞寺　　姚 军　摄于 2006.8.7. 甘南 夏河

念青唐古拉山　　姚 军　摄于 2006.8.16.西藏 纳木错

神山神水的圣湖——纳木错　　姚 军　摄于 2006.8.16.西藏

拉萨河大桥　　姚 军　摄于 2006.8.17. 西藏 贡嘎

西藏最美丽的圣湖——羊卓雍错　　姚 军　摄于 2006.8.17.冈巴拉山口

节日的浦江之夜　　姚 军　摄于 2007.10.5. 上海 浦东外滩

桨声灯影里的秦淮河　　姚 军　摄于 2008.2.15. 南京 夫子庙

中国唯一的俄罗斯民族村——室韦　　姚 军　摄于 2009.7.29. 内蒙 额尔古纳

中国北方最大的湖——呼伦湖　　姚 军　摄于 2009.8.2. 内蒙 满洲里

辽阔的呼伦贝尔大草原　　姚 军　摄于2009.8.2. 内蒙 满洲里

瞧瞧呼伦湖的天 呼伦湖的云 呼伦湖的水　　姚 军　摄于2009.8.2. 内蒙 满洲里

长白山天池　　姚 军　摄于2009.8.10. 吉林 延边

荷　花

姚 军　摄于绍兴兰亭

紫荆花

姚 军　摄于南京理工大学

圣诞花

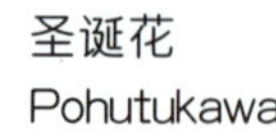

Pohutukawa

姚 军　摄于新西兰惠灵顿

二月兰

姚 军　摄于南京理工大学

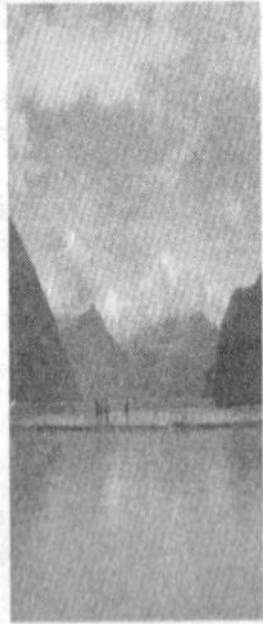

DA XUE MEI YU

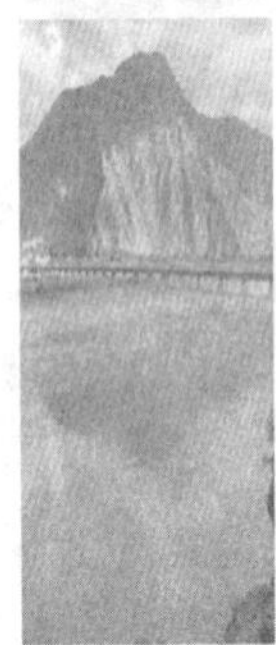

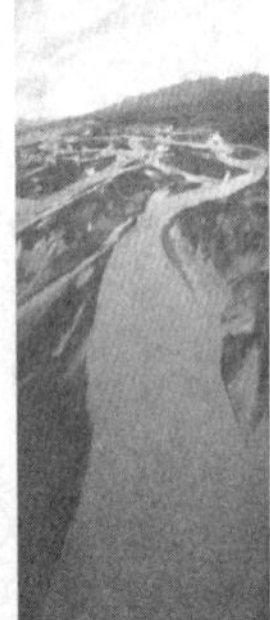

http://www.ndip.cn

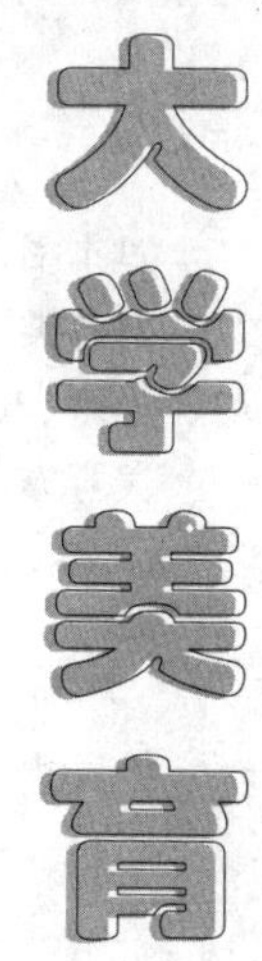

姚军 著

国防工业出版社

内 容 简 介

《大学美育》是根据我国高校的特点、尤其是理工科大学生的实际情况而编写的。通过本书,可以使读者了解并掌握大学美育的基本理论,懂一点文学艺术的基础知识,提高对各类文学艺术样式(如小说、散文、诗歌以及音乐、舞蹈、绘画、雕塑、建筑、摄影、戏剧、电影、电视等)的鉴赏能力,扩大知识视野,陶冶思想情操,从而使读者在德、智、体、美的美育方面有长足的进步。

图书在版编目(CIP)数据

大学美育/姚军著. —北京:国防工业出版社,2010.2
(2016.2 重印)
ISBN 978-7-118-06749-1

Ⅰ.①大… Ⅱ.①姚… Ⅲ.①美育—高等学校—教材
Ⅳ.①G40-014

中国版本图书馆 CIP 数据核字(2010)第 027471 号

※

国防工业出版社出版发行
(北京市海淀区紫竹院南路 23 号 邮政编码 100048)
腾飞印务有限公司印刷
新华书店经售

*

开本 787×960 1/16 **插页** 4 **印张** 16 **字数** 267 千字
2016 年 2 月第 1 版第 3 次印刷 **印数** 6001—8000 册 **定价** 28.00 元

(本书如有印装错误,我社负责调换)

国防书店:(010)88540777 发行邮购:(010)88540776
发行传真:(010)88540755 发行业务:(010)88540717

目录

上篇 大学美育基础理论

中篇　文学艺术基础理论

上篇　大学美育基础理论

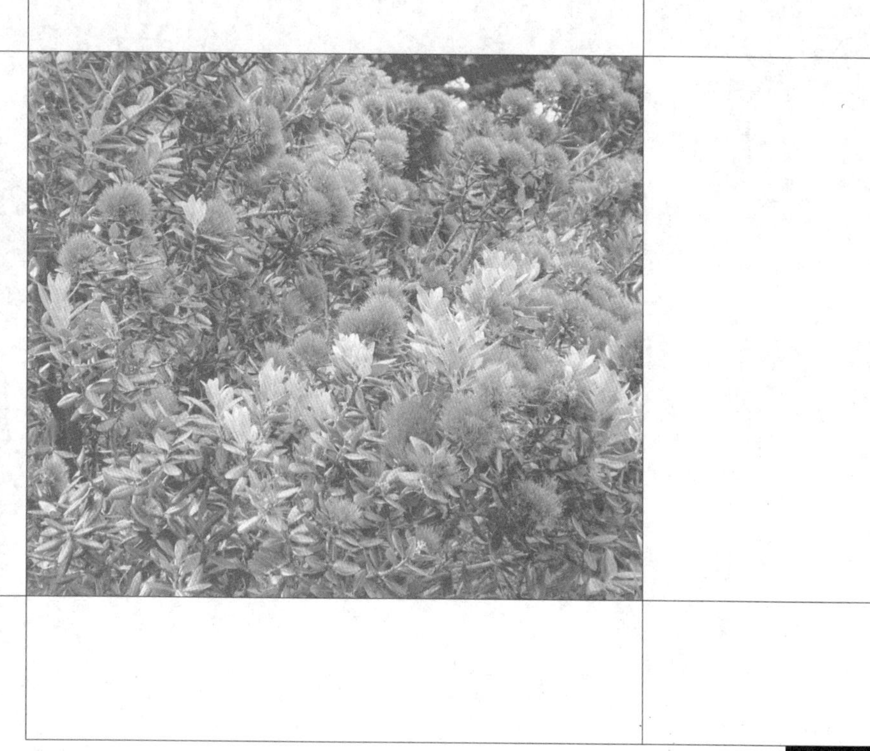

第一章 关于大学美育

美育，又叫审美教育，或称美感教育。它作为美学和教育学的交叉科学，在理论指导上是美学的，但在具体实践上又是教育的。因此，美育是一门运用美学理论于教育实践，培养人们正确的审美观点和欣赏美、创造美的能力，引导人们按照美的规律来塑造自己心灵，健全完美人格的科学。美育实际上也是一门人类自身美化的科学。

美育，和德育、智育、体育一样，都是我国社会主义教育方针的重要组成部分。美育作为一种特殊的教育手段，它可以通过人们对生动、具体、可感的美的形象的直观感受，从而激发和净化人们的情感，陶冶思想情操，提高生活情趣，最终潜移默化地起到教育的作用。

大学美育与家庭美育和社会美育不同，它又区别于学校美育中的小学美育和中学美育。大学美育以美学理论为指导，以文学艺术教育为主要途径，通过对中外文学艺术精品的欣赏、人类优秀文化遗产的把握和美的创造活动，来培养大学生正确的审美观念、审美情趣、审美想象和审美情感，使之形成崇高的审美境界和审美理想。通过对美的事物的感受能力和合乎美的法则的创造能力的培养，提高大学生的文化素质，使之成为品德高尚、知识渊博、体魄健壮、人格完美的高层次复合型人才。因此，大学美育是一种侧重于精神素质和文化素质培养的特殊的高等教育活动。

第一节 美育的追溯

美育的起源可以追溯到远古时的原始社会。一部世界的教育的发展历史，同时也涵括了一部美育发展史。在古希腊、古罗马和中国的先秦时代，人们都已认识到美育的地位和作用，并把美育和德育、智育、体育结合在一起。

一、西方美育思想

在古代西方，公元前6世纪至4世纪希腊雅典的所谓“缪斯教育”，就是指美育和智育。古希腊哲学家柏拉图（公元前427年—前347年）十分热衷于美育，特别是音乐教育，认为“音乐是求心灵的美善”。柏拉图的学生亚里士多德（公元前384年—前322年）在教育史上首次提出了要根据学生身心自然发展的顺序来实施美育的主张，以达到教育、净化和精神享受三方面的社会功能。古罗马诗人贺拉斯（公元前65年—公元8年）提出了著名的“寓教于乐”的论断。他认为，“寓教于乐”既可以劝谕读者，又可以使人发奋。

在中世纪西方的封建社会里，文化教育沦为神学的奴婢，但美育在这个时期却是学校教育的重要内容。当时的教会学校、宫廷学校和骑士教育中教授的“七艺”，就有音乐等科目。尤其是文艺复兴时期，美育思想更为活跃丰富。意大利人文主义教育家维多利诺（1378—1446），把他办的学校称为“快乐之家”，倡导个人的协调发展。他突出强调音乐和古典语文课程，要求教师以爱的情感去培养学生的高尚道德情操。法国人文主义教育家拉伯雷（1494—1553），首先提出了德、智、体、美、劳“五育”并举、全面发展的教育思想，认为整个教学过程应当富有美感。捷克教育家夸美纽斯（1592—1670）的美育思想更趋完善，他认为“人的本身，里外都只是一种和谐”，因而应当全面和谐地发展，学校应当使学生在美的环境中受到美的熏陶。

在近代，西方的启蒙学者们一开始就把美育作为启蒙教育的重要内容。法国卢梭（1712—1778）的“自然教育”，贯穿着美育和德、智、体密切结合的思想。18世纪末和19世纪初西方的古典美学家们，如德国的康德、席勒、黑格尔等人，都对美育给予了充分的重视。特别是剧作家、诗人、美学家席勒（1759—1805）首创了“美育”一词，并在美学史上第一个提出了比较完备的美育理论。他认为审美教育的意义在于提高人的社会道德水平，把“生物人”转化为“社会人”，即理智的人。他还明确提出了德、智、体、美“四育”的概念。后来，德国教育家赫尔巴特（1776—1841）把“审美的兴趣”作为教育的目的之一，并把美育课程正式列入教学计划，第一个在教育体系中确立了美育的地位。

19世纪中叶以后，西方的现代美育思想更为丰富和深刻，苏联教育家马卡连柯（1888—1939）和苏霍姆林斯基（1918—1970）的美育思想尤为突出。马卡连柯倡导德、智、体、美、劳“五育”的和谐统一，并主张采取课堂艺术教育，创造审美环境，加强课外审美实践，以及把文明行为和习惯的培养纳入美育范畴等。苏霍姆林斯基认为，统一的完整的教育过程，应当体现德、智、体、美、劳“五育”的互相渗透和统一，美育可以促进德育、智育和体育的发展。他还认为审美教育对于丰富、陶冶人的情感有着直接的效果。

二、中国美育思想

中国自先秦时代，就已奠定了中国美育思想的基础，尤其是儒家和道家的美育思想对后世影响较大。

中国是最早出现学校的国家，也是最早出现美育的国家。商代学校的“四艺”（礼、乐、射、御），周代学校的“六艺”（礼、乐、射、御、书、数），其中的“乐”，可以说是综合的艺术教育。那时的人们就已经懂得了“乐所以修内”的道理。

我国古代著名的思想家、教育家孔子（公元前551年—前479），作为儒家学派的创始人，他的美育思想为整个中国封建社会儒家美育思想的发展奠定了基础。孔子主张“诗教”和“乐教”，认为懂得礼乐的人，才能算是全人。他还强调美和善的和谐统一，并把“尽善”、“尽美”作为崇高的美育理想和艺术评价的美学标准。孔子对艺术的情感特征和社会功能也有充分的理解，所谓“诗可以兴，可以观，可以群，可以怨”，就是说艺术形象能使人在情感上潜移默化地受到感染和陶冶，从而把握社会伦理道德规范，达到人我之间、个体与群体之间的和谐一致。

儒家美育思想的集大成者是荀子（约公元前313年—前238年），他对美育作了比较深刻而系统的论述。荀子认为“声乐之入人也深，其化人也速”，艺术教育具有“美政”、“美人”、“美俗”的社会功能，可以干预国政，而至“美天下之大本”。

以老、庄为代表的道家在美育方面也有自己独到的见解。道家的美育思想从“无为而无不为”的“道”是美的根源出发，强调审美的超功利性，把审美的境界看做是一种只可意会而难于言传的理性直观。老子的所谓“大音希声”，指的就是人们陶醉于音乐的意境，浮想联翩，达到听声而不闻声的境界。这正是美育的重要特征。

先秦以后，中国的美育经历了一个曲折的发展过程。在漫长的中国封建社会里，儒家和道家的美育思想并没有得到很好的继承和发展。直到近代，美育才又被倡导、论证，得以实施，列入了教育方针，纳入了教学计划，成为完整的教育体系中一个相对

独立的重要组成部分。

近代中国，第一个将美育置于教育学角度论述的是学贯中西的著名学者王国维(1877—1927)。他提倡实施“完全之教育”，将美育与德、智、体并列，认为美育能培养“完全之人物”，能使人的“精神之能力”和谐而全面地发展。

辛亥革命后，明确地将美育列入教育方针，更全面、更深刻地论述美育、提倡美育的是教育家蔡元培(1868—1940)。他是中国美育史上开一代风气之先的人物，他提出了著名的“以美育代宗教”的主张，还提出了具体实施美育的方案。后来，梁启超(1873—1929)进一步阐明了美育对情感的陶冶作用，提出要把“情感教育放在第一位”。

“五四”运动以后，美育经过近代的启蒙更为广泛活跃。王统照说，美育是“改造人间的福音、划除万恶的利器”，能“使人生达到完美完善之地”。郭沫若认为，文学艺术创作的目的是为了“人”，要解决人的“感情的美化”问题。吕澄提出，要通过美育来实现“美的人生”。丰子恺和欧阳予倩等人发起中华美育会，出版《美育》会刊，大力传播美育思想。朱光潜认为“美感教育的功用在怡情养性”，“文艺能给我们更深广的人生关照和了解”，“能帮助我们建设更完善的道德的基础”。他们这些论述，从不同的角度深刻地触及了美育的本质和核心问题，对美育的实施起到了良好的促进作用。

第二节 美育的特点

美育作为支撑高等教育大厦的四根支柱之一，它和德育、智育、体育一样，是培养全面发展的新人所不可或缺的，要遵循科学性、系统性和理论联系实际等共同的原则。但美育又与其他“三育”有所不同，其特点最明显地表现在形象性、愉悦性和终身性这三个方面。

美育最显著的特点是形象性。美育不是用抽象的理论、道德的说教、概念的演绎，而是用具体的、可感的、生动鲜明的形象来教育人，用美的形象来感染人，并通过美的形象，来引导教育对象去感受美、欣赏美、理解美，从而达到“怡情养性”的目的。

比如，九寨沟之美，它不是抽象的观念。如果我们抽象地谈论九寨沟，决不会引起人们对它的美感。然而，当我们来到四川省的阿坝地区，置身于九寨沟的雪山、森林、湖泊之间，感受就不同了。那里的一切都呈现出不见纤尘的纯净自然本色：湖水终年碧蓝澄澈，明丽见底，随着光照变化，季节推移，展示出各异的色调和风韵。秀美的，玲珑剔透；雄浑的，碧波万顷。风平浪静时，蓝天、白云、远山、近树倒映湖中，“鱼游云端，鸟翔海底”的奇景层出不穷，水上水下，虚实难辨，梦里梦外，如幻如真。五彩池则是阳光、水藻及湖底沉积物的“天然之作”。一湖之中鹅黄、黛绿、赤褐、绛红、翠碧等色块组成不规则的几何形状，斑驳迷离，如同铺开的一匹五色锦缎。视角移动，色彩亦变，一步一态，变幻无穷。还有珍珠滩清澈的片状水流，在浅黄色的钙华滩上湍泻，难以数计的生物钙华体如卵如贝，漫滩列布，激起无以尽数的水珠，团团卷卷，蹦蹦跳跳，阳光之下，晶莹闪烁。涉滩而过，“滚滚银花足下踩，万顷珍珠涌入怀”，使人顿觉万分惬意。同时也会让人真切地感受到九寨沟之美，祖国的大好河山之美，从而也会激发出当代大学生们热爱生活，热爱祖国的崇高情感。

美育的第二个特点是愉悦性。美育实际上是一种情感教育，反映在审美教育的实践过程中，就表现出愉悦性的鲜明特点。许多大学多年来的美育教学实践也表明，一堂高质量的美育课总是能激起学生感情上的共鸣，从而产生审美愉快，并在美的享受中，使自己的情感得到净化，心灵得到升华。同学们听完课也觉得“不累”、“开心”，走出课堂时的感觉与上其他课时的感觉完全两样。一种舒心、兴奋的情绪充满心田，久久不能平静。这就是“寓教于乐”的教学效果。比如，在医科大学里，老师用人体模型去进行医学教育，虽然这人体模型是具体的、形象性的，它的各个部分都是按科学的比例展现在学生面前，然而它不是美的形象，它没有灵魂，没有生气，它不可能传达出制造者的思想情感，教学双方也都不动感情地在教在学。但在美育课上，当老师介绍“米洛的维纳斯”时，课堂气氛就完全不一样了。学生通过这尊虽然残缺不全，但却极精美的艺术品，会由衷地体会到那位不知名的古希腊雕塑家丰富的情感。维纳斯那沉静典雅的表情，曲折有致的身姿，表现出一种人性的尊严，一种充满生机、充满活力的向上的力量，一种对于幸福和自由的向往，“她”在呼唤着生命，激发起大学生纯真的情感。这就是美的艺术形象给人们所带来的审美愉悦。

美育的愉悦性还应包括两个方面：一是采取自觉自愿的自由的方式进行美育；二是在不知不觉中潜移默化地完成美育。事实上，人们总是怀着浓厚的兴趣去参加审美活动的，总是出自内心热切的愿望而不是由于外力的强制去听音乐，看画展，欣赏影剧，游览名胜，并从中得到美的享受。相反，在强压之下，决不会产生愉悦。有的家长强迫自己的孩子去学画练琴，完不成任务要受罚，这反而会让孩子产生视艺术为畏途的念头，这样的教育就不是美育了，而是对孩子身心的某种摧残。总之，审美活动是一种令人愉悦的情感的自由活动。美育必须由受教育者自觉自愿、自然而然地接受，依照个人的心理需要和兴趣爱好去自由地进行。

美育对人产生不知不觉、潜移默化的影响，往往不是一朝一夕完成的，这里不可能出现“突变”的奇迹，而只能是在日积月累、逐步深化中“渐变”。美育要靠长期作用，逐渐形成稳固的心理定势，从而对人的性格、精神、气质等产生长远而深刻的影响，使其终身难以逆转，最终达到“欲罢不能”的境地。

*美育的特点之三是终身性。*一个人生命的诞生，应该从躁动于母腹之中的胎儿算起。对于胎儿，我们是难以对其实施德育、智育和体育的，可是美育却可以先行。所谓“胎教”，便主要指的是美育。难怪蔡元培先生要提出在风景佳胜处设立“胎教院”，让孕妇们住在匀称、玲珑的建筑里，欣赏优美的自然风光，听听美妙的音乐，实行对胎儿的美育。“胎教说”并非无稽之谈，现代科学已经证明胎教对于人的一生的重要作用。婴儿一降生，美育又马上直接地对婴儿发生作用。妈妈哼唱摇篮曲，孩子大点了要带他去观花草、听鸟鸣，让婴儿在大自然的怀抱中和美妙的歌声中获得最初的美育。经过幼儿园、小学、中学直到大学，人在家庭之中、学校之中和社会之中，在无处不在的美的教育之下成长起来，乃至步入中年、老年，或许接受其他教育相对过去要减弱，但美育却会仍然进行着，甚至较前还会有所加强。很多退休的老人学画作诗，潜心于艺术，养花喂鸟，结缘于自然，在美的世界里颐养天年。我国近年出现的“老年大学”里，所教授的课程大多是美育类的课程。因此，美育贯穿于人的一生，美育给人以不可磨灭的深刻印象，终生难忘，直到生命的终止。

第三节　为什么大学也要实施美育

大学时代，是每个有机会接受高等教育的人的最宝贵的时间段。在这个时间段里，人的精力是一生中最充沛的，接受能力也是一生中最强的。大学实施美育，对提高大学生的文化素质，对大学生的道德规范、情感净化和智力发育，都有相当大的帮助。大学美育的重要性是显而易见的，它是培养高等人才的大学教育中不可或缺的重要组成部分。

一、大学实施美育，提高大学生的文化素质是时代的要求

当前，在我国高等学校加强文化素质的教育和美育具有非常重要的意义，这也是当前国际高等教育改革和发展的一个热点。提高大学生的文化修养和美育修养，符合我国教育方针，切中当前时弊，是改革教育思想和人才培养模式的重要探索。

进入21世纪，世界上许多发达国家和发展中国家都在进行高等教育的改革和探索，其基本着眼点都是如何提高人才素质的培养。国际上经济和科技的竞争，说到底是人才质量的竞争。而人才质量的差别不仅在于人所掌握的专业知识和技能，更在于人的基本素质。其中文化素质居于非常重要的地位。大学所培养的人才的文化基础和美育修养比起专业知识来，在更深层次上反映着人才的质量。

文化素质教育和美育在今天被广泛地重视和强调，也是有着深刻的历史必然性。20世纪初，大学的教学内容经历了从古典人文学科课程到近代学科课程的质的转变，这就是高等教育史上一次重大的进步。然而，几十年来，人文教学教育和自然科学教育的关系并没有处理好，自然科学教育被强化的同时，人文科学教育却被逐步地削弱。历史发展到今天，许多国家的教育忽视了精神、道德、理想和情操方面的内容，丢掉了树人的根本方向。对于发展中国家来说，在走向现代化的道路上加强对青年一代的文化素质教育和美育，特别是弘扬民族优秀文化传统，尤具重要意义。

在我们面向21世纪，规划我国高校教育改革的蓝图时，必须重视世界高等教育的发展趋势，必须把我国高等教育放到世界高等教育改革和发展的大背景下加以考察和思考。我们不仅要参与激烈的国际经济竞争，面对复杂的国际政治环境，而且还要实现经济的持续增长和社会的全面进步。因此我们面临的挑战，很大程度上是对教育的挑战，特别是对高等教育的挑战。这种挑战集中到一点，就是要求我们培养出德、智、体、美全面发展的高素质人才。因此，在大学实施美育，是历史赋予我们的重大使命。

二、大学实施美育，有助于大学生的道德规范培养

道德感化，是美育的重要社会功能之一。美和善是一对亲兄弟，人的内在美与德行是密不可分的。我们介绍美学中的社会美和以社会美为主要内容的艺术美的作品，其本身就是一种善的载体。以美引善，寓教于美，使我们的大学生在对美的事物、美的形象和美的理想的感染中，形成自己的道德规范。我国现代许多优秀的文艺作品，由

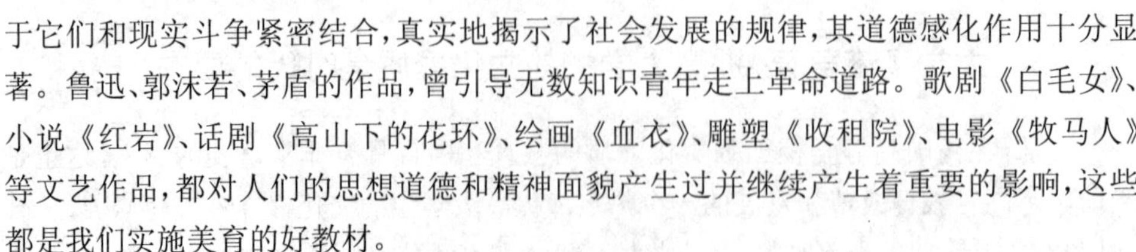

于它们和现实斗争紧密结合，真实地揭示了社会发展的规律，其道德感化作用十分显著。鲁迅、郭沫若、茅盾的作品，曾引导无数知识青年走上革命道路。歌剧《白毛女》、小说《红岩》、话剧《高山下的花环》、绘画《血衣》、雕塑《收租院》、电影《牧马人》等文艺作品，都对人们的思想道德和精神面貌产生过并继续产生着重要的影响，这些都是我们实施美育的好教材。

三、大学实施美育，有助于大学生的情感净化

美育教育不但可以丰富当代大学生的情感，而且还可以帮助他们发扬积极健康的情感，抵制和克服消极邪恶的情感，使之情感纯洁化、高尚化，从而进一步提高人的生活情趣，美化心灵，完善大学生的人格。

人的情感是复杂的，其表现形式也是多层次的。现代心理学家认为，人有低级情感和高级情感之分，其区别就在于前者是情境性的，它往往与一时一事的具体情境相联系，波动性较大，它会随情境的生灭而生灭。而后者则较多地表现为理智性因素，也较持续稳定。对于大学生来说，我们所需要培养的就是这样一种包含广泛、丰富、深刻的思想观念和理性判断的高级情感。而实施美育正是培养这种高级情感的最佳方式。别林斯基曾高度评价俄国著名诗人普希金的作品对人的情感所起到的净化作用。我们在引导大学生读普希金的诗作之后，有位同学在作业中这样写道："普希金的诗歌是十分优美的，其情感本身也是优美的。从他的字里行间，我感到作为艺术家的普希金，他的情感世界中有一种高贵、温和、雅致、柔情和馥郁的东西，读他的作品，对于培养我们大学生高尚的情操是一种极好的方法。他特别适合我们年轻人。"

四、大学实施美育，有助于大学生的智力开发

美育对于进一步开发大学生的智力、促进技能和潜能的良性发展，有着不可忽视的作用。现代脑科学研究成果表明，利用美育，将形象思维和逻辑思维（又称科学思维）有机地结合起来，可以充分调动"次要半球"的积极性，又可补偿"优势半球"的机能，使人脑左右两半球得到平衡协调的发展，就能有效地开发人的智力、技能和潜能，这对长期缺乏形象思维训练的理工科大学生，尤显重要。清华大学一贯重视大学美育。几十年如一日，他们的体会是：8-1 ＞ 8，即每天抽出一小时时间来开展有组织的美育活动，它的学习效果要比整天埋头苦学功课好得多。南京理工大学艺术团钢琴

班的同学也反映，每天练琴一小时，可以促进和提高学习效率。

中外许多著名的科学家都具有较好的艺术修养，这对他们所从事的科学研究都起到了良好的智力开发的作用。爱因斯坦会拉小提琴，这已举世皆知；李四光谱写了中国第一首小提琴作品，被载入中国音乐史册；钱学森在接受党和国家领导人授予他“对国家作出重大贡献的科学家”的荣誉时，深有体会地在“答谢词”中谈到“音乐给予他的帮助”。1981年诺贝尔化学奖获得者、美国康奈尔大学教授罗尔德·霍夫曼更是语重心长地对大学生说：“发挥他们最大的潜能研究自然科学，同时还要充分利用大学学习所提供的难得的机会，大量吸收人类文明的伟大成果——文学、哲学、艺术、音乐等等，缺少这些，我们的人格不可能完整。”大量的实践证明，美育对于智力的开发、思维的发展，无疑起到了极大的促进作用。

总而言之，在我国高等学校里实施美育，开展对当代大学生的美育教学，是历史赋予我们的任务，是一项十分繁重和艰巨的系统工程。虽然美育在当今中国的大学里还刚刚起步，与传统的学科相比，它还很稚嫩，但是它所显示出来的生命力却是旺盛的，其发展前景也是十分广阔而令人乐观的。在许多大学校园里，吸引力最大、感召力最强、选修人数最多的课程，首推美育课。这一点，足以建立起我们的信心：只要学校领导重视，教务部门积极支持，美育教师辛勤耕耘，一定能开创我国大学美育的新局面。一个欣欣向荣的美育的春天，一定会迅速到来。

第二章

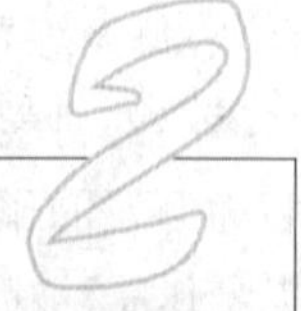

美的本质与形式美

美的本质问题是美学中最基本的理论问题，也是解决其他美学问题的前提和基础。美学研究中许多分歧的产生，不同美学流派的形成，无不与美的本质问题有关。更重要的是，对美的本质及其特性的见解，直接制约着人们的审美实践活动。因此弄清楚美的本质，不仅关系到美学理论的研讨进程发展，同时也关系到美的欣赏和美的创造。

第一节 美学及其分类

一、什么是美学

美学是专门研究美、美感和美的创造的一般规律的学科，又是主要通过文学、艺术来研究人们对现实的审美关系的学科。由于它研究的内容是文学、艺术中的哲学问题和基本规律，因此，美学又有“艺术哲学”之称。

美学是一门十分年轻的学科。从1750年，德国年仅21岁的学者鲍姆嘉通用Äesthetik来作为他的一部研究美的专著的书名，标志着美学学科诞生之日算起，至今也只有250多年的历史。而美学思想的产生和发展，无论是在西方，还是在中国，都经历了一个漫长的历史发展过程。运用马克思主义的观点来研究美学，建立马克思主义的美学科学理论体系，现在仍处于探索阶段。当代中国的美学就是以科学的哲学基本原理和方法论为基础的。它批判地吸收了中外美学的宝贵历史遗产，充分利用现代人文科学、自然科学的最新研究成果，总结概括现实的和艺术的审美实践经验，具体展现为以理论美学为基干，应用美学为分支，互相促进，双向发展。

美学是一门边缘性学科，它与哲学、文学艺术学、心理学等学科的关系相当密切。美学曾是哲学的一个分支，它以一定的哲学思想作为自己的认识论基础和方法论基础，主要从审美这个角度来研究人与现实的关联。美学也曾从属于文学艺术学，但又不仅仅局限于文学艺术，它还要研究自然美和社会美等。美学常以心理学的原理，来研究人们在审美和创造美的过程中的心理活动、心理状态及其规律。此外，美学还与伦理学、社会学、教育学、历史学乃至数学、化学、物理学、生物学、工程技术学等学科相关联。因此，美学是一门介于各学科之间的独立的“交叉学科”。

美学与大学艺术理论有着特别密切的关系。弄清文学艺术理论与美学这两者之间的关系，对于认识美学研究的对象尤为重要。美学的研究对象包括客观世界的美和人们对客观世界的美的反映的全部领域，它把文学艺术作为审美意识的集中表现来研究其本质和一般规律。文学艺术理论则以各种不同的文学、艺术样式的特殊性，具体的创作规律、欣赏规律为研究对象，直接为指导各门文学、艺术的实践活动服务。美学对各门文学艺术理论的研究具有方法论的意义，各门文学艺术理论的研究成果又能够反过来丰富和推动美学的研究。由于文学艺术是审美意识的集中表现，因此，文学艺术理论与美学理论之间常常是彼此渗透和相互转化的。在美学与文学艺术理论的关系上，那种把美学与文学艺术理论等同起来的观点，以及那种把美学研究和文学艺术理论研究脱离开来的观点，都是不正确的。

二、美学的分类

随着人类社会的不断发展，人的社会实践也呈现出多种多样的状态。因此，美的存在领域也越来越广泛，美的表现形态也多得难以计数。尽管如此，我们还是可以从哲学认识论的角度，对美的众多形态进行分类。

美学的分类，现在比较占主导地位的、颇具权威性的分法有两种。一种把美学分成四部分，即自然美、社会美、艺术美和科技美；另一种则主张将美划分成两大块，即生活美学与文艺美学，其简明的种属关系如下表所示。

当代美学的趋势是分化与综合相结合，一方面表现为越分越细，另一方面又表现为很多学科的相互交织，产生许多新的边缘学科。因此，美学的分类法应当及时吸取多种学科的营养，使美学自身得到新的丰富和发展。

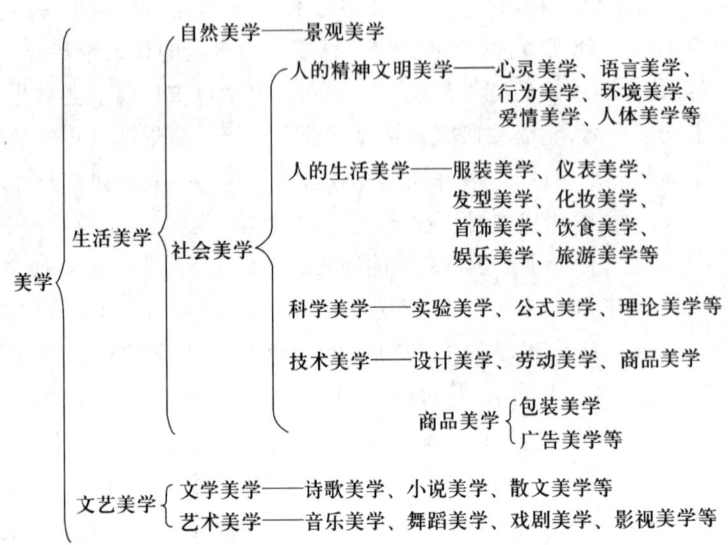

第二节 美学理论之谜

古往今来,许多著名的哲学家、美学家都探讨过"'美'是什么"这个有关美的本质的问题,并从不同的角度提出了众多的不同的关于美的定义。诸如,美是人们的观念,美是和谐,美是典型,美是理念,美是生活,美是关系,美就是真,美就是善……凡此种种,不一而足。柏拉图、狄德罗、列夫·托尔斯泰在他们各自的著作中谈到美的定义,也多得难以计数。现代西方有不少人对美的本质能否被认识,抱怀疑态度,这当然不利于美学的发展,但上述如此众多的论点,倒也应验了柏拉图老早就说过的一句谚语:"美是难的"。美的定义为什么如此难下呢?

我们先从审美客体方面来分析。罗丹说过:"美是到处都有的"。但是到处都存在的东西并非就是一目了然的东西。美,乍一粗看,一清二楚,稍加思索,便觉又玄又妙。这是因为美是发展的、变化的,有的甚至稍纵即逝,使人难以捉摸。更主要的是,美还分别地表现于自然界、社会生活和文学艺术作品之中。它存在着不同的形态。所以要在美的不同形态中,在千差万别的美的事物里,找出其共同的质的规律性,确实不是一桩容易的事情。

我们再从审美主体方面来看。俗话说："爱美之心，人皆有之"。古代人爱美，现代人也爱美，但人们对美的向往和追求，却呈现极为复杂的情况和差异。譬如，面对一座青山，人们对它的"青"，除色盲者外，不会有什么意见分歧，但对于它是否"美"，看法就可能会大相径庭。即使同一个人，对于同一个审美对象，在不同的条件下，往往也会产生不同的审美评价。这种由于主体条件的不同而形成的审美评价的差异，自然会给认识与把握美的本质造成很大的困难，尤其是社会生活中某些怪异的现象，更使美学研究者感到棘手。

那么，美的奥秘是否就永远不能揭开呢？回答是否定的。其一，无数先哲的有益探索，正反两方面的经验，是我们借鉴的宝贵财富。我们可以站在巨人的肩膀上去摘取这颗美学皇冠上的明珠。其二，现代科学技术的发展，为美学研究提供了极为有利的条件。其三，过去美学家们受时代和阶级的局限性，而我们则可以用先进的科学的观点，从整个社会历史发展的长河中，从人类认识世界、改造世界的实践活动中，考察美、研究美，把美学纳入正确的轨道，相信最后一定能解开美学中的这道难题。

第三节 形式美

美的事物总是以其具体的形象吸引着人们的关注。它可以表现为草芽萌发、春意盎然的大地，也可以表现为金色的麦浪、银色的棉海；可以是健康匀称的运动员的体魄，也可以是银发秃顶的科技人员的丰采；尽管千变万化，形象迥异的美的事物，包含着多种多样的社会内容，但是，他们都以具体的物质形式的客观形象，来让人感知。美，总是内容和形式的独特的统一体。

一、什么是形式美

形式美是相对于内容美而言的。按照人在社会实践中产生和发展的历史唯物主义观点，美的内容被我们归结为在具体形象中显现出来的人的本质力量，那么美的形式就是显示人的本质力量的感性形式。美的内容与美的形式是辩证统一的，任何割裂美的内容与美的形式之间的联系，都是不正确的。我们承认美必须有形式，肯定形式对于美的存在具有重要意义，但同时又认为美的形式不能离开内容，而且在根本上还是由美的内容所决定的。

在美学研究领域里，形式美一般有广义和狭义这两种说法。

广义地说，形式美就是美的事物的外在形式所具有的相对独立的审美特性，因而形式美表现为具体的美的形式。

狭义地说，形式美是指构成事物外形的物质材料的自然属性（色、形、声）以及他们的组合规律（如整齐、比例、对称、均衡、反复、节奏、多样的统一）所呈现出来的审美特性。因此，狭义的形式美，是指那些既不直接显示具体内容，而又具有一定审美特征的那种形式的美。比如，我们的国旗，其形式美主要是研究构成五星红旗的颜色、图案等，而不是去研究他的象征性、政治含义。本教材所说的形式美，主要是指狭义的形式美，即相对抽象的形式美。

二、构成形式美的自然物质属性

眼睛和耳朵是人类的两种主要审美感官，他们分别接受来自客观世界的光和声的物质刺激。外部世界的三种自然属性——色彩、形体和声音，对于以眼和耳为主要审美器官的人来说，是具有审美意义的属性，它可以传达某种感情意味的属性。

首先说色 色的物理本质是不同波长的光。1666 年，牛顿第一次利用三棱镜的折射，将太阳光析解为包括赤、橙、黄、绿、青、蓝、紫的彩色光带，从而揭开了色彩的秘密。大量实验证明，色彩可以向人们传达一定的感情意味，传达出动人的情感反映的信息。例如，红色是热烈而兴奋的，黄色是明朗而欢乐的，蓝色是抑郁而悲哀的，绿色是平静而稳定的。

色彩具有强烈的表情性能，这是它的审美特性的本质所在。色彩的感觉是一般美感中最大众化的形式。色彩的表情性，包括色彩的兴奋与沉静、温暖与寒冷、前进与后退、活泼与忧郁、华丽与朴素等意味，通常与色彩的联想和想象分不开。尽管不同的人面对某一种特定的颜色，可能会产生各有特点的、不尽一致的联想，但联想结果的某种共同性，也是显而易见的。例如，白色，使人想起严冬里的雪，带有纯洁、凉爽的意味；黑色，使人想起伸手不见五指的夜，会有阴郁、严肃甚至令人恐怖的感受等。色彩的这种联想，是人们在长期的实践中积累而成的。

由于世世代代的传统习惯，某种色与某种特定内容会形成一种较为固定的联系，从而使色彩获得了一定的象征意义。例如，红色，与血和火相联系，它意味着热情奔放，不怕流血牺牲，从而成为革命的象征，所以我国的国旗、红领巾等都采用红色；如果将红色运用于交通信号——如十字街头的红绿灯，则意味着有危险，其涵义便是禁止通行。我国自古以来还有色彩象征方位之说，东蓝、南红、西白、北黑、中央黄，称为方位色。在京剧脸谱艺术中，色彩赋予了象征人物性格的特定意义，如红脸表示忠义，白脸表示奸诈、阴险等。

其次谈形 任何事物都在一定的空间里存在着，它们的外形都是可以看得见、摸得着的。人类很早就产生了对事物形体的抽象表示方法，这种表示方法就是由抽象的点、线、面、体的形式所组成。研究抽象形式的空间关系的科学是几何学，而我们这里要研究的则是抽象形式的审美特性。

线是点移动的轨迹。人们从实物的轮廓，不同面的折角中抽象出线条来，成为造型艺术的重要语汇。线条可以分为直线、曲线和折线。它们之间的审美特性各不相同：直线表示力量、稳定、生气、刚强；曲线表示优美、柔和，给人以运动之感；折线表示转折、突然、继续。折线形成的角度，则给人以上升、下降、前进等方向感。例如，西方建筑风格的历史变化，就是以线为中心的。希腊式建筑多用直线，罗马式建筑多用弧线，哥特式建筑多用相交成尖角的斜线。

绘画艺术的语言，主要是色彩和线条。色彩是客观存在的物质属性，线条却是人们抽象概括的产物。我国绘画艺术历来注重线条。利用线条造型和传情的特点，是我国绘画艺术的优良传统，这在人物的衣褶和衣纹的处理上，表现得尤为突出。所谓“曹衣出水”，是指曹仲达的线条笔法稠迭，衣服紧窄，很有立体之感。所谓“吴带当风”，是说吴道子以丝墨勾线、衣褶生动到像被风吹起来一般。中国传说绘画中的“十八描”也是一个很典型的例证。

我国的书法艺术，更纯粹是线的艺术。大书法家王羲之曾说：“转深点画之间皆有意”，单靠线条的运动，便可表达出书法家的不同情志。当然，我国绘画、书法中线条的这些特点，与使用毛笔的笔法是分不开的：方笔线条严厉雄峻，如“折钗股”；圆笔线条和厚浑穆，如“屋漏痕”等。

点的扩大便成为面，绘画中所讲的色块就是如此，线的宽度扩大也成为面，例如，表示一条街道的直线，就代表一个长方形的街道面。明确的平面形，都有一般的审美特性；底面水平的金字塔式的三角形有明显的稳定感；倒置的三角形则恰恰相反；正方形含有方正刚真的意味，圆形则有周而复始、自我满足之意等。据实验美学创始人费希纳和格式塔心理学创始人韦特墨等人的实验证明，长与高之比为 34 ∶ 21 的长方形，最受人们欢迎。这就是著名的“黄金分割律”。圆锥体、正方体、球体、长方体的审美属性也大体和平面图形差不多。这些平面形、立体形的一般的审美特性，在绘画、雕塑、建筑、工艺美术、摄影等造型艺术门类中，有着广泛的应用，如门窗、画框、舞台、书本的设计装帧等。

最后讲声　声音同色彩一样，是物质的自然属性。我们靠耳朵这个听觉器官来获取现实世界中许多物体发声的信息。有些人可以凭借不同的声音，来判别发声物的性质、远近，甚至有的人单凭楼梯上的脚步声，就可辨别是哪位熟人。嘈杂的噪音，于人有害，和谐的乐音，可以延年益寿。声音的强弱大小及其在时间中的延续变化，和人的生理心理机制之间有一定的对应关系，因而可以由声音引起上升—昂扬、下降—低沉以及悠婉、清脆、哀伤、呜咽等情绪反应，这就使得本无感情因素的外物的声音带上情感意味。人类利用这一点，将自身发音器官和制造的乐器发出的声音按一定的规律组织起来，从而形成了以声音为媒介的艺术——音乐。音乐就其本质来讲，是一种表情性的艺术。

各种不同的乐器，因质地不同，共鸣器的形状不同，于是便产生了不同的音色，而各种不同的音色是具有不同的表情性的。在我国的民族乐器中，吹奏乐器竹笛清亮活泼，唢呐则刚健明快；弦乐器中的琵琶清脆，古筝空灵，三弦浑厚；打击乐器中的大鼓低沉稳重，银铃清丽喜人。在西洋乐器中，木管乐器组中的长笛柔和低沉，显得情意缠绵，双簧管典雅清新，特具田园风味；钢管乐器中的圆号圆润，顿生暖意，而长号则粗犷，给人以放荡不羁的感受；在弦乐器中，竖琴透明流畅，如水荡漾，而吉他则恬静韵清，若叹若吟，轻轻地弹上一首小夜曲，最具动人的魅力。

音乐的表情性可以运用于临床医疗之中。大量的音乐治病的实验证明，音乐可以调节人的情绪，也能治好某种疾病。比如，人在忧郁时，可听些活泼欢快的舞曲；人在极度兴奋、睡不好觉时，可以欣赏几首摇篮曲；人在烦恼透顶，极想发泄时，可以听听强烈的迪斯科舞曲；人在平静如水，难以激动兴奋时，则可以欣赏一些爵士乐及圆舞曲等。

三、形式美的规律

具有形式美的事物是无限多样的，它们都有其独特的个性。把这许许多多形式美的东西放在一起，我们便会发现它们都有一定的共性。这些抽象出来的形式美的共性，我们把它称作形式美的规律。形式美的主要规律有整齐一律、均衡对称、比例匀称、多样统一、节奏韵律等。

整齐一律　这是形式美中最简单的规律，它特别强调外表的一致性和重复性。如同一颜色、同一声音的一致的重复，这就是整齐一律。整齐一律不允许有差异和对立。一排竖立的旗帜，无变化的汽笛声，一条直线、立方体、正三角形都显为整齐一律，体现一种整齐划一。这种统一的秩序，往往给人以一种纯净、明洁之美，但同时也会让人产生一种单调呆板之感。

均衡对称　这是比整齐一律稍微复杂的形式规律。如两排红旗中间加进一排蓝旗，两条直线中加进一条点线，这就组成了平衡对称。平衡对称可以说是一种形的均衡，还有一些均衡是指质与量的对称。前者如天平，后者如杆秤。在绘画构图时，也十分讲究，同形同量的对称均衡和异形同量的对称均衡等。

比例匀称　这是指事物形式的整体与局部、局部与局部之间的比例关系符合某种规律。比例匀称往往会给人以稳定的美感。如人的头长与胸厚均为身高的八分之一，肩宽是身高的四分之一，平伸双臂的长度大致等于身高，大腿的正面宽度等于脸的宽度等，符合这些比例和大体符合这些比例者，就会给人以比例合度的视觉效果和匀称美的感觉。

多样统一　又称为多样和谐，这是最复杂的形式美规律。多样统一所包含的差异几乎是无限丰富的，如形之大小、方圆、高低，线之曲直、长短、正斜，色之明暗、浓淡、枯润，质之刚柔、粗细、强弱、轻重，势之疾徐、动静、聚散、进退、升沉、抑扬等。总之，多样统一的美能将种种差异融合于一个有机整体之中，并将这种差异统一于和谐。

节奏韵律　这是形式美的另一个规律，它不像整齐一律、均衡对称、比例匀称与多样统一是一种层层包含的关系，节奏韵律是存在于上述所有的形式之中的。在整齐一律中，节奏韵律以同幅反复的曲线和同边长反复的方式呈现；在均衡对称中，植物枝叶样相的重复表现出节奏韵律；在比例匀称中，节奏韵律以比例关系的反复而表现，在多样统一中，节奏韵律更是从对立的形、线、色、质、势等因素的组合中出现。节奏韵律在动态形式中表现得更为奇异多姿，如李宁的鞍马、白淑湘的《天鹅湖》都表现出了优雅的节奏韵律，使人心醉神迷。因此，节奏韵律的表现是无限的，它给人的美感也是相当丰富的。

第三章

自然美与社会美

自然美，是指存在于客观世界中的自然物之美。社会美，是指社会事物、社会现象和社会生活的美。自然美和社会美是生活美学研究的两大主要课题。随着社会的不断进步，人们越来越注重生活质量，也更愿意把美带到生活的各个方面。为此，本章除重点论述自然美和社会美外，还准备把与人们生活关系较密切的旅游美、服饰美及起居美的知识作些介绍。

第一节 自然美

作为存在于客观世界中的自然之物的美，如日月星辰，名川大山、花卉草木，飞禽走兽……无论是有生命的机体，还是无生命的物质，不论是静态的，还是动态的，都能以其自然的感性形式，或令人心旷神怡，叹为观止，或使人情思绵绵，浮想联翩。自然物质这种感性形式之所以能引起人们的审美感受，就因为它们具有美的特性。

一、自然美的本质

自然美是人类重要的审美对象之一，它以其巨大的魅力吸引着古往今来的所有人。"热爱大自然"是人类的一种普遍具有的本性，特别是文学家、艺术家，他们酷爱自然，醉心于自然，并从大自然的美中吸取创作的灵感。明末清初的山水画家董其昌说：作画"当以天地为师"，"以造物为师"。音乐家贝多芬在谈到他的《田园交响曲》的创作时，说树上的金翅鸟、夜莺、鹁鸟、杜鹃是和他一起作曲的。这些都说明，自然美无论对于人类的一般审美活动，还是对于艺术家特殊的审美创造活动，都具有十分重要的意义。

在现实生活中，人们可以在不同的程度上感受到、体验到和欣赏到美。但是，自然美究竟美在哪里？自然美的本质是什么？这些问题，在历代美学家中存在着不同的看法。

有人认为，自然物本身无所谓美，是上帝、神明赋予了它的美。也有人提出了一种“审美移情说”，认为自然物之所以是美，是人把自己外射到或感入到自然界事物里去的缘故。我国明代的思想家王阳明认为“天下无心外之物”，“你未看此花时，此花与汝心同归于寂；你来看此花时，则此花颜色一时明白起来，便知此花不在你的心外”。这是客观唯心主义和主观唯心主义的观点，不可能正确地揭示出自然美的根源与本质。

与此相反，历史上的唯物主义者以“自然美是客观存在的”这一事实为依据来寻找自然美的根源，但在具体的认识上也还存在着差异。有一种意见认为，自然美是一种不依存于人类的美，自然美根源于自然事物本身，除此之外，没有别的根源，在人类社会产生以前，自然美就客观存在了。有些美学家认为，自然物的美在于它本身的某些形式因素（如声音、色彩、线条、形体等）及其合乎规律（如对称、均衡、比例、和谐、多样统一）的组合。这种看法坚持了美的客观性原则，对自然美的形式法则作了有益的探索，但它脱离了人这个实践主体，忽视了自然美的社会性，因而也不可能揭示自然美的真正根源与本质。

我们认为，美作为人类社会的一种特有的现象，是人的本质力量在对象世界的感性显现，自然美也不例外，只不过这里所说的“对象世界”是指自然界，确切地说，是指同人处于对象性关系中的自然界。这样一种自然界，是“人化的自然界”。客观自然界的事物，只有当它和人处于一定的关系之中，并体现了人的本质力量时，它才是美的。

二、自然美的特征

在形形式式、绚丽多姿的大自然中，美的事物层出不穷。如果把它与其他美的事物相比，自然美又有着显著的特征。

*变易性是自然美的特征之一。*自然美在于自然同人类的关系，在于自然的社会化与人化，这就决定了自然美具有不同于其他形态的美的变易性。自然美的变易性，从自然原因来说，是由自然物本身的内部运动或自然物之间的相对运动所造成。同一处瀑布，枯水期与丰水期的美是不一样的。同一朵花，含苞欲放时与花谢欲落时的美是不相同的。造成自然美与变易性的原因，还有人为因素。由于人与自然处于一定的关系中，人的活动就一定会影响到自然美的变易。南京玄武湖山水美景中，以前建了九华山上的塔，近年又出现鸡鸣寺塔，构成了双塔辉映于湖光水色之间的胜景。这种人

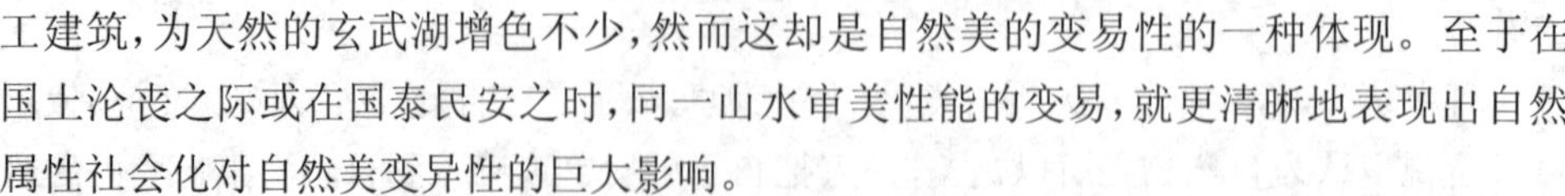

工建筑，为天然的玄武湖增色不少，然而这却是自然美的变易性的一种体现。至于在国土沦丧之际或在国泰民安之时，同一山水审美性能的变易，就更清晰地表现出自然属性社会化对自然美变异性的巨大影响。

多面性是自然美的特征之二。自然物的属性是多方面的，自然物与人的社会活动的联系也是广泛而复杂的，因此，自然物的美在一定条件下，在与人类社会生活的特定联系中，会得到不同侧面的显示。同一自然物，有时表现为这种美，有时又表现为那种美，这就是自然美的多面性的基本含义。如月亮，从其形状而言，皎洁如玉盘，弯曲如吴钩，这种阴晴圆缺的变化，体现着一种意味弥深的形式美；就其光波来说，有时朦胧，有时明亮，有时温和，便给人们以宁静安祥、充满诗意的审美感受。正因为月亮本身存在着美的多面性，因而欣赏者从不同的角度观赏，带着不同的心情对视，就会有可能获得不同的审美感受。

侧重于形式美是自然美的特征之三。自然美的一个相当突出的特点，就是形式美占有突出的地位。在社会美中，内容要比形式更占分量；在艺术美中，要求内容与形式的高度统一；而在自然美中，则偏重于形式。就自然美的内容而言，在多数情况下都显得比较模糊、隐约。谁能说清楚紫金山、长江所蕴含的明确的内容是什么呢？只有在特定的条件下，人们才会明确意识到其中的意义。我们欣赏自然美时，也往往只注重形式，而忽视其内容。有些自然物，虽然对人类有益，但因其外貌丑陋，人们都觉得它不美。如癞蛤蟆，不仅能吃害虫，其分泌物可制成中药治病，可是由于它皮肤灰黑，体态笨拙，总是惹人生厌。而有些自然物，尽管对人有害，但因其外形美丽，却得到人们的喜爱。如蝴蝶，其幼虫对农作物危害很大，但它外形美丽，总获人们好评。“留连戏蝶时时舞，自在娇莺恰恰啼”，杜甫的这句诗不是给人带来无限美好的情思吗？由此可见，形式对于自然美来说是何等重要。

自然美还有一种特殊的审美特性，即自然物的美丑两重性。这种美丑两重性与自然美的多面性有着紧密的内在联系。如同样一只老虎，即可作为美的对象来观赏称道，也可以作为丑的对象来看待鞭挞。自然物的美丑两重性，并非决定于任何个人的主观意识，而是由其自然属性的多样化及其在人生中的不同作用决定的。

三、风光美是自然美的重要内容

自然美的种类很多，小至斗室里的盆景、鱼缸、笼鸟，大至茫茫的宇宙太空。其中风光美是自然美的重要内容，是自然界中最瑰丽迷人的一种美。

风光，主要指山川原野的自然景色，也包括一些人造景观（如大坝、水库、田园等），甚至还包括某些人文景观（古迹、遗址等）。大地风光之美，是一种综合美，给人以丰富多样的审美感受。有时它呈现出各种光泽，或绚丽灿烂，或明灭迷濛；有时它呈现出各种色彩，蓝天白云，山青水绿；有时它呈现出各种形状，群峦起伏，阡陌纵横；有时它发出各种声响，秋虫鸣叫，溪水淙淙。它有无比广大的空间，“天高任鸟飞，海阔凭鱼跃”，自由自在，无所阻拦；它富有节奏变化，四时代序，阴阳变幻，花开花谢，潮涨潮落。一切都在运动，一切都在流逝，自然界的光、声、色、形，以及特有的生命运动，造成了美妙的和谐统一。

自然美给人以启迪，能陶冶情操。我们在观赏自然美景时，也会从大自然中得到各种启示，并教人聪慧，增长知识。自然美还能激发爱国主义感情，加深人们对祖国大好河山和优秀文化传统的了解和热爱。在我国广袤辽阔的土地上，有无数美好的风光，值得每一个华夏儿女自豪。无论是北国险峻雄奇的山川，还是江南妩媚纤丽的水乡；无论是浩瀚无垠的沙漠，还是富饶美丽的牧场，到处有令世界各国人民称羡的地方。中华民族几千年的文明史，历史事件、历史人物与祖国的大好河山相维系，观赏风光美景，游览名胜古迹，也必然会使我们更加热爱故土，更加仰慕为中华民族的进步和繁荣作出杰出贡献的历史人物，更加熟识自己悠久的文化传统，从而更加坚定振兴中华的信念。

第二节　社会美

社会事物、社会现象、社会生活的美，是美最直接的存在形式，是现实美中最主要、最核心的部分。大自然是宏伟壮观的，但人类的历史比起大自然来，更显得宏伟壮观。社会美比自然美更为壮丽。

一、社会美的范围

在现实生活中，除了自然美之外，凡是社会现象的美，都可以纳入社会美之列。

社会美来源于人类的社会实践，它既是社会实践的产物，又是社会实践的直接表现。我们都知道，生产劳动是人类社会生活的最基本的内容，人的本质力量——自由自觉的创造活动和才能、智慧、品格、意志、情感等，最直接、最集中地表现在生活劳动之中，社会美也就很自然地集中表现在人们的劳动活动、劳动过程、劳动动作之中。社会美最早就是从人类的生活活动中产生的。原始人创造的壁画、舞蹈、石器、骨器、陶器等，都是人类劳动的杰作，夸父逐日、精卫填海、女娲补天、愚公移山等神话传说，都是对人类征服自然的意志和力量的赞美，也是对人类劳动的赞美。随着人类生产力的发展和科技进步，大量社会性的美的事物不断涌现。万里长城、京杭大运河、埃及的金字塔、欧洲哥特式大教堂，这些驰名于世的伟大创造，无一不是劳动的结晶，它们不仅代表了一个时代的美，而且也成为一个民族的象征。

人类的社会实践，不只有生产活动一种形式，多种多样的社会实践创造着丰富多彩的社会美。在阶级社会里，被压迫、被剥削者的反抗斗争推动了历史的前进，表现出他们伟大的历史首创精神。通过阶级斗争，来消灭社会上的丑恶现象，建设新的更加美好的生活。这种为实现人类美好理想而进行的阶级斗争，本身就是美的。奴隶起义、农民起义、资产阶级推翻封建统治的斗争，无产阶级为全人类的解放所进行的社会主义革命，构成了人类历史上一幅幅宏伟壮丽的画卷。从美学意义上讲，这些起义、斗争和革命实质上就是社会领域里美与丑的斗争。

社会美除了存在于上述的生产实践和阶级斗争领域之外，还大量地存在于爱情、友谊、家庭、社交、科学文化活动等方面。车尔尼雪夫斯基所说的“美是生活”的观点，主要是针对人们日常生活而言的。在我们平时的生活里，凡是能显示出人的健康、正常的生命活动的本质力量的，都是美的。以爱情为例，纯洁、健康、无私的爱情是美的，反之，则是不美的，其他如家庭、友谊、社交也大致如此。

总之，社会生活是人的活动的总和，社会生活之美，是通过这种活动表现出来的。它与自然美的区别，就在于它的存在并不依赖于客观的自然对象，而依赖于社会主体——人的实践活动。所谓社会美，实质上就是人的本质力量在人的各种社会活动中的感性显现。

二、社会美的特征

关于社会美的特征，在我们已经较为详尽地考察了自然美的特征之后，就可以通过对照和比较来加以把握了。

*社会美侧重于内容美，内容重于形式。*如果一个社会事物徒有诱人的外观，却有碍于社会的进步，那就不能认为是美的。这和自然美侧重于形式有根本的不同。社会

美的内容，通常是指它的社会功利性。一些人整天碌碌无为，于国于民没有贡献，相反，另一些人为祖国“四化”付出自己的全部心血、劳动甚至生命，判断其美丑的标准当然不是它的活动形式，而在于活动的内容，即这种活动是否有益于历史的进步，社会的完善。因此，“善”可以视作社会美的一个原则，社会美就是通过感性形式显现出来的，有利于社会进步的“善”。

社会美需要理性的分析来揭示，而不能单凭感官去感知。自然美偏重于形式的美，一般显而易见。身处蓝天白云之下，眼望青山绿水，耳听莺啭鹂鸣，鼻闻花草之香，人就会感到心旷神怡，就会由衷地赞叹大自然之美。而社会美却在于渗透到感性形式之中的理性内容，要比自然美深邃得多，往往不能一眼看穿，必须经过大脑的思索和分析。理性认识水平越高，就越能发现和揭示社会美的存在及其程度。比如，只见到张海迪的相貌举止，不会深刻地感受到她的精神之美，如果了解她的一些事迹，而不用正确的进步的观点去分析她的一言一行，也就不会理解她的伟大所在和美的光华之处，甚至会觉得不可思议。由此可见，把握社会美，就得借助于科学的理性分析，就得有一定的观察社会、分析社会的能力。

社会美具有明确性和稳定性；与自然美的变易性、多面性不同。我们认识社会美，主要是通过某一社会现象或社会事物去感受其自身所固有的社会意义，而不是像我们接受自然美的东西时需要联想、捉摸来把握它的社会意义。社会美是明确而稳定的，而不像从自然景物联想到社会意义那样隐晦朦胧，可以因人而异，随时而异，显得游移不定。陈胜、吴广的农民起义壮举之所以美，是因为它的行动本身就表现了中国封建社会初期农民不畏强暴专制的浩然正气，两千多年过去了，神州大地几经沧桑，但它始终作为壮美的一幕，为后人景仰。

三、人的美是社会美的主要表现

历史上有许多文学家、艺术家赞叹过人的美。16 世纪伟大的人文主义戏剧家莎士比亚，曾经借自己剧本中的人物——哈姆雷特之口，热情地讴歌道：“人类是一件多么了不起的杰作！多么高贵的理想！多么伟大的力量！多么优美的仪表！多么文雅的举动！在行为上他多么像一个天使！在智慧上多么像一个天神。”人即是自然的最高产物，万物之灵长，又是一切社会关系的总和，社会活动的主体。人既按照美的规律创造了整个世界，又按照美的规律不断地塑造着自己的形象。人不仅是审美主体，而且也是审美对象，是世界上一切美的事物中最美的事物。

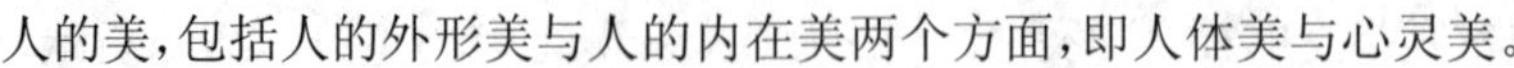

人的美，包括人的外形美与人的内在美两个方面，即人体美与心灵美。

人体美主要体现在人的身材、相貌、姿态、服饰、风度等方面的美。

身材、相貌之美是人体美的首要条件。人的身材、相貌是否健康、匀称和充满活力是衡量其美丑的标准。由于它主要是通过人体的自然因素表现出来，带有很大的天赋成分，因此，基本上属于自然美。人体美一般要以健康的体魄作为基础，这样才能显示出生命的活力，给人以美感。古希腊雕塑名作《掷铁饼者》，运动员那发达的肌肉、宽阔的胸脯、结实的四肢，处处展示了男性之美。如果一个人病容满脸，形体萎靡，是很难引起美感的。人体美还必须表现在身体各个部位的匀称、比例的和谐。倘若身体不匀称、五官不端正、比例不适度，也难使人产生美感。

姿态美也是人体美的重要表现。人体能呈现出许多不同的姿态，或跪或站，或坐或卧，通过动作使人体各部分互相配合而显现出外部形态的美，这是具有造型性因素的动态美。美的姿态应当是充分自由的。忸怩作态绝不是美，搔首弄姿只能适得其反。

服饰美，包括服装与修饰之美，是为了显露人体之美的。服装之美，我们将另辟专述。修饰包括发饰、面饰、首饰、胸饰、腰饰等。爱美是人的天性，山顶洞人用绳把贝壳串起来作为项链，说明原始先民们就开始注意修饰了。现代人更是意识到修饰打扮对于人体美的重要性。恰当的修饰可以对人体起到扬美遮丑的作用。修饰美与人体美融为一体，就能相得益彰，使人越发显示出美。

风度美，主要从人的神态表情，举止行动显露出来。它比较内向、蕴藉，偏重于修养，但它又不等同于品格、情操，仍属外露的、感性的东西，属于人的外在形态美。风度是一时学不会的，要靠长期形成。这同人的教养、生活方式关系极大，是一种内在精神上的自然表露。落落大方、稳健豪爽、机智幽默的人，往往会受到人们的喜爱。

总之，人的外在形态美是人的内在精神美的反映和表现。外在形态美固然有它的相对独立性，但正如别林斯基所说，人的外表的优美和纯洁，应当是他内心的优美和纯洁的表现。内在的精神美是人的美中更为重要的方面。

内在精神美即通常所说的心灵美，它包括人生观、理想、性格、品德、情操、学识、修养等方面，表现在人的言论与行为之中。

人生观、人生理想是心灵美的核心。无产阶级人生观、共产主义的远大理想是美的。因为无产阶级是人类最先进的阶级，共产主义是人类最伟大的美好理想。无数革命先烈为人类彻底解放而献身的精神是最壮丽和最高尚的。

品德是人的自觉的道德意识、道德行动；情操是由思想、感情、意志等构成的，相对稳固的心理状态。品德和情操，都受人生观的指导和制约，都属于人的内在精神范畴。历来人们把刚正不阿、诚实笃信、谦恭好学、廉洁奉公、助人为乐作为美好的品德与情操。

学识、修养也是重要的精神因素。知识贫乏，学问浅薄，缺乏起码的文化修养的人，其精神生活必然枯燥、乏味、低下。而博学多闻，聪慧能干，富有修养的人，就会为人们所尊敬和仰慕。

既具有美的内在精神，又重视外在形态的修饰，努力达到内在美与外在美的高度统一，这是完美的人的美。这种人的美，可以说是社会美的最高形态，也是现实美的最高形态。

第三节　旅游美、服饰美、起居美

一、旅游美

随着我国人民生活水平的不断提高，生活中旅游所占的比重越来越大。不少青年学生利用假期外出旅游，增长见识，不少名胜风景区在旺季已达“超负荷运行”的地步。我们只要看看每年夏天黄山、庐山旅店走廊上和衣而卧的观光者，便会感受到当今中国旅游热的热浪。但是，不是所有出门旅游者都能体会到观光赏景的乐趣和都能把握所看到的山水、人文风景的形象美的。有的人在黄山游览，有景不赏，而是比赛登顶，仿佛是来锻炼身体的；有的人到了名山，在古树上、古建筑上刻下“某某到此一游”，便算大功告成。他们不懂旅游虽然包括很多内容，但归根到底还是对自然美、艺术美和社会人文美的品评和欣赏活动。要使我们的旅游游得有趣、游得有情、游得有意，还应当掌握一些基本的美学知识和欣赏的方法。

1. 自然景观的形象美

所谓形象美，是指自然景观空间形式和总体形态的美。在古今诗人画家、旅行家对我国传统名山大川自然美的评价，以及现代地学考察工作的基础上，可把自然景观的形象美概括为“雄、奇、险、秀、幽、奥、旷、野”等形象特征。这些特征，是由各风景区的构景要素在不同的地质地理环境中形成的。因此我们在欣赏自然景观时，要从分析形象特征入手，抓住构景要素的本质特点，联系不同的地质地理条件予以认识。

“泰山天下雄”。这里的“雄”，主要是指山的高大形象。泰山位于辽阔坦荡的华北大平原的东缘，因相对高度大，以磅礴之势凌驾于齐鲁丘陵之上，故以雄伟高大著称。有些山的坡度陡峭，线条挺直，同样能构成“雄”美的形象。如一座百米高、坡度为60° 的山，就要比千米高、坡度为20° 的山，看上去更加雄伟。

“黄山天下奇”。这里的“奇”，是指山丘的形态非同一般，出人意料。黄山奇就奇在峰、石、松、云、泉等方面。黄山奇峰七十二座、叠嶂连云，摩天辟地，高低错落，变化无穷；黄山奇石千姿百态，造型别致；黄山奇松，或盘根虬干悬结于危岩，或破石于峭壁之间，苍郁挺拔；黄山云海，烟云缥缈，波澜起伏，浩瀚似海；黄山温泉，经年喷涌，不涸不溢，为沐浴、疗养提供了极佳的条件。

“华山天下险”。“险”的山态，坡度特别大，山脊高而窄，山势险峻。常言道：“自古华山一条路”，就是说华山的山势特别陡峭，鸟瞰华山，犹如一方天柱拔起于秦岭诸峰中，四壁陡立，坡度几乎达80° ～90° 。峰顶谷底高差千米之上。游人登华山必须手攀铁索，经“千尺幢”、“百尺峡”、“擦耳崖”、“上天梯”等险径，才能到达峰顶领略无限风光。

“峨眉天下秀”。秀丽的山景要有两个条件：一是要有良好的植被覆盖山区，山石、土壤很少裸露，色彩葱郁，生机盎然；二是山体形态别致、丰满，轮廓线条柔和优美。无水、少水都生长不了繁茂的花草树木，秀丽的山景往往与水景相伴。山青水秀，说明了山水之间的构景关系。如杭州西湖的媚秀，富春江山水的锦秀，桂林和雁荡山水的奇秀等。

“青城天下幽”。幽景常以崇山深谷或山麓地带为地形基础，辅以铺天盖地的高大乔木为条件，构成半封闭空间。这种景观视域较窄小，光量少，空气洁净，景深而层次多，有迂回曲折之妙，无一览无余之观。“幽”往往与“深”、“静”相伴。所谓“曲径通幽处”，就是幽中包含着深和静的因素。武夷山的小桃源、庐山的白鹿书院等处都是给人以幽深的感觉。

“武陵天下奥”。“奥”比幽景具有更封闭的空间景观，如四周崖壁环列，通道如岩隙曲折而出，深奥如井；或崖壁之中的浅洞穴，或石灰岩地区的溶洞景观。如湘西张家界的金鞭溪、黄狮寨、索溪峪的黄龙洞、观音洞等，都深深吸引着探奇觅奥的旅游者。

“洞庭天下旷”。旷景主要分布在视野开阔的区域，如宽阔的水面，空旷的平原或丘陵地区，也可以登高远眺而得。如登岳阳楼观八百里洞庭水波浩渺，或登黄鹤楼眺望“孤帆远影碧空尽”，或登大观楼看“五百里滇池奔来眼底”，或登岱顶“一览众山小”等，旷景使人心旷神怡，向往无限。

那么，什么样的景观可以称得上是“野”呢？那些未受人类破坏、或很少受到人类干扰的自然景观，也就是说处于原始状态的山、水、林、原等景观。在我国历史上，有称之为“野趣”之景物，在国外，有许多的国家公园都十分强调“野”景，保持生态平衡。

上述古人对我国传统名山形象的评价，主要是从其总体宏观特征而言的。事实上每座名山，又往往具有雄、奇、险、秀、幽、奥、旷、野等各种小景区的微观基本形象特征。按照自然的节奏和韵律（如地质演变、地貌发育、地理景观变化等）组成一个丰富多彩的美的空间综合体。这些基本形象特征，不是孤立的，而是彼此联系的、变化的，它像音乐的音符、绘画的色彩一样，可以组成无穷无尽的乐章，可以描绘出各式各样的图画。

2. 自然景观的色彩美

大自然给我们提供了极为丰富的色彩美，其中最引人瞩目的色彩，莫过于五彩缤纷的花卉草木了。一年四季的交替、阴晴雨晦的天气现象，也构成了大自然色彩斑斓的宏观变化。春翡夏翠，秋金冬银，指的是自然景观的季节变化。如深秋北京香山的红叶，胜于二月花，满山满坡层林尽染的景观，不是每个风景区任何时节都能观赏到的。色彩变化最快的，是光怪陆离的云霞。有些名山大海的特定地点，是观赏旭日东升，霞光万道，或夕阳西下，满天落霞的最佳处。还有神奇的“佛光”，更是吸引游人的奇景。

水是大自然的一面镜子，它能使景区色彩更加明快丰富。有的水体由于含有某种矿物质，而使水色变得晶莹艳丽。如九寨沟黄龙寺前的五彩池之水，明净清澈，绚丽无比，水山相依，叫人赞叹不已。此外，还有雪景、雾景、雨景，也都会给大自然抹上丰富异常的色彩，给人以不同的观赏兴趣。

3. 自然景观的动态美

旅游经验告诉我们，风景中动的形象或富有动态的形象是很吸引人的。山中观瀑布，远望如匹练垂空，似为静态；而近观飞瀑，则如龙飞凤舞，充满活力。黄山的“松鼠跳天都”中的松鼠奇石，天柱山上的蜒蚰石，虽然是静止的，但它们表现出的动态也常常引得游人流连忘返。特别是流云飘烟的景观，那种“方动即静、方静旋动、静即舍动，动不舍静”的动态美，常常稍纵即逝，令人回味无穷。如庐山的峰峦常常笼罩在烟云迷雾之中，最为别致的是雾气受气流作用而发生自上而下的倾倒所形成的雾瀑奇景。因此，不少游人都说庐山美就美在缥缈含蓄的云雾之中。黄山奇景中最负盛名的云，前海玉屏楼、西海排云亭、北海清凉台……到处都能看到云景奇观。只有在云蒸雾绕之中，黄山才最有魅力。有人形容黄山云的动态为如缕如带，飞云走雾，绵绵如絮，弥漫如帷。尤其是黄山排云亭处，这里的云雾像走亲访友似的，你来我往，东进西退，回旋舒展，绢如多姿，变幻无穷。因此，我们在欣赏动态的自然景观时，往往会获得比看形状单一、色调单一的东西体会更深、兴致更浓。

4. 自然景观的听觉美

形象、色彩、动态之美，都是游人从大自然中获得的视觉美，名川大山还赋予我们听觉之美。瀑落深潭，惊涛拍岸，溪流山涧，泉泻清池，雨打芭蕉，风起松涛，幽林鸟语，寂夜虫鸣等声音，在一定的环境中，都会给人以音乐般的享受。有的名山建有"松涛亭"、"听泉亭"等，就是为游人提供欣赏自然界的妙音而建的。峨嵋山万年寺旁有一个蛙池，栖息着一种特有的"弹琴蛙"，每到傍晚，常有若干音调不同的山蛙和鸣，声如琴瑟，为留宿万年寺的游客"演奏"乐曲，极富情趣。不同的名山大川有不同的"音源"，这对于久居闹市、长期生活在嘈杂环境中的人来说，去名山大川欣赏自然交响曲，无疑是一种极大的美的享受。

5. 人文景观的协调美

我国的大好河山无处不留下文明古国的光辉遗迹。今天，当人们游览于名山大川之间时，不仅可以享受到自然景观之美，而且还可以感受到反映我国悠久历史渊源的人文景观美。人文景观大致可包括两个方面：一是与自然景观协调的文化景观（文化遗址），二是为名山增添异彩的神话传说和地方习俗。

一般来说，风景区文化景观最突出的内容是各种建筑，包括游览道路，其次是摩崖石刻、碑碣书画题记以及其他文物。由于人工建筑对自然景观的影响较大，所以在我国几千年的风景区建设中，建筑物的布局设计都是十分慎重和精心考虑的。不少古建筑历经沧桑，几度兴废，保留至今，可谓传世之作，精华所在。纵观名山大川，建筑与自然景观美的协调是人文景观美的关键所在。

在"雄伟"的泰山，建筑物常置于山脊、山顶或明坡上，以协调和加强雄伟高大的气势；在"险峻"的华山，南天门、下棋亭、鹞子翻身、长空栈道无不临悬崖，依陡壁，凭险而筑；在"秀丽"的江南，一般在主要观景点上设以造型轻巧、体量适当、尺度合宜、色彩素雅的亭阁，引游人静观山水，使风景益增雅趣；在"幽深"的雁荡峨眉，山麓、山谷、山间小盆地的古树茂林之中点缀着建筑物，造成"幽谷藏古寺，密林隐殿宇"的优美环境等。建筑之得体于自然，就是结合风景区内各风景点的地形和自然景观的特征，充分利用自然空间，使建筑的群体布局、个体设计以及建筑的细部艺术处理都与环境取得和谐统一，形成一种建筑与自然景观相协调的美。

6. 人文景观的文化美

我国是一个历史悠久的文化之邦，与风景密切结合的传统艺术，除了建筑之外，还有诗歌文学、绘画书法、篆刻石雕、泥塑彩绘等。这些传统艺术，也越来越被广大游客所关注。如雕塑便有敦煌、云岗、龙门三大石窟、乐山大佛以及天龙山、炳灵寺、麦积山、大足等石窟造像，它们都是极有价值的古代雕塑艺术风景区。如绘画书法则更多地分布在各个风景区中，敦煌壁画、西湖十景、潇湘八景等的题名，都是绘画、书法对环境美起了很好的蕴含作用，值得人们细细品味观摩。还有像海南三亚的“天涯海角”、“南天一柱”的题名，岳阳楼上层柱上的李白所书的“水天一色，风月无边”的八字联句，誉满海内外的昆明大观楼的长联等，使人们在欣赏自然美的同时，也受到了人文艺术的熏陶，获得了多方位的美的享受。

民俗风情也是旅游的重要内容。民俗风情主要包括两个方面的内容：一是与日常生活和生产紧密相联的各种习惯风俗，如吃、穿、住方面的偏好，特殊的生产和生产方式，以及信仰什么，崇拜什么，各种喜庆婚丧礼仪等；其次是由当地人民制作或表现的各种民间艺术，如传统的刺绣编织物、器皿雕刻，以及聚会赶场时表演的舞蹈、山歌、对歌等，还有各地各民族丰富的轶闻传说、民间故事等。

我们在旅游中，还常常能听到某地有“几大怪”、“几大宝”之类的说法，并且还以顺口溜的形式传播这些地方的风土人情。如“东北三大宝，人参，貂皮，乌拉草”，这主要讲土特产；而陕西关中农村有六大怪：“房屋半边盖，手帕头上戴，面条像裤带，锅盔赛锅盖，油泼辣子是好菜，有凳不坐蹲起来”。这就更为形象地总结了八百里秦川农村吃的、住的、穿的和起居习俗。还有重大的节日活动、青年男女求爱方式、结婚喜庆礼仪等集体活动，都会集中地表现该地区的民俗。像藏族的沐浴节、苗族的火把节、侗族的斗牛节、傣族的泼水节、蒙族的那达慕、白族的绕山林等节日，都将各自的习俗喜好和崇敬祝祈浓缩于几天的欢庆集聚之中。这也是我们观赏民俗风情旅游的大好时机。

二、服饰美

追求服饰美，是人爱美的重要内容之一。穿衣不仅是为了御寒，而且还要美观大方，悦目怡心。一个人的穿着打扮，不管有意无意，都会在周围人心里引起一种感觉，可能是愉快感、尊敬感，也可能是厌恶感、鄙弃感。因此，服饰的选择能直接地关系到一个人的形象。一般来说，穿着有六个要求：

合体 这是穿衣和选择衣服时最基本的要求。我们应根据每个人的自身条件，去选择最合适的服装。肥大无比不行，短小裹身也不行，应当“量体裁衣”。不能为了时髦，不顾自己的体型特点，去胡穿乱选。

合适 穿衣既是生活的基本需要，也是一种修养和消费。我们选择衣服可按目前国际流行的T.P.O原则，来达到服饰美。T(Time)：包括季节、时令、时代等因素，讲究流行性、时代感；P(Place)：包括位置、环境以及建筑物等因素；O(Object)：包括目标、对象等因素。换名话说，T.P.O原则，实际上也是要求人们穿戴要分场合、地点、季节、情境并注意穿之目的，穿给谁看等内容。

合度 所谓合度，也就是要掌握穿着的分寸感。恰到好处，能显示出穿者的审美观念和文化修养。在需要活泼的场合，你穿得过于怪异，便会弄巧成拙，在需要严肃的场合，你穿得过于花俏，也有损于你的形象与身份。

新意 服饰美是讲究新意的。我们应当主动地善于用服装来美化自己的形象。一身新颖、别致的服装，加之穿者那洒脱、高雅的气质，一定会给人以美好的印象。

个性 服饰美还要有个性特征，从装束上能反映出一个人的好恶取舍及穿者的性格特征。所谓“视其装便知其人”，说的就是这个道理。

整洁卫生 穿着打扮还必须注意整洁、卫生、干净、利索，这样会给人一种精干、文明的印象。生活中常有这样的人，衣服挺好但不洗不熨，不按正确的方法穿着，让人觉得不振作、不健康，十分窝囊。这样的形象，一定会遭人讨厌。

1. 服装色彩的搭配

色彩对于服装来说，其重要性要超过质料，服装的色彩是体现服装艺术的重要因素。不同的色彩是由色相、明度、纯度、色性的不同而呈现出来的。色相就是指红、绿、蓝、黄等色彩名称。明度指的是色彩的明暗度，即同一种颜色也有深浅之分，越深明度越弱，越浅明度越强。纯度是指颜色的饱和程度，纯度越高，色彩越鲜明，色彩中含灰色成分越多，纯度便越低。色性是指颜色的冷暖性格，如红、黄、橙给人以温暖的感觉，蓝、绿、白给人以寒冷的感觉。对比色则是指两种互相排斥的颜色而言的，如红与绿相配，会使人感到红的更红、绿的更绿。

服装色彩的运用，还能使人产生视错觉，以收到令人满意的效果。如浅颜色的料子有扩张作用，使人显得胖，瘦人穿时有良好的视觉感；深色有收缩感，很宜胖者使用。

服装色彩与肤色也有关系。黄皮肤的人应避免蓝、紫、朱红等色彩，这类颜色与皮肤形成对比，会使皮肤显得更黄；皮肢黑者不宜选用黑、深褐、大红等颜色；脸色红的人不要选用绿色；而白色几乎适合任何人。

俗话说："没有不美的色彩，只有不美的搭配"。服装色彩的搭配是很有点学问的，一般常用的有下面几种方法：

（1）用不同的色彩明度来搭配，即按某色深浅不同来进行搭配，会造成一种传统的和谐的美感。但要注意深浅过渡要自然，不能太生硬，而且也不能太接近，使人产生混乱不清的视觉效果。

（2）用相近的颜色搭配，即色谱上相邻的色，如橙与黄，蓝与绿等，但搭配时在明度上与纯度上要有所不同，否则会有呆板之感。

（3）用对比色来搭配，但一定要注意在明度与纯度上有所不同，才能既鲜明又不刺眼，但黑与白是个例外。

（4）运用流行色，它符合人们的审美心理，且有强烈的时代特色。

2. 根据体型选择服装

人们的体型千差万别，往往很难达到十全十美的境地。掌握一些服装造型的知识，利用视错觉，可以做到扬长避短，显美隐丑。

身材肥胖者，服装的质地不宜太厚，以免显得笨重，但也不能太薄，使体型暴露无遗。要选择厚薄适中，挺括而又柔软的料子。胖者忌穿大花纹、横条纺、大方格图案的服装，也不应选用有皱褶的面料做裙子，同时最好不穿无袖短衫或连衣裙。如果选择带公主线（刀背线）的衣服，会让人觉得秀气苗条一些。在色彩上，胖者应用收缩色，尤其冬季不要穿浅色外衣。除此，胖者着装要避免款式过于复杂和花边等装饰过多，应力求线条之明快简洁。

高而瘦者，面料图案不宜选用竖条纹，料子质地不宜过薄，稍硬一点的料子会使瘦者看上去精神得多，同时还应避免采用颜色暗淡的收缩色。女性瘦者面料选择可采用带环形图案，袖子选择泡泡袖、灯笼袖，穿百褶裙和喇叭裙，会显得丰满一些。

身材短小的女性，可利用颜色来创造高度。让衣服鞋袜连成一色，是有修长感的。小花图案比大块图案要佳，上衣短些，腿会显得长些。要避下摆印花的裙子，裙子不宜太短，对不少人来说，柔软贴身的衣料也能使人修长。

窄肩和溜肩的人，也不宜穿下摆有横向图案的上衣，这样会上窄下宽不协调。腿短的人下装尽可能长些，使裤子或连衣裙的腰略高于实际腰部，上衣则可短些。裙子

对于腿短的女性来说，是最理想的服装了。

3. 饰物的点缀魅力

一身入时的衣装，再配上得体的饰物，能收到画龙点睛的作用。服饰包括鞋、帽、围巾、腰带、手提包、胸饰物等。

得体的鞋子可使衣物生辉。对男性青年来讲，黑色的皮鞋庄重大方，能适应各种衣着，深褐色的适应性也很广，如配上一件棕色上衣会显得轻松和谐。姑娘们选择一双暗红色的皮鞋，可以与黑色、红色、海蓝色以及夏季淡雅的色彩相配。高跟鞋不一定人人适宜，如罗圈腿穿了会突出缺陷。

围巾与帽子对服装的整体美观影响甚大，在冬季对于点缀色彩尤为重要。一般人们冬天穿得较暗淡，所以围巾、帽子可选得鲜艳一些。如果内外衣服很艳丽，则帽子、围巾应素雅一点，否则会让人觉得色彩杂乱。春秋的丝巾、纱巾选择范围更广，佩戴方法可不拘一格，但要注意整体色彩，起到点缀效果。

胸花、徽章等胸饰物，只要装饰得法，很能吸引人们注视而平添几分魅力，但力戒过杂过多。

4. 西装与领带

西装造型优美，做工考究。男装穿起来潇洒有风度，女装线条优雅尤显柔和，再加上实用性强，四季皆宜，正式与非正式场合都可穿，因此深受各国人民欢迎。

西装有三大流派之分：美国型、欧洲型和英国型。美国型的特点在于重视功能性，不用过高的垫肩，胸部也不太收紧，形态自然，并且多数使用伸缩自如的针织与梭织面料。欧洲型与美国型相比，更重视服装的优雅性，肩膀垫得很高，胸部也很突出，使用的面料多质地较厚，通常为全夹里。英国型与欧洲型类似，但肩与胸部都不那么突出，显得绅士派头十足。

穿西装要讲究得体顺眼。领子应紧贴衬衫领并应低于衬衫领 1 厘米～ 2 厘米。衬衫袖口应略长于西装袖口 3 厘米～ 4 厘米。胸围以穿一件厚羊毛衫而感到松紧适中为宜。

男西装有二件套（上下装）、三件套（上下装和马甲）及不配套单件之分。前两种在正式场合穿着很适宜。单件西服上装，穿着较随便，也可不佩领带。西装还有单排扣与双排扣之分，钮扣怎么扣，扣几颗，也有讲究。

领带是西装的一个组成部分，对西装的美观起着重要的点缀作用。领带必须戴在有座的硬领衬衣上，衬衫领子不宜过大，否则会影响领带的美观。穿马甲时要将领带放在马甲之内，领带尖不能超过裤腰。

5. 眼镜的选择

眼镜的选择，首先要根据自己的脸型特点。人的脸型有大小长短方圆尖等区别。眼镜框架的款式选择与脸型相配使人觉得自然大方为最佳。脸大镜大，反之亦然；圆脸圆镜，反之亦然。如脸小镜大，则过于天真，反之，会有局促，不够完美之感。圆脸方镜，有违拗之嫌，方脸圆镜则女性味很浓。脸长者选全框架，可以在视觉上缩短脸的长度；脸短者宜用秀朗架、无框架，能延长脸部，视觉上十分舒服。

其次，眼镜架的色彩选择应考虑到脸部肤色。红润的脸色，易与眼镜各种色彩相配；饰以纯黑、奶白，脸部线条更为清晰；饰以粉色、红色、无色透明就显得温柔明亮。黝黑的肤色宜用黑色和酱红色。苍白的脸色，宜用粉红色、红色等暖色为主，这样可能使脸部透出一丝健康的暖色。

三、起居美

对于居住环境的要求，可以简单地概括为“整洁、美观、舒适、方便”八个字。但要真正按照这八个字去做，并不是一桩容易的事。高尔基曾经说过：“照天性来说，人都是艺术家。他无论在什么地方，总希望把‘美’带到他的生活中去”。确实，谁都不会故意把家里布置得别扭、难看。但生活中，也不乏盲目赶时髦、随大流、把家搞得美丑并陈，甚至变美为丑、花钱买丑。正确的做法应当是从实际出发，根据现有的消费水平以及不同的住房条件、年龄职业、文化程度、起居习惯、性格爱好、经济实力等，按照美学规律以及布置居室的基本原则，力求做到实用与观赏的统一，给自己创造一个良好的学习、工作、生活环境。

1. 合理、合度的实用功能美

在现今的条件下，我们应当特别注意空间布局的合理性。就我国目前城乡的一般住宅而言，空间布局往往仅体现在家具的布置方面，即按照人的日常生活内容，如睡眠、就餐、洗浴、阅读书写、视听娱乐、炊事家务、儿童活动、交际会客等，在有限的空间里进行功能的分区，留出必要的活动空间和行走通道，巧妙地将具备坐卧、承托、容藏、屏蔽等各种功能的桌椅床榻、橱柜箱架合理地布置起来，同时还要顾及到采光照明、通风日照等因素。空间布局的合理美，要善于利用有效建筑面积，将各种功能综合考虑，一器多用，一地多用，周旋有隙，行走无碍，长幼咸宜，各得其乐。合理美就美在合于人生之理，按人的模式分配利用空间，物为人用，物得其所。

居室中的一切设施应当合乎人体工程学的要求，室内用品的合度性即要求室内设计要注意人体的生理功能与使用物件的尺寸、形状、触感、受力形态等的密切关系。成年人体各部位基本尺寸，因先天种族遗传、后天发育、性别等因素而有个体的差异，一般取人群测定统计的平均值，合理的设计应考虑到这些数据，又要考虑到环境，做到尺度宜人。如同一沙发放在小居室里可能嫌大而置于大客厅里就嫌小，这就是尺度的相对性，而我们一般家庭居住面积有限，应以适中为妥。除尺寸、尺度要讲求功能外，体现合度美，我们还应注意与人的生理功能相结合的造型特点。如理想的坐具要符合人的舒适坐姿的要求，其支撑人体的面的曲度、倾斜度、触感要合乎人的骨骼肌肉的构造，椅的靠背要合乎人的脊背曲线，具备承托腰部的功能，这样才会倍感舒服。

2. 装饰、陈设的形式美

我们强调居室功能美的重要性，并不意味着只要实用就一切尽善尽美了。实用品不仅要注重用，也要注重看，而非实用的装饰品更主要讲究其“中看”了。

一般家庭空间的形式美，主要表现在天花板、墙面、门窗、地面的处理上。如天花板要用分块的吊顶材料，应依室内净高、房间平面形状决定分块的大小和形式。低矮房忌用大分块、小图案、压花凹凸太明显，否则会产生压抑之感；狭长的房间应避免纵向过多划分，而要以横向划分来补救。这些原则也适用于地面铺设。室内装饰还可以选择一些纯装饰品来点缀居室，美术作品、工艺品、纺织品、器皿、玩具以至花鸟虫鱼，不仅具备观赏功能，而且从外观形式上也突出了它的艺术价值。不过，国画要装裱，油画须配框，艺术瓷器应加座。同时还要注意的是，纯装饰物不宜过多，琳琅满目像商店不好，一室内中西古今杂陈也不宜。

家具是住宅陈设的主体，样式风格应力求一致。自己动手或请人特制，可按住宅情况和实际用途周密计划。较合理的是按房间功能周边布置，尽量减少无法利用的小角落。家具的摆放要注意单体与整体的关系，或严整对称，或聚散均衡，力避重心偏沉或排成阶梯形。总之，陈设的形式美没有固定的格式，这需要居室主人在生活中仔细去体察，去创造。

3. 意境、格调的情趣美

居室布置常常能反映出一个人的个性、爱好、生活情调以及美学素养。前面谈了合理、合度的功能美和装饰、陈设的形式美，主要也是为了创造一个富有意境、格调的情趣美的居住环境。那么，我们怎么来设计一个有意境、格调的居室呢？

首先要注意，即选择什么风格情调，创造一种什么样的文化氛围。其次再据此去精心选择每一样物件，不要轻视一幅画、一件小摆设、一枝花的力量，在某种情况下，它们往往能起到画龙点睛的作用。布置居室的艺术风格是多种多样的，可简可繁，简则要避陋，繁则须忌乱。可以适当突出某些装饰品的艺术格调，力求去掉多余的或不和谐的东西。空谈不如举例，读者或可举一反三。

古朴疏朗一例。立意：传达中国文化的历史感，中国人的精神气质。气调：暖、沉稳、协调（砖红、乳白、土黄、棕、黑、明黄、古铜等色）。家具：仿明式或竹、藤家具，或简练庄重的现代式样。织物：素色丝织物或略显中国传统纹样的提花织物。装饰品：文人写意画、草书条幅或白描花卉、彩陶、青铜器、陶俑或民间泥玩具（贵精不贵多）。

浪漫奇幻一例。立意：博大的胸怀、进取的人生哲学。色调：冷、神秘（蓝、白、紫、玫瑰红、太空色、黑、金、银等色）。家具：简洁明快的铝合金与皮革的家具。织物：抽象流动图案的织物，或夹金银丝带闪烁感的色织布。装饰品：描绘太空的油画、宇航图片、宇宙飞行器模型、机器人玩具等，也可以是抽象绘画、构成图案、抽象雕塑等。

幽静恬淡一例。立意：表现人生观的豁达或物欲的淡泊。色调：明亮（各种材料的白色、木材本色、少量淡雅的点缀色）。家具：浅色木材、本白毛织物或其他白色柔软材料满包的样式。织物：白色丝麻织物、淡雅色调的沙发靠垫。装饰品：高影调的黑白艺术照片、草编工艺品、透明的玻璃花钵、浅色鲜花或涤纶花等。

总之，居室美应该显示出主人精神世界的美、生活情趣的美。住宅能披露主人性格的美，或阳刚、或阴柔、或天真、或敦厚。住宅能体现主人的职业自豪感，农家可陈蔬果，猎户喜悬兽皮，书生不妨供书，花匠当然摆花。因此，居室之美是个性的美、生活的美、文化的美、时代的美。

第四章

艺术美与科技美

艺术美，是存在于一切文学艺术作品中的美。焕发着艺术美光辉的文艺作品，会使人激动不已，如痴如醉。科技美，是指科学技术领域里的美。随着科技的进步，自然科学、工程技术、物质生产与艺术一样，也存在着美和审美的问题。人类只有“按照美的规律”来进行艺术创作和物质生产，才能满足人们精神和物质两方面的审美需求。

第一节 艺术美

一、艺术美的本质

艺术美作为美的一种形态，是艺术家创造性劳动的产物。艺术家的创造活动，作为一种精神生产活动，从本质上说，也是人的本质力量的对象化活动。因此，艺术美，也就是人的本质力量在艺术作品中（通过艺术形象）的感性显现。

文学艺术，是客观社会生活在文学艺术家头脑中反映的产物。从它的内容而言，它是文艺家对现实生活中的美的自觉的、能动的反映；从它的形式而言，它是文艺家在熟练地掌握艺术媒介物的自然属性及其规律的基础上，创造出来的体现一定内容的艺术形象。因此，我们可以这样认为：艺术美是文艺家主观感情的表现与客观现实生活的再现的统一，这个表现与再现的统一是通过作品中的艺术形象来实现的。所以，艺术美实际上就是艺术形象之美，人们只有通过对艺术形象的欣赏，才能感受到文艺作品的美。

艺术美是具有客观性的，它必须具有客观的物态化的形式。艺术家要借助一定的物质媒介（如画家要借助画布、颜料等）才能进行创作，而艺术家的这种创作总是为了使人感知、认识，从而发挥其社会影响的。没有艺术家对现实生活的加工、改造，艺术美也是不可能产生的。文艺创作中的典型化过程,实际上包含着艺术家强烈的主观因素。

艺术美的主观性是强烈的,又是隐蔽的。文艺家的强烈感情都不是在作品中赤裸裸地表现出来的,而是通过艺术本身的力量去感动欣赏者。那种文艺家借作品中人物说出直奔主题的话(生怕观众领会不到作品的主题思想)和喊口号、贴标签的做法,都是不可取的。由此看来,艺术美虽然具有客观性,但就其实质而言,仍然是偏重于主观性。

上面我们曾谈到艺术美实际上就是艺术形象的美,但应指出的是,不是所有的艺术形象都是美的。只有那些具有普遍而又深刻的思想意义的、鲜明而又独特的典型形象才是美的。因此,艺术的典型性,就成为艺术美的重要标志。

二、艺术美的特征

和现实美相比较,我们发现艺术美有三大特征。

第一,现实美带有分散性,艺术美具有集中性。自然界和社会生活中的美,纵然千姿百态,但它们往往是彼此孤立的、分散的。而艺术家把这些分散的美集中起来,进行艺术的典型化,创造出典型形象,这样,艺术美就比现实美更集中、更强烈、更有普遍意义。

第二,现实美带有芜杂性,艺术美具有纯粹性。在现实美中,美与不美的东西往往并存在一体,这使现实美显得芜杂、粗糙。而艺术家在创作过程中,要去伪存真,把不美的部分清洗掉,使艺术典型比现实美更加纯粹和精致。

第三,现实美带有易逝性,艺术美具有永久性。由于现实美一般都处于动态之中,它不稳定,易于消逝。即使现实美的最高表现形态——人的美,也不可能青春永驻。艺术美却不这样,它一旦被创造出来,就能跨越时空,久远流传。

现实生活中的事物,既有美的,还有丑的。但通过艺术家的集中、概括,生活中的丑也可以变为可供欣赏的艺术美。大量实践证明,通过对生活丑的否定,达到对艺术美的表现,这是化生活丑为艺术美的奥秘。艺术地表现生活中的丑,这在文学艺术中有着一定的地位。一般来说,在艺术中丑的价值主要表现在“以丑衬美”和“化丑为美”两个方面。以丑映衬美,目的在于突出美。以丑衬美,会使美显得更美。化丑为美,经过艺术的典型化,这个“丑”已不再是生活丑,而是具有美学意义上的美了。像《巴

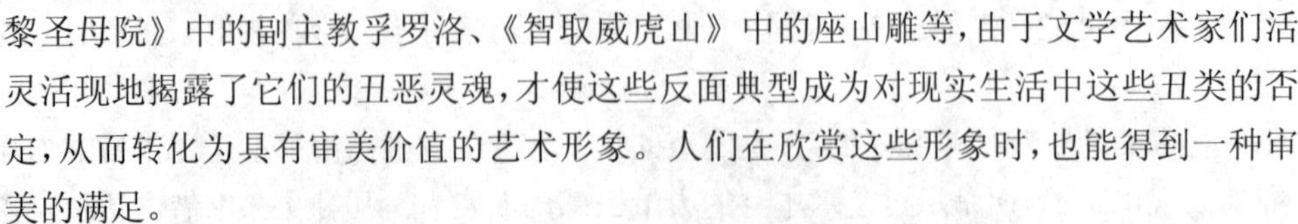

黎圣母院》中的副主教孚罗洛、《智取威虎山》中的座山雕等，由于文学艺术家们活灵活现地揭露了它们的丑恶灵魂，才使这些反面典型成为对现实生活中这些丑类的否定，从而转化为具有审美价值的艺术形象。人们在欣赏这些形象时，也能得到一种审美的满足。

正因为艺术美比起现实美来，在某些方面有其更为优越的品格，所以，人们并不以现实美为满足，而在享受现实美的同时，还热烈地追求艺术的美。

三、艺术美的特殊审美价值

文学艺术作品之所以具有诱人的艺术魅力，就是因为文学艺术作品能使欣赏者产生美感效应。艺术的魅力来自于艺术的美，艺术美具有现实美所无法替代的特殊的审美价值。

*艺术美在培养和提高人们的审美能力方面有着特殊的作用。*早在古希腊时代，美学家们就充分注意到了这一点。柏拉图曾指出："音乐比起其他教育都重要得多，……受过这种良好的音乐教育的人可以很敏捷地看出一切艺术作品和自然界事物的丑陋，很正确地加以厌恶；但是一看到美的东西，他就会赞赏它们，很快乐地把它们吸收到心灵里，作为滋养，因此自己的性格也变成高尚优美。"柏拉图指出了艺术对人品培养的重要性，也提到了像音乐这样的艺术，在培养人的审美感受和审美评价方面所起的特殊作用。我们虽然不能说，一个不懂艺术的人断然就不懂得美，但是，对艺术美的感悟能力却是衡量一个人审美能力的重要尺度。对于一部优秀的艺术作品来说，欣赏者的审美能力越高，他从艺术作品中所感受到的美就越多，艺术所发挥的作用就越大。而人们欣赏能力的培养和提高，又离不开艺术欣赏的实践，也离不开艺术美的熏陶。人们创造了美的艺术，美的艺术又创造了能够欣赏艺术、具有审美能力的人们。人类就是在这种美的创造和美的欣赏的循环往复的过程中，不断地培养和提高自己的审美能力。

*艺术美在推动社会生活前进方面，有着特殊的价值。*艺术美具有供人娱乐和消遣的一面，但更重要的是，它负有推动社会生活前进的特殊使命。艺术美是通过征服人心、鼓舞人心而达到推动社会生活前进的目的的。文学艺术作品不仅可以打动听觉、可以冲击视觉，而且具有打动人的整个心灵的魅力，产生欣赏者与艺术作品、欣赏者与艺术家之间的强烈共鸣，从而激发人们为理想的生活而努力奋斗，推动社会生活不断向前发展。

第二节 科技美

20世纪40年代以来，现代科学技术有了迅猛的发展，新技术革命的浪潮在世界范围内不断地兴起。在这种新形势下，科学技术一方面在高度分化，一方面又出现了高度的综合。交叉学科、边缘学科层出不穷。过去，自然科学与美学、物质生产与艺术生产被认为是风马牛不相及的事，现在人们开始重视它们之间的关联。但是，科学美学、技术美学的研究和应用在我国起步较晚，而且又是一个比较复杂的学术问题，因此，这里只能对科学美、技术美以及它们间的区别作一粗略的概述。

一、科学美

自然科学研究的对象是自然界，所以科学美与自然美有着相同的本源。但两者是有区别的，具体在于：自然美体现了自然界的外在形态，而科学美体现的则是自然界的内在规律。科学家从事科学研究活动的目的所在，就是要揭示自然对象的本质、特征、发展规律及其相互间的内存关系。他们刻苦攻关、百折不挠，探索自然界的奥秘，实际上也是一种对美的追求。科学家能在科学的探索中，获得一种精神上的满足和美的享受。我们借助于天文望远镜，看到了那么多巨大的星云呈现着奇美的螺旋形，看到了瑰丽的双星那迷人的、协调统一的色彩组合，看到了卫星绕着行星、行星绕着太阳、太阳系绕着银河系的运转是那么井然有序、和谐壮美。这是人类发明了高倍数的天文望远镜后，从而对宇宙及其运行规律有了更科学、更本质的认识，同时也大大地扩展了对宇宙这一客体的审美感受的结果。

那么，科学美到底有哪些构成因素呢？

科学美在于简明　自然现象是纷繁杂乱的，通过科学家创造性的科研劳动，从中概括出简单明了的规律，这就是一种科学美。物理学家爱因斯坦具有这样的信念："有可能把自然规律归结为一些简单的原理；评价一个理论是不是美，标准正是原理上的简单性，不是技术上的困难性"，"美在本质上终究是简单性"。事实上，牛顿的万有引力定律$F=g\frac{m_1m_2}{r^2}$、普朗克的能量和频率的关系式$E=hv$、开普勒行星运动之定律的公式$T^2=D^3$以及爱因斯坦的质能关系式$E=mc^2$等，无一不是运用极为简明的公式，表达了极为复杂的自然规律。

科学美在于和谐　大自然是有序而和谐的，"宇宙"这个词本身就意味着有序与

和谐，因而反映大自然规律的科学也应该是和谐的。科学美的和谐包含对称、秩序、适度、节奏、多样统一等概念在内。如门捷列夫的元素周期表，不论从内容还是从形式上看都是对称协调的，各行各列、上下左右，联系十分巧妙，像花边图案一样，形成了一个和谐的整体。

科学美在于新奇　这里“新奇”的意思是如人们观赏戏剧时的感受那样：出乎意料之外，却在情理之中。英国哲学家培根说：“没有一个极美的东西，不是在调和中有着某种奇异”。如数以亿计的生命信息，原来只是由 64 个密码构成，而这 64 个密码竟又是由 4 个字母（4 个核苷酸：胸腺嘧啶 T、腺嘌呤 A、胞嘧啶 C 和鸟嘌呤 G）通过三联体组成。这 4 个核苷酸竟构成了地球上绚丽多彩的生命世界，这怎不叫人感到新奇有趣！

总之，科学美是一种客观存在。科学美与自然美、社会美、艺术美、技术美相比，是一种更深层次的美。科学美以科学抽象的形式反映和谐统一的自然图景，要感受和领悟它，必须具备较深厚的科学修养。这就像人们要感受艺术美必须具备艺术修养一样，只有具有科学修养的人，才可以由衷地感受到科学美的独特魅力。

二、技术美

随着现代科技的飞速发展，一门将美学应用于生产技术领域，使技术与美学相结合的交叉学科——技术美学，从 20 世纪三四十年代起日益受到人们的重视。技术美学研究一切生产技术领域里的有关美学问题，也研究一切社会生活领域里与人的生产劳动过程和成果相关的美学问题。目前这门学科广泛应用在建筑、交通、商业、农业、园艺、外贸、管理服务、城市建设、环境保护、医学以及军事等部门，范围已大大超过工业生产领域。

根据技术美学的现状及未来发展趋势，它研究的主要内容大致可概括劳动生产中的美学问题和物质产品的艺术设计问题两个方面。在物质产品上表现出来的技术美，一般可以包括功能、材料、形式和环境等四个方面的因素。下面我们分别加以论述。

劳动生产中的美学问题　它是研究人类的基本实践活动，也就是与人的劳动生产过程和成果相关的美学问题。技术美学首先必须研究劳动者在生产过程中的审美意识、审美能力，探讨如何提高劳动者的审美趣味、审美水平，使他们更自觉地按照美的规律来进行生产，并充分调动劳动者的美的创造的能动性，以提高劳动效率和产品质量。其次，技术美学还必须研究生产条件的美化问题，即按照美的规律对生产条件进行设计和改造，使其适应现代化生产的需要。我们知道，在相同的条件和设备下，如果运用美学原则将劳动环境加以改善和美化，便会明显提高产品的数量与质量，废品大量减少。有资料表明，车间的门窗安置适当，明净漂亮，照明设备美观适宜，车间内外环境加以美化，机器工具饰以适当的色彩，把噪音减小到最低限度，都会提高劳动生产率和产品质量，并有益于劳动者的身心健康，增强劳动情绪。

物质产品的艺术设计问题 技术美学中的“迪扎因”(Design)指的是艺术设计，它既包括广泛的艺术设计作品，又指设计师的特殊精神劳动和创作方法，以及为满足社会实用、经济、美观的需要而设计、创造的新型产品。“迪扎因”不仅要考虑产品的实用意义和经济价值，还要考虑产品的审美标准和审美价值，使实用、经济、美观三者更好地结合起来，达到有机的统一。当然“迪扎因”还包含产品质量（即指产品的“内质量”与“外质量”的有机结合）。所谓“内质量”，指的是产品的材料、结构、性状、功能等；所谓“外质量”，则指产品的形、色、式样、光泽、明洁度、平整度、精密度、手感、装饰性乃至包装等。任何物质产品只有既注意“内质量”，又注意“外质量”，做到实用与美观相结合，才能受到广大消费者的欢迎，加强市场竞争力。

表现在物质产品上技术美的四个因素 ①功能的因素。这是技术美的首要因素。一切物质产品必须有用，否则不会有真正的技术美。如照明的台灯，其照明效果不好，无论它装饰得如何华丽，也根本谈不上技术美。②材料的因素。在加工生产时，必须对所选择的材料遵循自然的法则，按照它固有的性质设计、加工，这样才能制造出符合需要的产品来。随着现代科技的发展，出现了各种合金、合成树脂、合成纤维、塑料、玻璃钢、稀土等新材料，为产品的艺术设计开辟了广阔的前景。③形式的因素。对艺术设计的要求，就是要将工程师和艺术家的素质揉在一起，既要将艺术家的审美观用于技术设计，又要运用工程师的数学语言和技术经验，给予“美”以定量的计算和科学的测定，使产品的结构形式不断更新，在造型上做到新型、美观，既符合时代精神，又使产品形式适合产品内容。④环境因素。我们知道，任何产品都不可能孤立存在，它与周围的环境是有机地联系在一起的。当它与周围自然景观和谐一致时，就显得更加美观，这对大型、固定的产品更具有重要意义。如公共设施、厂房布局、住宅建设以及车间机器的排列、室内家具的陈设等，都应考虑与周围的环境是否协调统一。

尽管技术美学在我国还很年轻，但它在应用与推广方面已结出丰硕果实。无论是从理论方面还是从实践方面看，技术美学是一门发展前途十分广阔的新兴学科。

三、科学美与技术美的区别

严格地说，科学和技术不是一回事，是两个不同的概念，因此，科学美与技术美也是两个不同概念。科学主要指人类对自然规律的认识，属于知识形态，是潜在的生产力；而技术则是指自然科学知识在生产实践中的具体应用，最终成为物化形态，是直接的生产力。科学和技术对审美活动的影响有相同之处，但又有明显的区别。

科学美主要研究自然科学中的美学问题，它包括自然科学研究中科学家对美的追求，对科学理论的美学评价和科学研究中的形象思维等，它偏重于人类的理智美。而技术美则主要研究人类生产劳动以及与此相关的一切技术领域里的美学问题，它包括生产环境和生产过程的美化及产品的艺术设计等，它偏重于功能美。具体而言，科学美与技术美有以下一些基本区别：

*科学美具有抽象性，技术美则具有可感性。*自然科学是人类在长期生产实践和科学实验中对自然界的本质及其规律性的认识和把握，科学美就体现于这种认识和把握的成果之中。因此，就其内容来说，它体现自然界的本质和规律；而就存在形态来说，则属于人类的意识形式，它缺乏一般的美的事物的可感性特点。科学家可以发现和揭示自然本质及其规律之美，却不能创造出具有可感性的形象和生动的美。技术美在很大程度上依赖于人的自由创造，它体现于人类的生产劳动，包括技术活动之中，也体现于具体的劳动产品之中，因此，它具有鲜明的可感性的特点。

*科学美一般表现为理论形态，技术美则一般表现为物化形态。*科学美突出科学上的“真”，美的形式是为表现科学真理服务的；而技术美的形式必须服务于产品的功能。因此，科学美偏重于内容的美，而技术美则偏重于形式的美。

*科学美是一种理智的美，技术美则偏重于功能美。*科学美表现出明显的个体性，科学家的劳动具有很大程度上的个体性特点。科学家在进行科学研究时，无不洋溢着对科学真理的执著追求，充满了对科学事业献身的激情。因此，科学美是一种较高和较深层次的美，唯有科学家和具有一定科学修养的人才有可能真正理解和欣赏这种抽象的理智之美。技术美与科学美不同，技术美以物质材料为加工对象，其产品一般都是通过机器成批地生产的，因而不易体现出个体性的特点，设计师、工程师、技师、工艺师的创造个性必须服从产品设计，生产的标准化、通用化等要求，因此，技术美偏重于功能美。

科学美具有稳定性，技术美则具有变易性。科学美一般不会随时代、民族、阶段的变化而发生变化，如自然科学中的各种定律、公式等，它能被不同时代、不同民族、不同阶级的人们所普遍接受。我国南北朝时期祖冲之的“割圆术”、古希腊欧几里得的几何所显示出来的美，至今仍闪烁着人类智慧的光辉。技术美是人们运用先进技艺对材料进行加工而创造出来的美，它要受到当时社会生产力发展水平的制约，其审美价值有时也要受到时代、民族和阶级的影响，所以技术美存在着一定的变易性。

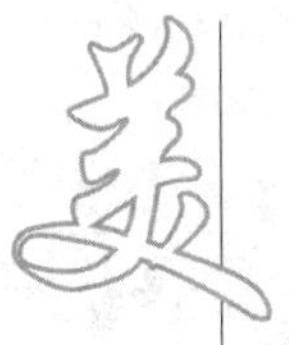

第五章

美学范畴

美的事物的具体表现形态是相当丰富多彩的。由于分类的依据不同，一方面可以按美的形态分为自然美、社会美和艺术美等；另一方面又可以按照审美感受的不同，把美的事物划分为崇高、优美、悲剧、喜剧等。在中国传统美学中，还有意境说、传神说、阳刚之美、阴柔之美等说法。这些美学范围，是人们对客观世界审美态度最集中和最普遍的反映。

不同的美学家基于对美的本质的不同理解，对于美学范畴中的崇高、优美、悲剧、喜剧等作过大相径庭的阐释。目前对这些美学范围还尚待作深入而复杂的研究，这里只作一般性的概述。

第一节 崇高、优美、悲剧、喜剧

一、崇高

西方最早提出“崇高”这一术语的，是古罗马时期的学者朗吉奴斯，著有《论崇高》一书。

崇高的美学特征，在自然界表现为以量的巨大和力的强大显示出人的感官难以掌握的无限大的特征，从而使人产生惊奇、赞叹和敬畏的崇高感。如峥嵘重叠的崇山峻岭，滔滔奔泻的大江大河、狂风暴雨、火山爆发……在社会生活中，崇高是先进阶级、正义事业的不可战胜的威力和本性的显现，具有十分明确的伦理道德本质。它只有在艰苦的斗争中才展现出其美学特征。“沧海横流，方显英雄本色”。英雄、豪迈、伟大、英雄主义可以看成是社会崇高的同义词。社会崇高既包括那些英雄人物在严酷斗争中暂遭失败甚至毁灭的悲壮之美，也包括胜利凯旋式的雄壮之美。如巴黎公社的勇士、雷锋精神等。艺术中的崇高，则兼有自然崇高和社会崇高这两类对象的形式特点，它是现实中崇高的最真实最集中的表现。优秀的文学家、艺术家向来十分重视塑造具有崇高道德情操的人物，表现它们崇高的思想行为，同时也执著追求在艺术形式和艺术风格上体现出崇高的格调，如屈原、杜甫慷慨悲歌的长篇诗作、贝多芬的《命运交响曲》、米开朗基罗的雕塑作品等。

由此可见，具有崇高特性的审美对象，一般总是具有艰苦奋斗的烙印，显示出真与假、善与恶、美与丑相对抗、相斗争的深刻过程。崇高的这种美与丑斗争的景象，常常能激发人们的战斗热情和树立正确的伦理观念。

二、优美

优美的美学特征是统一、平衡、和谐。它与崇高是相对的。如果说崇高的现象形态就是严峻、冲突、气势和力量，那么，优美的形态则是柔媚、秀雅、宁静、平和。

优美在自然界中偏重于形式。如山明水秀的杭州西湖、小桥流水的苏州风光、欧洲罗可可式建筑等。优美在社会生活中，偏重于内容，突出地体现了真与善的和谐统一。如青年男女纯洁的爱情、助人为乐的良好风尚等。艺术中的优美是自然优美和社会优美经过艺术家选择、加工的精神产品，因而能够更为集中而鲜明地显示出现实中优美的审美特性。像杨朔的散文、柴可夫斯基的《天鹅湖》音乐作品等。艺术作品中的优美不仅可以体现在内容与题材方面，而且更主要地偏重在形式方面，如作品的文体、语言、风格等。

三、悲剧

悲剧，又叫悲或悲剧性。它是作为美学范畴而非一种戏剧类型的悲剧，它在审美对象中有其重要的位置。悲剧必须是能使人奋发兴起、提高精神境界、产生审美愉快的。生活中的悲剧事件，往往只能与强烈的生理刺激、特定的功利反应交织在一起，迫使人们采取严肃的伦理态度和实践行为，因而一般不能马上进入审美领域。作为美学范畴的悲剧，不是研究这类“不幸事件”的，而是研究那些存在于现实生活中及艺术作品中具有悲剧性的矛盾冲突，又以人物的不幸为结局的、悲剧性现象，而且这些现象还必须具有审美价值。

在反映社会冲突的戏剧艺术中，悲剧因素表现得最为突出和集中，因此，作为美学范畴的悲剧又常常与作为戏剧种类的悲剧结合在一起，而不可分割。如关汉卿的《窦

娥冤》、曹雪芹的《红楼梦》等，都是艺术家对生活中的悲剧现象进行了艺术认识和艺术净化的结果，因而，它能显示出巨大的审美意义。

悲剧由于矛盾冲突的性质不同，决定了悲剧有各自不同的特点。一般来说，悲剧的类型分为命运悲剧、性格悲剧和社会悲剧。

四、喜剧

喜剧和悲剧一样也是作为一种美学范畴来加以研究的。它既研究生活中的喜剧现象，又研究艺术形式的喜剧，特别要探索喜剧性现象的某些规律。喜剧的审美特征，是引发人们在对恶与善的对照中，看到自身的胜利，从而产生一种对丑恶的轻蔑嘲笑的审美愉悦。

喜剧如果按其社会性质来分，一般可分为肯定性和否定性两种。肯定性的喜剧矛盾是对正面的、积极的社会现象的赞美和颂扬；否定性的喜剧矛盾是对假、丑、恶的社会现象的揭露、抨击和嘲笑。

喜剧的形式是多种多样的。有讽刺、幽默、怪诞、滑稽、闹剧、谐谑、揶揄、打浑、冷嘲等，它们之间的界限一般很难明确划分。

喜剧性的描绘存在于一切文学艺术的种类之中，特别是戏剧种类中的喜剧，它将现实生活中的喜剧性因素、喜剧性事件最突出、最集中、最广泛地反映出来，它所引起的审美效果，具有鲜明而强烈的娱乐性，常常会引导人们发笑，并在笑声中，使人们在对人的本质力量的积极肯定中直观自身，在对假的、丑的、恶的嘲弄中获得强烈的审美愉悦和精神上的满足。

我们虽然把美的范畴划分为崇高、优美、悲剧、喜剧等不同类型，但现实生活中各种审美对象、美的不同形态是相互联系、相互渗透和彼此可以转化的。因此，崇高与悲剧、崇高与喜剧、悲剧与喜剧也都是可以相互结合的，可以相互转化的。有些审美层次较高的艺术形象，往往是多种类型的复合，如鲁迅笔下的阿Q既有喜剧性，又有悲剧性。戏剧《七品芝麻官》中的唐成，其扮相、表演都有点荒唐、丑陋，令人发笑，但他的“当官不与民作主，不如回家卖红薯”，则表现了他品格的崇高。在我们的现实生活里，正是审美对象以其复杂多样的现象形态，多方面地展开和体现着美的本质，构成了一个丰富多彩的美的天地，诉诸人们的审美意识。

第二节 意境、传神、阳刚、阴柔

一、意境

意境是中国传统美学思想中的一个重要范畴。它体现了艺术之美。意境是文学艺术作品中所描绘的生活图景与表现有思想感情融合一致而形成的一种艺术境界。换句话来说,意境是客观的生活、景物与主观的思想、感情相熔铸的产物,是情与景、意与境的统一。意境能使欣赏者通过想象和联想,犹如身入其境,在思想上受到感染。

王国维认为,“红杏枝头春意闹”,“云破月来花弄影”两句诗中,一个“闹”字,一个“弄”字,使景物活了,有意味,很传神,意境全出了。李白的《早发白帝城》,全诗没有一个字言情的,但通篇却又没有一个字不在言情,这种如朱承爵所说的“出音声之外”、“摇荡性情”、“不着一字,尽得风流者”,便是诗的意境。

中国古代的文学家、艺术家们在进行文学艺术创造、欣赏和批评中,常常把意境作为衡量一部作品的艺术美的准绳之一。他们以意境的有无及高下来评价作品的成败优劣,但往往由于过分强调个人的主观感受而造成脱离实际的倾向,流于玄秘神乎。

二、传神

传神,也叫神形兼备,它与意境一样,也是中国传统美学思想中一个有关艺术美的重要范畴。

传神,要求文学艺术家在描写图绘人或物时,能生动地传达其神态情意,做到形与神的高度统一。早在东晋时期,顾恺之就明确地提出“以形写神”说。所谓“以形写神”,就是通过人或物的外部感情特征去表现人的内在精神。顾恺之认为,人物的动态、服装、背景等都有助于传神,但最能体现人物内在精神的,莫过于眼睛。现代人说的“眼睛是心灵的窗户”,说的也是这个意思。如陕西秦陵兵马俑中的人物,有

的凝神沉思，有的怒目雄视，有的昂首眺望，有的眉舒眼笑，这些雕塑作品都栩栩如生地展现了每个人物不同的性格特征。法国雕塑家乌桐创作的《伏尔泰》，塑造了这位哲学家在辩论中抓住了对方的谬误，正要说出一句挖苦之言的一瞬间的神情，不同凡响地表现了伏尔泰的慧黠、善辩、机智而带有几分刻薄的性格特征和精神面貌，非常生动感人。

关于传神的理论，可以概括为三点：一是对象的本质特征与艺术家的思想感情的统一，也就是客观与主观的统一。如果说意境是寓情于景，传神则是寓情于人。要做到传神，首行要求艺术家熟悉生活、熟悉人、理解人。二是传神中的个性与共性的问题。在传神的人物形象中都有自己独特的个性，而且都是通过鲜明的个性来反映出人物的社会本质。三是传神与技巧问题。艺术家认识了审美对象的本质特征，而且对物产生了强烈的感情，这还不等于创造了传神的人物形象，要达到传神，还需要艺术家有高超的艺术技巧。中国古代画论中的“骨法用笔”、“应物象形”、“随类赋彩”、“经营位置”等，都包含着艺术家的技巧。艺术家缺乏技巧，是创造不出美的形象来的。

三、阳刚之美与阴柔之美

在中国古代，随着人们对审美实践经验的积累，一些文人、哲人就开始对审美对象的不同特点给予关注。孔子、孟子、庄子和《易经》都提出过“大”、“阳刚”等概念，西汉之后，又出现了对势壮、刚健、雄浑、甚至畸异、丑怪的欣赏。到了宋代，词又分为豪放与婉约，美分阳刚和阴柔。直到18世纪，清代桐城派文人姚鼐运用古代阴阳刚柔对立统一的观点，才把复杂多样的美的表现，明确地概括为“阳刚之美”与“阴柔之美”两大类。他曾生动地描绘了：“其得于阳与刚之美者，则其文如霆，如电，如长风之出谷，如崇山峻崖，如决大川，如奔骐骥；其光也，如杲日，如火，如金铁；其于人也，如冯高视远，如君而朝万众；如鼓万勇士而战之。其得于阴与柔之美者，则其文如升初日，如清风，如云，如霞，如烟，如幽林曲涧，如沦，如漾，如珠玉之辉，如鸿鹄之鸣而入寥廓；其于人也，谬乎其如叹，邈乎其如有思，乎其如喜，愀乎其如悲”。这里所说的阳刚之美和阴柔之美，颇似西方美学理论中的崇高和优美。

总之，把美的事物分成阳刚与阴柔，在我国也是有着源远流长的传统。“铁马西风冀北”，“杏花春雨江南”，一向被人们认为是阳刚之美与阴柔之美的典型意境。

第三节 艺术辩证法的主要范畴

我们在进行文学艺术作品的欣赏时，时常能感受到文学家、艺术家在创作时，运用艺术辩证法来塑造典型，并通过艺术的对比，使人物更加鲜明，作品更具魅力。下面我们简要地介绍几种常用的艺术辩证手法。

一、有限与无限

我们都知道，现实生活是丰富多彩的，具有无限广阔的社会内容和深刻的思想意义。任何一门艺术都难以（也不可能）穷尽也，因为用形象表现的事物总是有限的。但有才能的艺术家，却可以用有限的形象去表现无限的社会生活内容，借助艺术辩证法，收到以少见多的艺术效果。

中国古典美学十分强调“象外之旨”、“弦外之音”、“言外之意”。通过这些具体有限的“象”、“弦”、“言”，不仅可以反映出形象自身所包涵的思想内容，而且还可能表现出形象之外更丰富、更深远的客观实际意义，以收到“言有尽而意无穷”的审美效果。比如，齐白石的几只虾子，徐悲鸿的几匹马，其形象极其有限，但它所反映出来的蓬勃向上的思想、积极进取的精神，却是无限广阔的。天上一轮明月，既可移情于一对情意缠绵的情侣，又可想见游子思乡的凄楚。如马致远的《天净沙》，诗中出现的十一个殊相，从个别中组成整体形象画面，描绘了成千上万个天涯海角游子思乡的无限广阔的生活内容。“有限”中蕴藏着更多的“无限”，“偶然”中体现出更多的“必然”，“个别”中突出更多的“一般”，“有形”中传达出更深远的“神韵”。

因此，艺术家在对社会生活的描写时，千万不能生搬硬套，而应当认真研究生活形式自身内在的规律和各种关系之间的辩证因素，不要求多求全，而要留有余地，更好地自觉地做到艺术形象的有限性与艺术内容的广阔性的有机结合，即是有限与无限的统一，形神兼备，以形传神。

二、偶然与必然

艺术的有限具体形象总是偶然的，通过它反映出来的广阔深远内容总是必然的。

生活现象本身就具有多样性的偶然。同是大学生，他们的性格、气质、品行亦有不相同，艺术家们总是要通过个别去表现一般、通过偶然去表现必然的。

我国的传统小说和戏剧，一方面强调“无巧不成书”，使故事离奇、曲折、紧张；另一方面又讲究要巧得合理，不露痕迹，好像必然如此，令人信服。所以小说戏曲都要遵循客观生活的必然逻辑去发展情节，去结合故事，才能收到既巧且真的审美效果。比如，《红楼梦》里，当“薛宝钗出闺成大礼”之日，正是“林黛玉焚稿断痴情”之时，既偶然（巧）又必然（真）。这强烈的戏剧对比加深了主题思想的表达，使人感到悲剧力量的必然。林黛玉死了、贾宝玉出家了，封建家庭的结局如何呢？“树倒猢狲散”，只落得白茫茫大地真干净。宝黛一系列偶然的爱情悲剧情节，终于编织成历史的、必然的悲剧结局，给读者以震撼灵魂的悲剧力量。

三、含蓄与鲜明

含蓄在传统的文论中有两方面的意思。一是艺术作品所反映的生活，不要说尽道绝，而应充分留有余地；二是指艺术家的主观思想不直接外露。但含蓄不是含糊不清，令人费解，否则只能破坏艺术之美。李白的《玉阶怨》：“玉阶生白露，夜久侵罗袜。却下水晶帘，玲珑望秋月。”后人评说：“无一字言怨而隐然幽怨之意，见于言外”。她在等谁、盼谁、想谁，怨情实在很浓，但李白却又写得十分含蓄。

我们强调含蓄，并不排斥平易质朴的美，艺术家总是力求做到既含蓄又鲜明，以创造出较深邃的意境来。含蓄不是晦涩难懂，而是为了更鲜明地突出作者的思想倾向性，否则就会破坏美的适度性。含蓄的风格，在于艺术家的技能。恩格斯主张“作者的见解越隐蔽，对艺术作品来说就愈好”。作品的倾向可让欣赏者去揣摩，去体会，而不要通过作品中的人物直接说出来。

四、虚实与隐显

艺术家要创造出深厚而富有诱惑力的艺术形象，利用虚实相间的艺术手法，往往会收到强烈的艺术效果。这里所谓的“实”、“显”，是指艺术的直接性，所谓的“虚”、“隐”，是指艺术的间接性。一个成功的艺术形象，总是直接性与间接性的和谐统一。“实”与“显”的直接性可以引导读者思考间接性，“虚”与“隐”的间接性也要有所限制，从属于一定的直接性，两者互为依存，相互制约，“实”

与“显”的特点在于引导“虚”与“隐”,“虚”与“隐”的特点在于不脱离“实”与“显”。

鲁迅先生的《药》,用实写与虚写交插的手法,分别写出华老栓一家和夏四奶奶一家的生活悲剧。这两个悲剧一实一虚,重叠交织,深刻地揭露了旧民主主义革命脱离群众的社会悲剧。

艺术创作可以有隐有显,殊途同归。形象的直接性可以少而精,形象的间接性要求深而广。所谓虚实相生,指在结构艺术形象时,有实写又有虚写,使作品内容以少胜多,小中见大,含蓄有味。

五、动与静

客观的自然物具有动和静两种形态,因而使我们的大千世界充满了生机勃勃的动态美,同时也展现出多式多样的静态美。艺术要反映生活,必须写出事物的动与静的面貌来。

动态描写,主要写出事物运动的状态。对于文学作品来说,它主要表现两个方面。其一是对象在运动中的形态变化描写;其二是通过人物的语言行动去刻画人物。由于文学作品可以超越时空限制,写出事物发展的过程,因此描写事物的动态美,正是文学的特长。比如,《红楼梦》中王熙凤出场的描写,字里行间都流露出一种动态之美,真可说:“如闻其声,如见其人”。

静态描写,是写事物的相对静止的状态。对于塑造人物,是指描写人物的肖像表情和人物的内心活动,揭示人物的内心世界。为了创造更完美的艺术境界,作家总是避免以动态写动态,而采用以动写静,或以静写动的变动手法,更加突出地表现动与静的意境。戏剧中的“亮相”、“造型”实际上也是“静态美”的一种表现形式。

六、疏与密

所谓疏密关系,是指艺术家对于作品中的人物、情节等的安排,力求做到有疏有密,密疏相间,主次分明。艺术创作,不可随意点染,不可平均使用力量。即使作一幅画,或淡墨,或浓墨,均要巧妙运用,做到疏密有致。如散文,要处理好疏密关系,必须注意叙述与描写的关系。叙述可有详有略。描写力求细致入微。叙述目的在于说明情况,

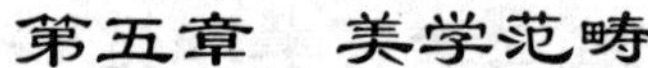
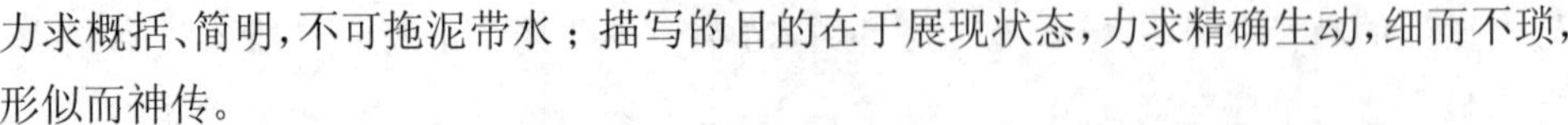

力求概括、简明，不可拖泥带水；描写的目的在于展现状态，力求精确生动，细而不琐，形似而神传。

总之，在一切艺术作品的创作过程中，结构谋篇也好，人物安排也好，展示事件也好，都需要讲究疏密关系。在艺术实践中，疏与密总是相互联系、相互补托、相辅相成的。

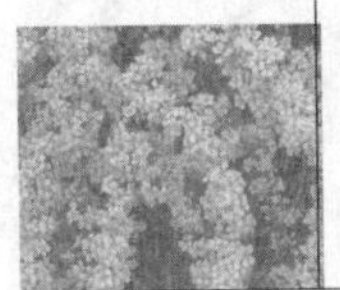

中篇　文学艺术基础理论

第六章

关于文学艺术

文学艺术，我们通常简称为文艺。文学艺术的基本特征就是通过塑造艺术形象来表现社会生活，通过艺术形象来表达文艺创作者们的思想感情。文学艺术作品通过艺术形象的美感作用，对欣赏者产生潜移默化的影响，并借此反作用于社会生活。所以，文学艺术作品与科学论文不一样。科学论文以理服人，文艺作品则以情动人。人们往往在欣赏文艺作品时，被生动鲜明的艺术形象所感染所激动，并在产生强烈的思想感情的共振之后，才接受文学艺术作品所阐明的道理，从中获得启迪和教育。

第一节 什么是文学艺术学

文学艺术学，又简称为文艺学。文艺学主要是对文学艺术领域里所出现的种种现象进行分析研究，对文学艺术发展的基本规律进行探索，对文学艺术的基本原理进行阐明的一门科学。文学艺术学主要包括三个方面：

文学艺术理论的研究　这主要是指对文学艺术的性质、特征、发展规律以及社会功能的原理和原则的研究。它是文艺理论家站在一定的思想、观点、立场上，运用一定的理论，来总结文艺运动、文艺发展、文艺创作、文艺欣赏、文艺批评的经验，以指导文艺创作和文艺活动。

文学艺术史的研究　这主要研究文艺艺术发展的历史进程，从中总结出带有规律性的东西，以影响当今的文学艺术活动。

文学艺术批评的研究　这是文艺批评家站在一定的立场上，运用一定的理论观点，对文学艺术作品、作家和艺术家、文艺思潮、文艺运动进行认识、探讨、评价、总结的研究活动。它也是与欣赏者有密切关系，并以欣赏为基础的一种科学活动。

当然，以上三个方面的内容既有区别又有密切的联系。我们要用科学的观点和先

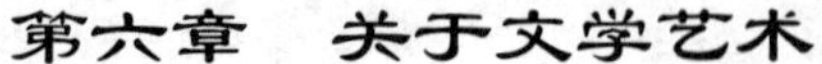
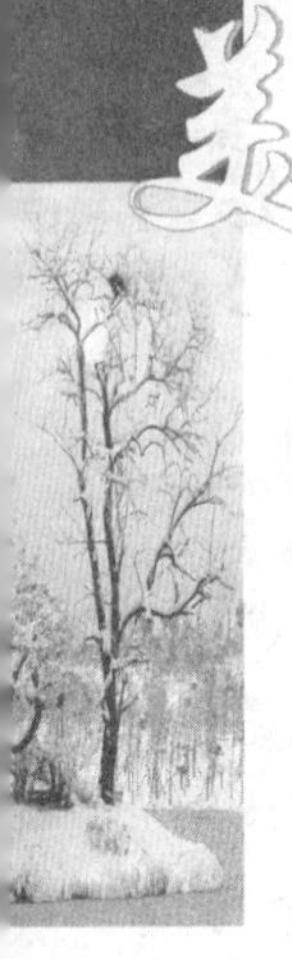

进的方法把对每一个文学艺术原理的运用，同各个中外历史时期丰富的文学艺术实践经验结合起来，进行具体的、历史的分析总结，特别要认真地分析总结当代中外文艺实践中不断涌现的新经验、新问题，并以实践证明了的新的规律性的东西来丰富文学艺术理论的宝库。那么，作为一门科学的文学艺术学，将会永葆其青春的活力。

第二节 文学艺术的分类

文学艺术包括的范围很广很大。各个文学艺术品种在长期的各自发展实践中逐步形成完善，并日益呈现出多样化的趋势。深入探讨各个文艺品种的审美特征，准确地把握它们相互间的联系与区别，不但可以深化人们对文学艺术的本质和规律的宏观认识，而且还可以揭示出各个文艺品种的自身特征，借以提高文艺创作和文艺欣赏的水平。

古往今来，许多文艺理论家和美学家都曾致力于文学艺术的分类，提出过划分的不同原则和方法。有的从文艺与客观对象之间的联系出发，把文艺分为表现性艺术和再现性艺术；有的则以文艺形象的不同感知方式为标准，把文艺分成视觉艺术、听觉艺术、视听艺术和想象艺术。这两种分法，着眼点虽各相异，但对我们认识和了解各个文艺品种的特性，还是有一定启发的。

这里，我们根据构成艺术形象的不同物质材料和塑造艺术形象的不同方式，把文学艺术分为文学与艺术两大部分。文学部分，根据体裁的不同，可分为小说、散文、诗歌和剧本文学等四种。艺术部分，由于表现手段和形式不同，一般把通过表演来塑造形象的艺术称为“表演艺术”。表演艺术还可分为：通过旋律和节奏表演的是音乐；通过形体动作表演的是舞蹈。用造型、构图、色彩、线条等手段来塑造形象的艺术称为“造型艺术”。造型艺术又可分为绘画、雕塑、工艺美术、建筑、摄影等。由几种艺术形式综合而成的艺术，我们通常把它称为“综合艺术”。综合艺术主要包括戏剧、电影、电视等。

一、表现与再现、时间与空间兼备的艺术——文学——语言艺术

文学，包括小说、散文、诗歌、剧本文学等样式，都是通过语言来塑造艺术形象的，因此，文学又有“语言艺术”之称。作为语言艺术的审美特征，它既可以是侧重于表

现性的，如抒性诗、抒性散文等；又可以侧重于再现性的，如叙事诗、叙事散文、小说、剧本等。至于文学作品的艺术形象，作为观念或想象中的形象，兼有动态与静态（时间与空间）的艺术特征。正由于文学具有这种表现性和再现性、时间与空间艺术的兼备性，我们把语言艺术单列一类。

由语言构成的文学形象，有它的局限性，它不具有雕塑、绘画的直观性。我们欣赏文学作品不能直观到任何形象。所谓文学形象，只存在于我们的观念之中。人们只通过文字符号，在心中唤起与词义有关的经验和记忆，然后凭这种经验和记忆的材料，在观念和想象中构成文学形象。例如，白居易的诗句："日出江花红胜火，春如江水绿如蓝"。我们只是凭这两句诗的词义，来唤起曾经有过的经验和记忆，从而想象出诗句所描写的意境。但是，语言艺术的这个局限性，也正是它的长处。正因为语言艺术的媒介不是物质性的，它不像绘画要受物质材料限制，只能表现色彩而不能表现声音。文学可以绘声绘色地描写对象，这绘声绘色就兼有音乐与绘画的长处。语言艺术的长处，还在于其艺术形象具有巨大的感染力，语言既与人的感觉、知觉相联系，又与人的理解和情绪相联系，因而文学形象往往很容易唤起人们的想象，激起人们的情感，其形象的意义也较容易被人们所理解。凡有一定阅读能力、并有一定生活经历的人，都能成为文学作品的欣赏者。

二、表现性的时间艺术——音乐、舞蹈——表演艺术

音乐是以声音来表达内心情感的艺术，声音是无形的、抽象的，它是在时间中行进的。构成音乐形象的声音，是一种有组织、有规律的和谐乐音，包括旋律、节奏、调式、调性、和声、复调、曲式等要素，总称为音乐语言。音乐家基于内心的创作冲动运用这些音乐语言创造出富有审美感染力的音乐形象。这种感染力主要来自于所表达的情感的力量，但也与表达的方式和所采取的艺术形式有关。因而，历来音乐家都十分讲究音乐的形式和形式美。作为音乐形式美因素的旋律（音之长短、高低、强弱）、节奏（速度、拍子），都与数量关系有直接的联系，如声音振动的次数、发声器的长短比例等。应当承认，包含于旋律、节奏等音乐语言中的数学结构，是构成音乐形式美的重要因素。正因为如此，我们在欣赏某些无标题音乐或现代派音乐时，即使不解其意，也仍然获得某种美的享受。

舞蹈最基本的审美特征是抒情性和动作性。舞蹈艺术长于抒情，而拙于叙事。舞

蹈是内心情感的外化，是感情发展的强烈而集中的体现。舞蹈在抒发感情方面，不仅胜于诗与散文，而且也胜于歌唱、器乐。舞蹈是一种人体动作的艺术。没有动作，便没有舞蹈。舞蹈运用高度凝练的、程式化的姿态动作，来表达人物内心情感的活动、变化。某些难以用语言说得清楚的精神状态和情感体验，用舞蹈动作则往往可以把它抒发得细致入微，淋漓尽致。舞蹈使人的情感表现与生理运动、审美愉悦与生理快感紧密结合起来，对人们产生强烈的感染力，因而它成为一种最大众化的艺术。群众性的各种交谊舞和娱乐性舞蹈在现代生活中的普及，说明它具有强大的生命力。

三、再现性的空间艺术——绘画、雕塑、建筑、摄影——造型艺术

绘画是一门运用线条、形状、色彩，在二度空间里再现和描绘人物形象、社会生活和自然物象的艺术。它在描绘人物的形貌、神态、动作方面，在刻画生活场面、自然景物乃至对象的细节方面，都有其独特的表现力。由于绘画的艺术形象是一个静止的顷刻，它不能再现变化着的生活流程，因此就要求画家应善于捕捉生活中具有典型意义的瞬间形象，给人以自由想象的余地。绘画还特别讲究形象的逼真性，高明的绘画大师不仅追求外形的酷似，还刻意于表现形象的内在意蕴（即中国画论中所强调的“传神”）。

雕塑是以实体性物质材料（耐磨性和可塑性的）塑造占有三度空间的立体形象的艺术。它侧重于再现客观物体的形象，特别是人体的形象，因而能产生强烈的空间效果。人们可以从不同的距离和角度来欣赏同一作品（尤其是圆雕作品），从而获得与欣赏绘画和摄影所不同的艺术感受。雕塑材料的特殊质地对细腻地、逼真地再现原型的质感（如人体皮肤、毛发等），无疑是一种巨大的困难，但它却为开拓这些材料本身质感的表现潜力，提供了有利的条件。如造型简练的非洲木雕，在作品中刻上几道有力的纹路，以显示材料的坚硬。雕塑作品是三维的，在光线的作用下，有明暗凹凸之分。这种光线明暗的对比与变化，相当于绘画中的色彩的作用。罗丹后期的作品，形体不再追求表现光滑，而由高低起伏的表面代之，光线在它们上面的跳跃变幻，使作品本身的结构感被一种难以捉摸的节奏所代替，因此被人称为“光的舞蹈”。

建筑艺术具有实用功能和审美功能兼备的特点。建筑虽然也反映生活，但不能再现生活。绘画、雕塑、戏剧、舞蹈能够表达它赞成什么，反对什么，而建筑很难做到这一点。建筑虽然也能引起人们的感情活动，但它只能表达一定的气氛，或是庄严雄伟，或

是轻快明朗,或神秘恐怖等。建筑主要以巨大的形体和严密的数理结构,来表现一定时代、一定民族的精神风貌、情绪和观念。建筑与其他造型艺术的共同之处,在于它们都以可视性的形体诉诸视觉,因此,材料的质量感及结构、布局的形式感是其重要的审美因素。在建筑艺术中,同样讲究均衡、对称、比例、和谐等形式美的规律。各种建筑材料和部件的合乎规律的组成,往往给人以类似于音乐的韵律感和节奏感。所以,不少美学家把建筑称为“凝固的音乐”。

摄影是现代科学技术发展的产物。当摄影被用来作为创造艺术形象,表达人们对生活的见解和感受,抒发思想情怀,给人以美的享受时,便产生了一门新的艺术品种——摄影艺术。摄影通过构图、光线、影调或色调这三种主要造型手段来表现主题,并求得其艺术形式。由于摄影科技手段的特性,光学镜头、感光材料对再现形象有它严格的科学规律,不满足它的条件是不可能获得画面形象的。正是由于这种制约和局限,便形成了摄影艺术的美学特征。摄影者必须在形象实际存在的同一空间中,被摄对象必须处于镜头之前,包括在镜头看得见的视野之中。离开了形象实际存在的空间,就不可能获得摄影艺术形象。即使有用摆布、拼接、虚焦点、后期加工等手段,来获得某种形象的特性视觉效果,但其基础必须是将形象置于镜头之前的拍摄过程,离开这一特定的空间性,就不成其为摄影艺术。还有拍摄角度稍稍一变,影像就会变化。所以摄影创作者不但要考虑同一空间性,还须注意空间角度的调移,这是与绘画、雕塑等其他造型艺术的不同之处。

四、再现性的时间艺术——戏剧、电影、电视——综合艺术

通常所说的综合艺术指戏剧、电影、电视等。这类艺术以再现客观生活为主,也包括有表现的成分,如音乐、舞蹈。这类艺术基本上属于动的时间艺术,但也包含着静的空间艺术的成分,如建筑、绘画、舞台美术等。这里把它们归入再现性的时间艺术一类,只是就其主要审美特征而言。

戏剧是再现客观生活的,但它要受到时间、空间、场地的限制,因此必须做到高度的集中。戏剧的集中,主要包括情节的集中、人物的集中、矛盾的集中和场景的集中等。欧洲古典主义戏剧创作,强调遵循“三一律”,即剧情发展要集中在一个地方,时间不超过一天,一个剧只能有一个情节。这虽然近乎机械刻板,但对戏剧的集中,倒也有合理之处。戏剧的冲突性,有人认为是戏剧艺术的规律。戏剧要在有限的时间

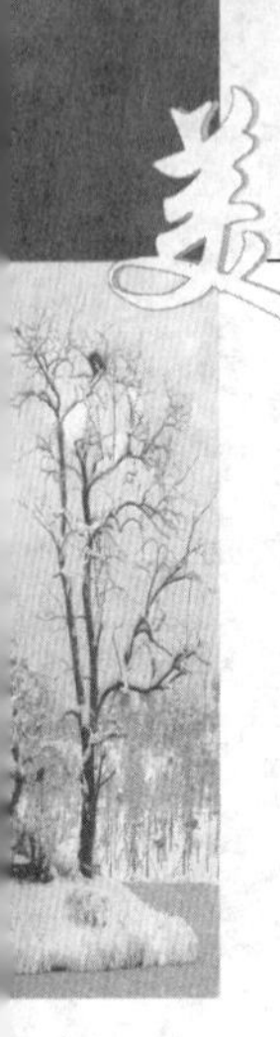

里表现丰富的社会生活，就需要抓住生活事件中的主要矛盾，加以典型化，形成激烈的戏剧冲突，并在冲突中展示情节和塑造人物。正是从这个意义上说，没有冲突，便没有戏剧。

电影是吸收了多种艺术因素（如戏剧、摄影、绘画、建筑、音乐、文学等）的一门综合艺术，它是现代科技发展的结晶。电影在本质上是一种动的映像组合的视觉艺术。与戏剧相比，它有更大的表现力。“蒙太奇”是电影艺术独特的表现手法。电影运用“蒙太奇”来创造艺术形象，构成动态画面，创造新的电影艺术语言，是有它独到的功劳。现代电影如果不采用“蒙太奇”手法，真不知该是什么样子。

电视是文学艺术中最年轻的艺术品种，但却最具有广泛的群众性。由于电视机的屏幕小、视距近、家庭化等观赏特征，使电视艺术，尤其是电视剧产生了这样的美学特征：细致入微地展现日常生活和家庭生活，使人倍感亲切。电视剧以心理刻画作为塑造人物的主要方法，以紧凑精简作为设计情节的主要手段，从而使观众不至于关掉电视机或转到其他频道上去。此外，电视连续剧和电视系列片使电影艺术表现的剧本容量大大增加，只要你拍得精彩动人，观众是有胃口津津有味地一集一集地看下去的。电视艺术除了它的主要形式——电视剧之外，还有电视专题片、电视艺术片、电视文艺晚会、电视智力竞赛等多种电视艺术形式。由于电视是一门新兴的艺术，它的美学特征有的虽然已明显地展示出来，但有的不太明显，甚至有的还可能被淹没了。因此对电视美学和电视艺术特征的研究和探讨，还刚刚起步，有不少见解尚显幼稚。

第三节 文学艺术的社会功能

文学艺术的社会功能，是指文学艺术作用于人的精神而对社会生活发生的影响，也叫“文学艺术的社会作用”。它是以认识作用为基础，教育作用为主导，美感作用为具体的表现形式。它通过文学艺术形象，使人们在心理上得到兴奋愉悦的满足，精神上受到潜移默化的影响，从而转化为物质力量。在日常生活中，我们常把文学艺术比做“精神食粮”。所谓精神食粮，就是指它能满足人们多方面的精神需求。人们通过欣赏优秀的文艺作品，能够获得丰富的社会历史知识和生活知识，提高观察生活、认识生活的能力，培养高尚的情操和健康的审美观念，从中学会如何区别生活中的真伪、善恶、美丑。如果把文学艺术的这种种作用加以简要概括，可以归纳为认识作用、教育作用和美感作用三个主要方面。

一、认识作用

这是指优秀的文艺作品能帮助欣赏者了解、认识社会现实和历史状况。不同的时代、国家、社会和民族的生活面貌和性格特征，人际复杂的社会关系都可以从文艺作品中得到了解。并从中得到种种经验与认识。例如，《红楼梦》、《儒林外史》等作品中，我们可以认识到我国封建社会由盛到衰的过程中许多具体、生动的生活图景，诸如，官僚贵族家庭的腐败衰弱和封建社会里人与人之间的关系，以及科场的腐败、儒林败类的种种丑态等。

二、教育作用

这是指优秀的文艺作品能积极地影响欣赏者的思想感情。它通过鲜明生动的艺术形象，吸引人们从欣赏到动情，由动情而移性，在不知不觉中，性格情操得到陶冶，思想感情得到净化，道德行为得到规范。如《松花江上》等一大批抗日救亡歌曲，在我们中华民族到了最危险的时刻，曾激发起多少爱国青年走上拯救民族、抗击日寇的革命道路。又如一些优秀的儿童电视动画片，往往借片中的动物、人物和小故事，来启发少年儿童辨别生活中的美丑，培养他们机智、勤劳和勇敢的精神。孩子们也从这类文艺作品中，获得最初的品德教育，增加个人修养。

三、美感作用

这是指人对客观事物美的一种感受力的作用，也是人们在分辨客观事物的美与丑、真与假、善与恶的同时，对美的事物产生兴趣、感情上的激动、精神上的满足等特殊的心理作用。美感作用是同文艺作品的认识作用和教育作用同时发生效果的。优秀的文艺作品，可以培养人们健康的生活情趣和高尚的艺术趣味，提高人们的艺术欣赏水平，促使人们加深对现实生活中的美的感受和领会。

文学艺术的认识作用、教育作用和美感作用三者是不能彼此分割开来的，它是密切地联系在一起的，相互发生作用的。贺拉斯曾说："诗人的愿望应该是给人益处和

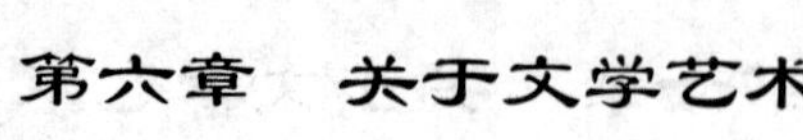

乐趣，他写的东西应该给人以快感，同时对生活有帮助……寓教于乐，又劝谕读者，又使他喜欢，才能符合众望。”“寓教于乐”这句话言简意赅地说明了文艺的认识、教育作用，是通过美感作用来实现的。相反，一部枯燥、平庸地摹写生活，缺乏激动人、感染人的艺术力量的作品，是不会引起人的美感，给人以愉悦和美的享受，更不可能发挥其应有的认识作用和教育作用的。

第七章

文学艺术的真实性与虚构性

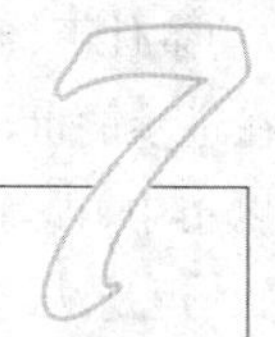

作为人类审美创造的艺术世界，不论是侧重于再现，还是侧重于表现，都是一种重现。只因为它是一种审美的重现，才具有了对象化的观照意义。文学艺术的真实性问题的本源就在这里。我们从古今中外的文艺理论中可以看到，许多美学家和文学艺术家都十分注重文艺创作的真实性。它们常常以文学艺术的真实与否为标准和尺度，来衡量文学艺术作品的价值。在他们看来，文学艺术的真实就是艺术灵魂的表现基础，真实性是艺术生命的基础和前提。但是，文学艺术的虚构性，却是文学艺术家们常用的一种艺术手段，如果没有虚构，没有想象，就很难创造出光彩照人的艺术形象。文学艺术创作离不开文学艺术的真实性，同样也离不开文学艺术的虚构性。

第一节 生活真实与艺术真实

我们在了解什么是文学艺术的真实性之前，先说一说生活真实与艺术真实的问题。

生活真实，是指实际存在的客观生活对象。这是一种自在的存在。生活中任何一件已经发生或正在发生的事情，作为具体的实体、实状，都是生活真实。不仅自然界里的山川花鸟，社会生活中的人际关系，甚至从宏观世界的宇宙天体到微观世界的单个粒子、从无机界到有机界以至人类社会的历史，都是客观存在的生活真实。正因为生活真实的存在是如此广远无限，这就为文学艺术的表现提供了深厚的客观存在的基础。为文艺表现的对象提供了广阔自由的天地，成为文学艺术创造取之不尽、用之不竭的源泉。从文艺的生活源泉这个角度看，生活真实是非常重要的，丧失了这个现实基础，文艺创作就没有起点，没有依托。

应当说清楚的是，生活真实是自然形态的、粗糙的、分散的原始材料，它只能体现生活本质的某一方面，有的体现生活本质的主要方面，有的体现生活本质的次要方面。

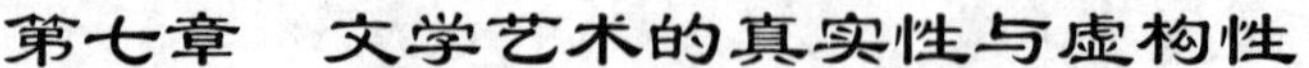

在某种特定的条件下，有的甚至会歪曲地表现生活本质。文学艺术创作只有以生活真实为基础，在进步的世界观和创作意图的指导下，去伪存真，选择其具有典型意义的生活现象，加以集中、提炼，才有可能实现从生活到艺术的转化，从而准确而深刻地反映生活的本质。正是从这个意义上说，真实性是艺术的生命，但文学艺术所追求的真实性，并不是作家、艺术家复制、摄取生活真实就可以达到的。生活真实不等于艺术真实，也不等于真实性。正如生活中五十多岁的四川农民不能等同于罗中立笔下的油画《父亲》一样。

艺术真实，一般指的是文学艺术作品通过形象所揭示出来的社会生活的某些本质和规律。它以生活真实为基础，但又比实际生活更集中、更典型、更带普遍意义。它是文学艺术家们在一定的世界观指导下、遵循文艺创作的规律和运用艺术表现手法，对生活中具有某些代表性的事物进行加工提炼和集中概括的结果。艺术真实包含着文学艺术家们对现实生活的正确认识评价及与历史发展趋势相一致的社会理想，也是文学艺术家们主观的思想感情和社会生活的客观相统一的结晶。因此，艺术真实虽然来源于生活真实，但它又高于生活真实。艺术真实可以是生活中的真人真事，也可以是生活中可能有或应当有的人或事。由于多种艺术方法和特点的不同，艺术真实往往呈现出不同的表现形态：如现实主义要求作品中所表现生活与客观的实际生活，从外在现象到内在本质应相切近，即按照生活的本来样子来表现生活；浪漫主义则在合乎情理与生活逻辑的前提下，采用幻想、夸张、拟人化等手法来虚构人物和故事，即改变生活的外在形式来表现生活，以揭示生活的内在本质。能否将生活真实升华到艺术真实，这主要取决于文学艺术家们是否具有进步的世界观、丰富的生活经验以及高深的文学艺术修养。

下面我们来谈论一个有趣的话题。在普希金生活的时代，曾举行过一次“看谁表演的普希金最真实”的表演艺术比赛。非常难得的是普希金本人也应邀参加了比赛。按常规看，三个表演者中，普希金是自己演自己，该是绝对的妙肖了，但评选结果普希金表演得最差。作为生活真实存在的普希金，任何人也不会提出其生活真实与艺术真实的问题。然而作为艺术表演者的普希金，一旦进入艺术真实的创造，人们就有理由要求普希金必须按艺术规律、从神形兼备方面、从再现对象的某些本质方面去进行艺术创造。那两个问鼎的演员所以能比普希金更胜一筹，秘密就在于他们把生活中的普希金的动作神态典型集中化了，深入内而形于外了，从而创造了一个更真实的普希金的艺术形象，一个融生活真实与艺术真实为一体的艺术典型。

第二节　文学艺术的真实性与倾向性

所谓文学艺术的真实性，指的就是文学艺术作品通过艺术形象来反映社会，揭示生活本质和规律所达到的准确与深刻的程度。“准确”要求文学艺术家创造的艺术形象以及由形象构成的生活画面要来自生活，要酷似生活，要有现实的生活气息，这才能使欣赏者感到“似”，觉得“真”。这是让人相信的基础，只有“真”，才能使人“信”。但是“有闻必录”，对社会生活作繁琐的自然主义的描写，这绝对称不上“准确”。文学艺术的真实性还要求得“深刻”，这指的是文学艺术家所塑造的艺术形象要揭示出生活的某些本质和规律，帮助人们去认识社会、认识人以及人的精神世界。因此，文学艺术的真实性不仅要求现象的真实，而且还要求本质的真实。

假如我们考察文艺作品，可以发现：不同创作方法的文学艺术家在反映生活真实时，往往采用不同的表现形式，因而形成了一个个自成体系的多维的真实性表现方式。

现实主义致力于对“现实关系的真实描写”。真实性问题是现实主义创作原则的核心问题。但现实主义的真实性原则，摒弃照相式的直观临摹，反对对生活事实不加取舍选择的照搬复制。它要求艺术通过对有特征的、有典型意义的生活现象的描写，揭示现实生活中的某些本质和规律。简言之，现实主义追求的真实性是典型的真实。司汤达的批判现实主义奠基之作《红与黑》，就是以现实生活中真正发生的事实为素材的。但作者并没有拘泥于素材本身，而是将其置于社会政治斗争的大背景中加以提炼和展示。小说的副标题“一八三〇年纪事”，说明作者意在真实地表现“七月革命”时期法国的社会生活，因而小说中资产阶级势力（红）与复辟王朝（黑）之间的历史较量就构织成作品的总体矛盾的冲突。也正是这种特定时代的矛盾冲突，决定了小说主人公于连的性格发展具有的悲剧性。透过于连的爱情悲剧，我们看到了 1830 年法国社会的缩影，作品也因此更显示出其厚重的历史深度。《红与黑》的创作表明：现实主义的文学艺术的真实性指向社会历史的本质和规律，它赋予作品以较大的思想深度和意识到的历史内容。在现实与本质、个别与一般的辩证统一的典型真实中，客观地展现了社会的真实风貌，使作品具有长久的艺术魅力。

与现实主义在真实性问题上的典型真实不同，浪漫主义则以展露文学艺术家们的情思真实为目标，他们将自我心灵中的情感、思想、意向融注强化在整个作品之中，带有强烈的主体色彩。因此，有人称浪漫主义的真实是“诗意的真实”。雪莱的《解放

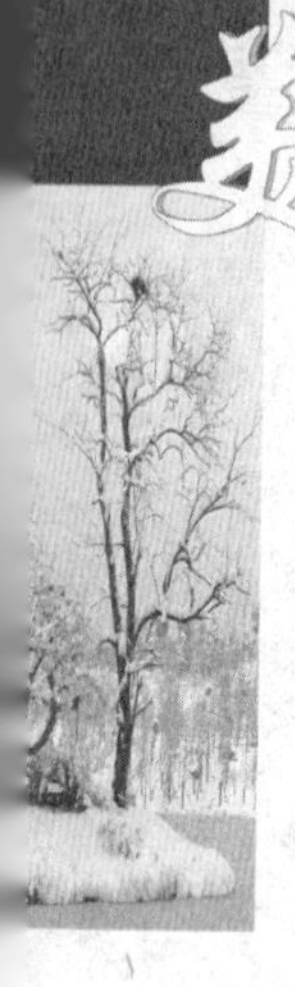

了的普罗米修斯》是一部具有典型意义的积极浪漫主义作品。作者用自己炽烈的热情、博大的爱和对未来的理想，重新赋予普罗米修斯这一神话人物以新时代的生命。虽然诗中描述的一切都难以在现实生活中找到印证，但普罗米修斯那种为捍卫人类自由，勇于牺牲的殉道者精神，以及诗中倾吐的对于未来理想社会的渴望和憧憬，却在欣赏者心底激起强烈的共鸣。我们欣赏这类作品，同样可以在强烈的情感体验中，发现作者对历史必然性的深刻认识，发现作品中蕴含着的浪漫主义情思真实。

自然主义追求的真实是"单纯的事实记录"，是照相式的所谓实证真实。自然主义的创作原则就是把作者置于毫无选择的录像机的地位，对生活真实毋须加工提炼。因此自然主义的作品，既不能使人深刻地认识自然和社会，也难以具有感人的艺术力量。

现代主义以扭曲变形的形式来表现现代人的心态真实，它追求的是一种主观心态的变形真实。现代主义者认为，客观现象是不真实的，而个人的主观经验倒反而是"最高真实"，人的瞬间印象、幻觉梦境、直觉和潜意识等，都是无比真实的。现代主义的心态真实主要是凭借荒诞的变形表现出来的。如卡夫卡的《变形记》，就是成功地运用变形的手法来表现人在现实异化世界中的感受。"意识流"作品崇拜"心理时间"和"自由联想"，通过作品中的主人公的意识活动——内心独白，来展示人物的内心世界。现代主义作品正是通过它们的"满纸荒唐言"，向人们昭示了当今西方世界危机带给人的全面异化以及这"焦虑的时代"中人的精神变态与痉挛。

总之，现实主义的文学艺术是一面透视镜，它以典型的方式反映出事物的本质；浪漫主义的文学艺术是一面聚光镜，它放射着充满情思的诗意的光华；自然主义的文学艺术是一面平面镜，它只顾单纯地映照自然的本身；现代主义的文学艺术是一面哈哈镜，以扭曲变形的方式来表现人的主观心态的变形真实。

所谓文学艺术的倾向性，指的就是文学艺术家的立场、观点和思想感情在文艺作品中的体现。任何一部文学艺术作品都是有倾向性的。文学艺术是社会生活在文学艺术家头脑中能动反映的产物，不可能不打上作者思想的烙印，只不过是有明显与隐蔽、强烈与淡泊之分罢了。

文学艺术的倾向性与真实性应该是有机结合、水乳交融的。如果说真实性是文学艺术作品的生命的话，那么，倾向性就是文学艺术作品的灵魂。两者缺一不可，不能分割。那种"以真实性代替倾向性"和"以倾向性决定真实性"的说法，都是不科学的。当然，我们这里所指的倾向性，决非要求文学艺术家出来大发一通议论，而是要把倾向性寓于艺术形象之中，力争使倾向性从场面和情节中自然而然地流露出来，而不是把它特别指点出来。作者的见解越隐蔽，对艺术作品来说就越好。例如，有些优秀的外国影片在主题思想的表达上，创作者们的立场、观点和思想感情都流露得很自然，作者的见解也十分隐蔽含蓄，很少见到有的中国影片中的那种“说教”、“说主题”、“贴标签”、“喊口号”的现象。它们靠影片中人物真实的命运、生动的艺术形象来感染观众，通过银幕形象来潜移默化地影响观众。如美国影片《魂断蓝桥》，整部片子没有一处是正面表现战争场面的，从头至尾也无一句控诉战争的台词，但是影片深刻的反战主题却完全通过女主人公玛拉与军官罗依的厄运表现出来。还有像日本影片《远山在呼唤》也是如此。“劳动者对于幸福的热望与追求”的这一主题，正是通过田岛耕作和风见民子一系列令人可信的情节展示出来。所以，这些外国影片在表达思想主题和作者的观点见解上的含蓄而不直露的优点，很值得国产片学习。

第三节　文学艺术的虚构问题

近闻一位小说作者写了一篇短篇小说。小说中有个人物是某市文化局的局长，是个官僚主义者的典型。小说把这个人物刻画得栩栩如生，入木三分。小说发表后，作者立即遭到所在单位文化局局长的迫害。尽管小说作者解释、说明小说中的某市文化局局长并非您——我的顶头上司，然而口焦唇烂仍无济于事。最后，作者被赶出文化局的文艺创作班子。

我们说，这位生活中的局长搞“对号入座”，根本不懂得生活真实与艺术虚构的区别。这部小说反映的是生活，但不是生活的实录，而是对现实生活进行加工改造，掺入作者的想象和虚构的结果。文学艺术中的人物，可以是以一个人为模特儿，也可以是杂取各种人的某一方面合成一个。不论哪一种方式都离不开在生活真实的基础上所进行的艺术虚构。俄国伟大的文学家列夫·托尔斯泰在1868年初与俄国伟大的诗人普希金的长女——玛丽娅·亚历山德罗芙娜·普金希相识了，玛丽娅那端庄文静的风度，给托尔斯泰留下了难忘的印象。她那美丽动人的外貌，后来就成为托尔斯泰笔下的安娜·卡列尼娜的原型（模特儿）。安娜·卡列尼娜是托尔斯泰在生活中的原型玛丽娅的基础上，进行艺术虚构而成为他小说中的女主人公的。然而小说中的安娜，决非生活中的玛丽娅。

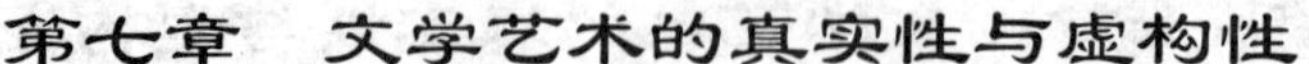

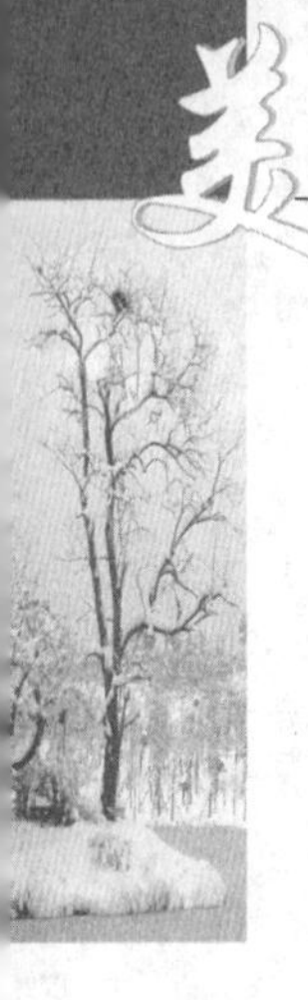

因此,文学艺术的虚构问题,乃是文学艺术家概括生活、塑造形象、突出主题的一种不可忽视的手段。只有经过虚构和想象,才能创造出动人的艺术形象来。如果把现实生活中的人和事,照搬进文艺作品,一般都不会动人,也不耐嚼,很难产生回味无穷的艺术效果。这里就需要艺术虚构来加以补充,使人物和事件集中化、典型化。当然,除个别的文学艺术样式外,如报告文学,它是不能有虚构的成分的,更不能有艺术的夸张,而必须完全忠实于生活真实。

但是,艺术虚构不是凭空捏造和凭空想象,更不是胡思乱想。虚构与想象都需要模特儿,都需要文学艺术家以生活真实为依据,才能创造出现实生活并非真有、而在情理之中又必然存在或应当存在的人生图画。在这样的文学艺术作品中,有生活中模特儿的影子,但并非就是生活中的模特儿,这就是文学艺术家在把握现实生活的基础上,对现实生活进行提炼、集中、加工改造所创造出来的艺术形象。那些没有生活积累,依靠想入非非来胡编乱造的不真实的文艺作品,不是因为作者运用虚构,而是它的虚构与想象失去了生活的依据,背离了文艺创造的最基本的规律。

文学艺术的虚构,就其与某一特定的生活事实的原状相比,好像是不"真实"了,然而它却在对这一特定生活进行取舍之后,又综合概括了此外的其他许多事实,所以要比生活中某一具体事实更具有真实性。我们在生活中很难找到完全与阿Q一样的人,因为他是作者虚构出来的人,但阿Q这一典型的真实性要比生活中具有某些阿Q特征的人更为真实,因为经过虚构使他在更高的审美层次上表现了许多人的面貌。

怎样才能使虚构变成艺术真实呢?文学艺术家一般都是从四个方面来进行入情合理的推断。

根据生活逻辑推断情节的可能性　这是按生活的本质规律,把生活真实中许多精萃的东西联结在一起,使生活中有价值的东西变成一个完整的情节,并使其向应有的方面发展。

根据人物性格推断其应有的行动　作品中的人物该干什么、不该干什么以及怎么干,其表现方式都是作者安排的。但实际根据不在作者之心,而在于具体人物的性格。作者的任务是在找到人物性格的起点之后,顺势地去发展这种性格,使之做其应当做的事。《红楼梦》里鸳鸯誓死不嫁贾赦,《复活》中玛丝洛娃决心不与悔罪的聂赫留道夫结婚,都是作者根据人物性格推断的结果。

根据人物矛盾关系推断人物的心理反映　作者在写人物内心活动时,要根据人物间的矛盾关系,以这个人物的心理去思想,去推断出特定人物关系下的人物心理内容。

《红楼梦》第26回中写林黛玉到怡红院吃闭门羹后的一段描写，就是作者设身处地，以一个寄人篱下的孤女的心理去推断。

根据性格与场合的情势推断人物的语言　人物的语言离不开具体说话的场合，而话怎么说又离不开人物的性格。文学艺术家写人物的言谈话语，必须审情度势，使之说出应当说的话。这是写出具有个性化人物语言的关键。

文学艺术家只有在生活的基础上，经过合理的想象和虚构，才能创造出鲜明生动、具体可感的艺术形象，才能深刻地揭示出生活的本质和规律，才能使创造出来的艺术形象比普通的实际生活更真实、更典型，因而也更带有普遍意义。

第八章

文学艺术的典型问题

文学艺术的典型问题，在文艺创作和文艺欣赏中是个核心的问题。文学艺术家们要通过形象与典型来反映现实生活，来表达人们的思想感情。欣赏者也要通过形象与典型来欣赏理解文学艺术作品，并从中获得审美的满足。所以，形象与典型塑造得如何，这关系到作品的成败，关系到作品是否具有真正的艺术魅力和艺术生命力。正因为这样，文学艺术家才总是殚精竭虑地在文学艺术形象与典型的塑造上狠下功夫，文艺理论家们也把这作为一个文艺的重要问题来研究。

第一节 形象与典型

形象，又称艺术形象、文艺形象。由于文学艺术所表现的内容相当广阔，既可以是人、自然界，也可以创造一个非人间的世界，所以，一般可以依据内容把形象分为三大类，即人的形象、物的形象和境的形象。其中人的形象又是渗透一切的，是艺术形象的核心。

人物形象在艺术形象中占主导地位，这是因为社会生活的主体是人。高尔基称文学为"人学"，说人是文艺的"材料"。实际上，一部文艺史就是一部人物形象的历史。有些艺术形象虽然带有非人的外部特征，如妖魔鬼怪、"变形"的动植物，但实质上却表现了人的感情、思想和愿望。如《聊斋志异》中的"花妖鬼魅"的形象，却多具人情味，和蔼可亲，还有些咏物之作，虽似咏唱自然景物，但却在写人，或借景抒物，或托物言志。如王冕的《咏墨梅》，其实就是他品性高洁，不仕朝廷的自我写照。

人物形象的塑造，离不开人物活动的具体处所与背景，也即环境形象。一般来说，文学艺术家通过对环境形象的描绘或展示，来揭示人物的命运，表现人的性格、情绪和心境。《红楼梦》里"千百竿翠竹遮映"的潇湘馆，伴随着林黛玉的坎坷命运，时而"雨声淅沥、清寒透幕”，时而“湘帘垂地，悄无人声”，当黛玉气绝之际，院中“惟有竹梢风动，月影移墙，好不凄凉冷淡！”这个环境形象有力地烘托了人物的悲剧性格。由此可见，在一部作品中，正是人物形象与环境形象的相互联结、相互渗透、相互统一而构成了有机的形象体系。

由于文学艺术家运用不同的物质材料来构筑形象，因而形象的形式构成也呈多样性，但大体可分为直接形象与间接形象两种。

直接形象，指人们利用视觉感官可以感觉到的，如舞蹈、绘画、雕塑、戏剧、电影、电视中的艺术形象。它是把人类的社会生活图景直接提供给欣赏者的眼睛，展现在人们面前。而间接形象只能通过媒介（音响、语言等）转换才可以使人感受到，如音乐、文学中的艺术形象。它在诉诸欣赏者的想象、唤起记忆的基础上造成间接性的艺术形象。

文学艺术都是以形象来反映社会生活的，但在形象的塑造、生活概括的深度与广度方面，却存在着千差万别，其艺术价值也有高低之分。这样就存在着两种不同的艺术形象，即一般的形象和典型形象。

典型形象，是指文学艺术家运用典型化的方法创造出来的，具有一定社会本质概括性的个性化的具有高度审美价值的艺术形象。典型形象，通称典型。

与典型形象相比，一般的形象只停留在低层次上对生活进行艺术概括，它在作品中只在个别场景中出现，时过境迁，便自然消逝。《水浒传》中有不少店小二的形象，而每个店小二差不多只在小说中昙花一现。典型形象在文艺作品中一般都是主人公，是文学艺术家着力描写、精心塑造的中心人物。《水浒传》中宋江、武松、林冲、李逵、鲁智深等人物均称得上是典型形象。由此不难看出，典型形象是主体，一般形象是陪衬。如果没有众多的一般形象的描绘，典型形象也将难以塑造。一般形象围绕典型形象展开，把两者恰当地结合起来，主次分明，疏密得当，就能组成一幅完美的人物生活画面。

当然，典型形象与一般形象更重要的区别，就在于是否有鲜明的性格刻画，是否具有独特的个性化塑造。低层次的一般形象，由于人数众多，文学艺术家一般采用淡化手段，着墨不多，因而流于浮浅；高层次的典型形象则以刻画人物性格作为艺术创造的中心任务，具有个性鲜明化和本质深刻化的高度统一的特点，从而能够揭示出事物本质及其发展的规律。因此，文学艺术作品中的典型是文学艺术家在鲜明生动的个性塑造中，显现出个性与共性、个别与一般、现象与本质、偶然与必然的完善统一的艺术形象。只有优秀的文艺作品，才可能出现典型；也只有优秀的文学艺术家才可能塑造

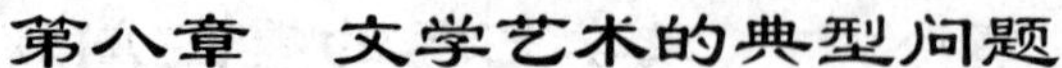

出典型。典型既是文艺作品成功的标志，也是文学艺术家艺术上成熟的标志。古今中外文学艺术作品浩如烟海，艺术形象数不胜数，然众所公认的优秀典型却为数有限。从这一点上我们也不难看出，要创造出典型形象是不容易的。

第二节 典型化

典型化，又称创造典型形象的方法。

果戈理有一部短篇小说，主人公是一位小公务员，平时省吃俭用，买了一套出入官场时所必须穿的外套。结果这外套被人偷走了，他又遭到官场人物的冷嘲热讽，最后悲惨地死去了。果戈理的这篇小说是在他听到一个故事后，构思而成的。这个故事是这样讲的：一个小公务员省吃俭用买了一支猎枪，不慎在一次打猎中丢失了，因此而病倒在床上。他的同事们知道了这件事后，通过募捐给他买了一杆新的猎枪，才救了他的命。果戈理把这种普通生活的素材变成生动的作品题材，把一般的人物变为艺术典型的这一创造过程，就叫典型化过程。典型化是文学艺术家将自然形态的生活素材，运用想象和虚构、具体与概括的手法，塑造典型人物和典型环境的一种表现方法。典型化，一般包括两个方面，即个性化与概括化。

在上一节里，我们已经知道典型就是以鲜明独特的个性特征，深刻地显示出一定社会生活的某些本质和规律的艺术形象。它是通过个别来反映一般，通过偶然来反映必然的，因此，典型化的基础是个性化。要典型化，首先必须是个性化，必须服从形象的个别性、具体性、生动性和感染性的要求。并且要尽可能地使之鲜明、突出，成为恩格斯所说的不能替代的“这一个”。在实际生活中，一切事物和人物都是有个性的，决非“千人一面”，但一般都不太鲜明和突出。文学艺术家就是要把生活中的人物变得具体、鲜明、独特和令人难忘。

其次，文学艺术典型化的关键就是要在个性化的基础上进行概括化。所谓概括化就是在具体对象中把具有本质特征的生活现象和细节集中起来，抽象出来，使个别的具体形象能够充分表现生活的某一本质规律。正因为概括化离不开具体形象，所以它能够与个性化辩证地统一起来。果戈理舍去“猎枪”，用“外套”来取而代之，就是因为外套的情节更能反映出沙皇封建制度的黑暗冷酷和小公务员的悲惨结局。

典型化的手法是多种多样的，这里介绍常见的三种：

综合法 又叫糅合法。它是杂取多个原型，合成一个典型。鲁迅先生曾深刻地指出，文学艺术家可以根据“社会上的存在”，把许多“人”和“事”加以“缀合”，来造成典型。由于它来自现实生活真实材料，所以会很“逼真”，但又不必原原本本的“实有其事”，可以“嘴在浙江，脸在北京，衣服在山西”，“杂取种种人，合成一个”。如电影《红色娘子军》中的吴琼花，就是根据海南娘子军中许多战士的经历综合而成的。

原型法 又叫主从法。这是以一个原型为主，辅助性吸收其他原型事实，造成一个典型。像电影《人到中年》里陆文婷的塑造，就体现着这种方法的有效性。

写实法 又叫单一法。这是以真人真事为原型，通过对有代表性的场面、行动和情节加以艺术化的再现和强化，造成具有典型性与传记性的艺术形象。这种方法，题材需经取舍，但事实多于虚构，人物保留真实姓名，情节也大体符合事实。如电影《末代皇帝》、《林则徐》就是成功地运用这种方法的实例。

以上三种创造典型的方法，文学艺术家在创作时常兼而用之。如杨沫在《青春之歌》里，林道静基本采用原型法，以作者自己为原型；而卢嘉川则采用综合法。这说明典型化的手法并不是互不相关，而是交互为用的，只有根据需要灵活地运用各种方法，才能塑造出成功的典型来。

第三节 典型人物与典型环境

文学艺术作品以塑造人物为其中心课题，因此典型人物是典型塑造中的核心问题。

所谓典型人物是指那些既有鲜明的独特的个性，又能反映一定阶级、阶层和社会集团的某些本质特征，或能揭示某种社会生活本质规律的人物形象。典型人物是个性与共性的高度统一，是艺术上最完美、最成功的艺术形象。

典型人物必须有鲜明、突出、独特的个性。所谓个性，是指由于人所处的社会地位、生活经历、历史条件、周围环境等差异所形成的每个人独特的思想、感情、心理、习惯、兴趣、爱好等性格特征。高尔基说：“我们知道，人是各种各样的：这个人喜欢饶舌，那个人沉默寡言，这个人是执拗而自负，那个人羞怯而缺乏自信；文学家仿佛生活在吝啬鬼、鄙夫、狂热者、野心家、幻想家、愉快的人和阴郁的人、勤勉的人和懒汉、善人和恶人、对一切漠不关心的人等等的轮环舞的中央。”世界上千千万万人的特点所以不

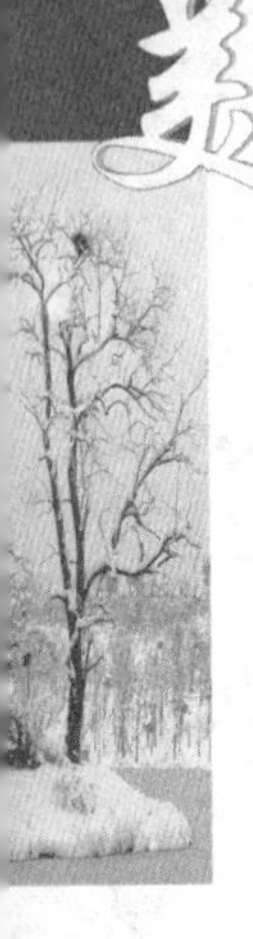

完全相同，主要是个性的差异。在同一类人中，由于个性不同，就会有许多不同的典型人物。像果戈理的《死魂灵》中写了七八个封建农奴主，有专事撞骗的无赖恶棍罗士特莱夫，有残暴保守、外表像熊一样的梭巴开维支，有贪婪吝啬、猥琐不堪的泼留希金，有内心空虚、庸俗无聊的玛尼罗夫等，虽然每个都是农奴主的典型，但毫无雷同。即使性格气质相似的人，个性上也总存在着细微的差别。成功的典型性格，总是能把他们这种差别巧妙地表现出来。以《红楼梦》为例，王熙凤与探春都属于泼辣干练型的性格，但王熙凤阴险狠毒、口蜜腹剑、虚伪性很大；而探春就显得比较单纯，好胜心较强。再如黛玉、晴雯、妙玉三人性格都有孤傲、尖刻的一面，但黛玉因其贵族小姐的身份、教养，显得高雅内向；晴雯出身平民，多直率外露；妙玉因看破红尘，心如死灰，故显得里外冷透，不像黛玉和晴雯对生活充满着热烈的追求。《红楼梦》尽管写了诸多女性，正因为此，人们从来没把她们混淆起来。

典型人物还必须体现出一定的共性。由于社会生活的复杂性，文学艺术作品中的典型人物所体现的共性也往往各有不同。有的反映了某个阶级、阶层或社会集团的共同特征，有的反映了某些共同的社会性和人性，有的成为某种品格道德和理想的象征。电影《甲午风云》中的邓世昌就是封建统治阶级中爱国将领的典型人物。鲁迅笔下的阿 Q，既带有不觉悟农民的某些特征，但又着重体现了一种当时许多人普遍具有的所谓“国民性”——精神胜利法，就具有相当的社会性。像《西游记》里的孙悟空，大智大勇，成为反抗精神的象征。

总之，典型人物的个性与共性是不可分割的，是有机地结合在一起的，只有个性，缺乏共性的人物就没有典型意义；只有共性，缺少个性，形象会干瘪，根本成不了典型。那种把共性与个性简单相加，或把两者机械割裂，都是不行的。

所谓典型环境，是指环绕着人物并促使他们行动的外部条件，其中包括自然环境，但主要是社会环境，即典型人物和周围人物所形成的社会关系。典型环境如同典型人物一样，必须要有自身鲜明的个性特征，才能和典型人物全部规定性相适应，否则便失去其典型的价值。所以，塑造典型人物，必须要注意塑造好典型环境。

文学艺术作品中精心展示自然环境，是创造典型的重要条件。《三国演义》中赤壁之战的浩瀚长江、艨艟战舰；《林海雪原》中的茫茫森林，皑皑白雪。这些自然景色的塑造，在特定条件下，都是作品中塑造典型人物的特定环境。

典型环境还包括社会环境，这是展现典型人物与周围不同层次的众多人物复杂关系的生活画卷，也是社会的一个缩影。《子夜》展示的是 20 世纪三十年代初期，在世界经济危机的冲击下，以代表民族资产阶级的吴荪甫和代表买办资产阶级的赵伯韬之间的矛盾斗争为主线，以上海滩的十里洋场、交易所等为斗争场所，展现了各种人物群像的纠葛，这个社会环境有它独特的典型意义。在典型环境的塑造中，我们更应当注重展现时代风貌，揭示复杂社会关系中某些带有本质的规律性东西。

诚然，典型环境在文学艺术作品中从来没有一种单一的固定不变的模式，而是多层次的，千变成化的。可以是一个时代的风云变幻，可以是一草一木的精心描绘，但选择、塑造环境，有一个重要尺度，就是必须能够适应人物性格逻辑的需要，层层展开，不可重复，恰如其分。否则，就将失去环境的作用及其存在的价值。

典型人物与典型环境之间存在着一种辩证统一的关系。它们是一对矛盾，相互联系，相互依存，处在矛盾的统一体中，失去一方，它方也就失去了存在的条件和依据。但典型人物是矛盾的主要方面，展示环境是为了强化塑造典型人物。一定的环境决定和影响着人物性格的形成促使着人物去行动，展示性格的发展进程。《三国演义》中描写东汉末年，天下大乱，群雄并起。青年诸葛亮在“隆中对”后，脱颖而出，展现了他的智慧和才华，真是“时势造英雄”。而魏、蜀、吴三足鼎立的局面的形成，在某种程度上是诸葛亮运筹帷幄、联吴抗曹的战略决策所决定的，这又有点“英雄造时势”了。所以在文学艺术作品中典型人物和典型环境是相互推移的，“人创造环境，同样环境也创造人”。

第九章

关于形象思维

形象思维是文学艺术家在进行文艺创作时所运用的一种特殊的思维方式，是文学艺术家认识现实生活、反映现实生活所进行的思维活动。形象思维贯穿于文学艺术构思和创作的全过程。我们研究形象思维，对于探索文学艺术家在文艺创作过程中的思维方式及其规律性，对于文艺欣赏者继续完成文学艺术家已经开始的文艺创作过程，进行艺术再创造，都有着积极的意义。

第一节 什么是形象思维

社会生活是文学艺术创作的唯一源泉。社会生活是生动活泼的，是丰富多彩的，也是取之不尽、用之不竭的。如果把文艺作品比做产品的话，那么社会生活就是这产品的原料矿藏，把矿石变成纯金，把原料变成产品，需要有个提炼和生产的过程。从生活素材的搜集到文学艺术形象创造，需要文学艺术家创造性的劳动。文学艺术家在整个创作过程中（从观察生活、选取生活素材、进行分析、概括、加工、提炼，直到完成文学艺术形象的塑造）所进行的一系列的艺术的思维活动和思维方式，就叫形象思维。形象思维包括形象的感受、储存、识别、创造和描述等多个环节。在形象思维过程中，人的感官和脑神经系统自始至终不脱离对形象的感性材料的筛选加工，并把有关形象的感性材料分解组合成有机的形象系统，然后用一定的形式和工具将其创造并描述出来。由于这种思维活动和思维方式与形象的关系相当密切，因此才有了“形象思维”这个称谓。

形象思维与抽象思维（又叫逻辑思维，或叫科学思维）不同。抽象思维是人们在认识过程中借助于概念、判断、推理的一种思维活动和思维方式。在文学艺术的创造过程中，文学艺术家主要运用的是形象思维。因为只有依靠形象思维，文学艺术家塑造的形象才可能具体、生动、活灵活现；文学艺术家才可能展开想象的羽翼，使形象丰满充实，多姿多彩；才可能使作品饱含激情，具有强烈的感染力。这些都是由形象思维的特点所决定的，离开了形象思维，是不可能创造出感人的艺术形象的。文学艺术领域许多概念化、公式化作品的失败教训，早已说明了这一点。我们强调形象思维的重要性，并不意味着抽象思维在文艺创作中毫无作用。实际上，文学艺术家在进行文艺创作的形象思维过程中，抽象思维也时常会介入进来，发生一定的辅助作用。因为艺术形象既然来自生活，它总要与现实中的政治、经济、法律、道德、伦理等因素发生千丝万缕的联系，这就迫使文学艺术家有时必须把艺术形象放到理性的天平上进行权衡、鉴定一番。大至国家的法律、政策、历史演变、政治斗争，小至某些数据统计、风土习俗、科学常识，都可以成为评判形象真实性和典型性的重要依据。显然，这些都属于抽象思维的范畴。因此，抽象思维总是在文艺创作的一些关键地方发挥作用。在创作准备阶段，抽象思维可以帮助文学艺术家树立明确的创作目的，在搜集素材、选择题材、提炼主题和决定作品基调等方面，进行思维上的指导和知识上的准备；在创作过程中，抽象思维往往对人物、情节起着一定的指引和规范作用；在创作基本完成后，抽象思维还可以协助形象思维对形象进行修改、补充。所以作为人类两种基本思维方式的形象思维和抽象思维，在文艺创作中都是起作用的，只不过有主次之分罢了。

文学艺术家的形象思维的能力，与创作者个人的禀赋、气质有一定的关联。某些杰出的文学艺术家，富有惊人的形象思维的能力。为作品创造完美的艺术形象开辟了道路。一般来说，文学艺术家具体运用形象思维的方法多种多样，相当复杂，但归纳起来，大致由敏锐的感受力、丰富的想象力、奇特的联想力等若干因素所构成。

敏锐的感受力，即文学艺术家所特有的艺术感觉，这是创作中形象思维的一个积极的活跃因素。文学艺术家借助这种特有的艺术感受力，直观世界，捕捉形象，体验情感，调动记忆力，探索生活库，体察事物的内在实质。所谓“艺术气质”，指的就是这种形象思维的能力。文学艺术家正是由于借助敏锐感受力的帮助，对生活保持独特的新鲜感，从而使典型形象的塑造成为可能。

丰富的想象力可以使文学艺术家把眼光投向过去和未来，积极地调动形象记忆，对生活进行创造性的切割筛选，重新加以组合、补充，将意识到的人物、生活事件，创造成为有内在联系的活的形象系统。想象可以使创作者进一步强化创作激情而进入最佳创作境界。

奇特的联想力可以从事物的联系中找到强化形象具体性的辅助因素，提高作品的

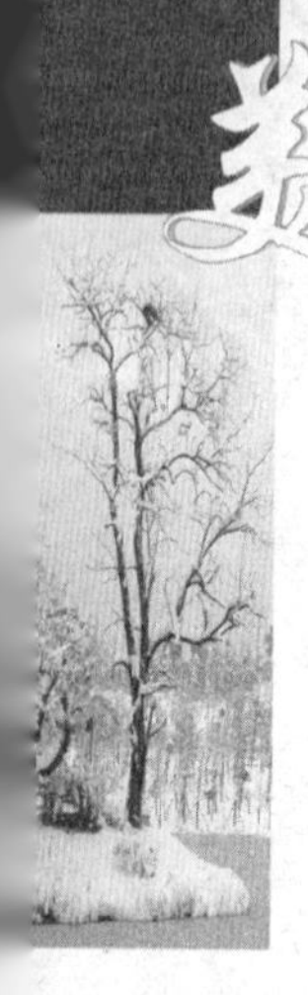

艺术表现力。《诗经·关雎》一诗："关关雎鸠，在河之洲。窈窕淑女，君子好逑。"被称为是运用联想的卓越范例。诗中展现的，是由鸠鸟的啼鸣呼唤而联想到君子淑女的爱情。这种曲折的思维方式，显然要比直露男女爱情更具有艺术感染力。

第二节 形象思维的特点

在文学艺术形象的创造过程中，文学艺术家们的形象思维尽管与科学家的抽象思维同样地遵循着人类思维的一般规律，但是，形象思维与抽象思维毕竟存在着明显的区别和差异，形象思维有它自己的特点。

其一，文学艺术家在进行形象思维的过程中，对于生活素材的集中、概括，不是逐步抛开具体的感性材料走向抽象的理论，而是始终不脱离感性的材料，把丰富多样的感性材料熔铸成活生生的艺术形象。文学艺术家创造艺术形象，都是从他自己在社会生活中的经验与感受出发，从对现实生活中某些人或事物的印象出发的，他要将自己"生活"于作品的人物世界之中，对人物的一颦一笑、一言一行，对环境的一草一木、一花一石，都体察入微、"烂熟于心"，犹如亲身经历一般。在谈《阿Q正传》创作时，鲁迅说："阿Q的影像，在我心目中似乎确已有好几年"。只有这样，才能把形象塑造出来。可以说，文学艺术家从接触生活、搜集材料、选择题材，再通过想象、虚构、提炼、概括（这其实也是一种"判断"、"推理"），摒弃那些偶然的、表面的、非本质的现象，保留那些反映事物本质和特征的事物，最后创造出具有典型形象来反映社会生活，这其中的每一步都离开不了具体形象。所以，有人把形象思维的过程归结为"从具体到具体"，"从形象到形象"。在形象思维的过程中，形象变得越来越丰富、鲜明，越来越生动、完善，最终将生活中粗糙的原始形象，熔铸成文学艺术作品中完美的艺术形象。

其二，在形象思维过程中，想象包括联想和幻想，具有突出的意义。高尔基曾说过："想象在其本质上也是对于世界的思维，但它主要是用形象来思想，是'艺术'的思维"。所以，我们也可以说，想象是形象思维的一个重要特点。一般来说，文学艺术家的生活都有一定的局限性，不可能什么都亲身体验过，这就需要用由此及彼、举一反三的联想来弥补未亲身经历或亲眼目睹的事物。文学艺术家没有经历过死，却可以写死；文学艺术家没有去过天堂地狱，没有见过神仙鬼怪，但他们却可以塑造神仙鬼怪和天堂地狱的形象。这完全是文学艺术家借助想象来补充实际经验和感受的不足。文艺创作不同于做历史论文，它不可能完全根据事实来创造形象，而经常要借助于虚构。虚构是文学艺术家想象能力的高度发挥，是形象思维的积极成果，虚构也只有文学艺术家的形象思维高度活跃阶段才有可能做到。所谓“默识于心，闭目如在眼前，放笔如在笔底”，正是形象思维趋于成熟的征兆。在塑造人物形象时，文学艺术家不仅要想象出人物的音容、笑貌、服饰、风度，而且要深入到人物的灵魂深处，透视、剖析人物内心活动，预见到人物在某种条件下思想行动的必然规律。只有达到了“烂熟于心”的阶段，然后才可能凝思细想，一挥而就。例如，屠格涅夫在动手写《父与子》时，为了让主人公巴扎洛夫的形象在自己的心目中活起来，他甚至连续数年把自己想象成巴扎洛夫，以巴扎洛夫的身份、观点记着日记。倘如他读到一本新书，倘如他遇到一个有趣味的人，或者当时发生了一件重大的政治的和社会的事件，屠格涅夫都会以巴扎洛夫的观点把这些全记在那本日记本里面。优秀的文学艺术家在创作中往往充分地运用想象，使自己塑造的人物就如活现在自己的面前，能让人感觉到、触摸到。当然，这里说的想象并不是毫无根据的胡思乱想。想象包括联想和幻想两个方面，它们都离不开现实生活的基础。只有具备丰富的生活阅历，广博的学识见闻，牢固的印象记忆，才有可能举一反三，由此及彼地进行联想。至于幻想，虽然表面看来有点荒诞离奇，但实际上它仍是现实生活的一种折光反射。所以，大量的文艺创作的实践证明，没有想象，没有联想与幻想，文学艺术家就无法进行虚构，也无法创造出鲜明生动的艺术形象来。

*其三，形象思维自始至终都伴随着强烈的感情活动。*文学艺术家搞创作，总是有感而发的。他对自己作品中所反映的生活、所塑造的人物，总是怀有赞扬、热爱、同情、冷漠、厌恶、愤怒等等不同的情感，他们要把这些情感完全地倾注于他所要创造的艺术形象中去，才能达到从感情上打动欣赏者的最终目的。例如，“字字看来都是血，十年辛苦不寻常”的《红楼梦》，就是曹雪芹用饱蘸着血和泪的笔，一字一字地创作出来的。福楼拜在写到包法利夫人死的时候，忍不住痛哭起来。别人不知道为什么，他说：“我的包法利夫人死了！”列宾在画《伏尔加河上的纤夫》时，竟感到自己也和纤夫一样，肩膀疼痛，呼吸沉重，脚下是发烫的河滩，深深地陷于疲劳与痛苦之中。即使是描写自然景物，也应当“登山则情满于山，观海则意溢于海”。只有这样，才能创造出有血有肉的、有感染力的艺术形象。正像托尔斯泰所说：“作家每一次用笔蘸墨水都要在墨水瓶中留下自己的一点血肉。”

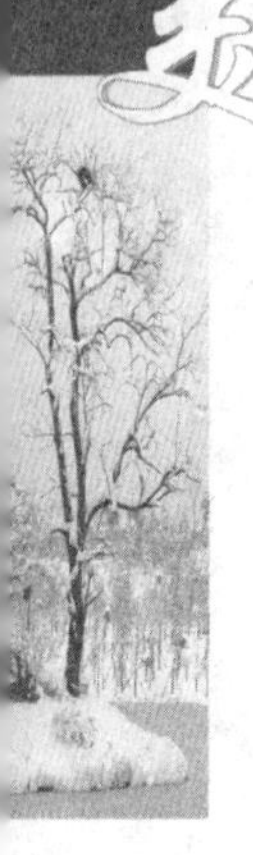

第三节 潜思维与灵感

文艺创作过程中，创作者的思维活动是多样而复杂的。形象思维主要是自觉而有意识的思维活动，这是显思维，但是也存在着不自觉的思维活动，这是潜思维，两者相互交织，对文艺创作产生各自不同的影响。

根据现代生理学和心理学的研究成果，确定人的思维活动中，除了大量的有意识的心理活动外，还有潜意识的心理活动。这是一种没有自觉意识，不受有目的的自觉思维活动所控制的心理活动。潜思维的存在，表现为非理性、无逻辑、自发的心理活动。

潜思维并非绝对地“无”中生“有”，大抵都是长期潜伏的某种经验，由于某种契机的触发，使得某种生活积淀突然泛起，进行了有时连创作者本人也没有察觉到的意识活动。所谓“艺术直觉”就是一种潜思维。艺术直觉具有直接性领悟事物的某种特征，是内在本质能力的突发性闪现，虽然处于不自觉状态，但常常在没有准备的情况下，提出某种新的发现、新的思维。

人们都体验过潜思维活动，如梦境，无意识的过失，下意识的反应，非理性的冲动和灵感爆发等。在思维科学中，潜思维仍是一个有待攻克的难题。不少文学艺术家认为，在形象思维过程中，在创作者没有察觉的情况下，这种潜伏的创作意识仍在继续活动，逐渐酝酿成熟，上升为显意识，促使作品的完成。应当指出的是，如果没有生活经验和知识积累，潜思维是不可能进行有效的酝酿活动，它不会凭空有所顿悟；潜意识虽然突然给创作者提供了他长期苦思不得其解的答案，但它不能提供完美的作品，这还需要用显意识来补充，使作品臻于完善。柏辽兹曾为一首诗谱曲，但最后一句诗却怎么也找不到合适的旋律，搁了两年之后，柏辽兹不慎在罗马失足落水，爬上岸来，哼着乐曲，他突然意识到，这旋律正是他两年前苦心搜索而未得的旋律。这是音乐家长期磨练，不断思考的结果。如果不懂音乐，没有这首乐曲的苦苦构思，即使有这个机缘，也不可能创造艺术奇迹。

总之，潜思维在整个形象思维中是一个重要组成部分，不应相互对立和排斥。但潜意识只是局部存在，带有极大的偶然性和间歇性，而正常的形象思维是贯穿整个创作过程的始终。就潜思维与形象思维的关系而言，这里是有局部与全局之分的，潜思维必须属于形象思维，形象思维在整个创作过程中居于主导地位，潜思维不能取代或排斥形象思维。

什么叫灵感？灵感是潜思维的一种表现形态，是一种带有突发性的顿悟，我们把它称作灵感。对文学艺术家来说，灵感并不是突然从天而降，而是创作者在长期的生活积累和不断思考的基础上，在形象思维的活动中由量变到质变的一种飞跃，是在某种机缘的触发下突然迸发出来的思想火花。对于创作来说，灵感是一种具有创造性的心理活动，由此形成的一种不可抑制的创作冲动。

灵感是文学艺术家在创作过程中确实存在的一种具有极大潜力的潜思维活动，准确地把握灵感的基本特点，对于形象思维能力的开发，是一个不可忽视的课题。那么，灵感到底有哪些特点呢？归纳起来有五条。

突发性　灵感是不速之客，常在意想不到时突然来访。文学艺术家可以培养灵感，为灵感的光临准备条件，但却不能预测灵感什么时候到来。灵感常常在苦思竭虑之后，在一个不经意的时刻突然造访。灵感是不可预测，不可强求的，灵感也不会去拜访艺术上的懒汉，灵感常常会去寻访那些生活经验丰富、学识渊博，进行艰苦的创造性劳动、辛勤耕耘的人。

易逝性　灵感常常倏然而来，稍纵即逝。我们不能操纵它的离去。只有及时抓住它，迅速进入艺术构思过程，才能有效地将它化入形象体系。

强烈性　灵感来临时，文学艺术家常会产生一种不可抑制的强烈的创作冲动，情感白热化，想象力极度活跃，文思泉涌，如痴如醉，兴到神来，笔下生风。

不可重复性　灵感一旦爆发出思想的闪光，它在创作过程中仅出现一次，不可能重复。即使是同一个灵感，不可能在一个人身上出现两次，也不可能在两个创作者身上重复发生。

创造性　灵感常常是在潜思维活动中找到它的突破口，具有巨大的凝聚力和创造力，它给创作者的形象思维带来新的突破，这是墨守成规的一般思维方式不能企及的。灵感一旦爆发出来，就必然会以其创造性的思维活动在文艺创作中找到它应有的位置。一旦灵感降临，必然会引起文艺创作突破樊篱，焕然一新。

第十章

文学艺术作品的构成

世界上任何事物的基本构成，都可以划分为内容与形式两大部分。文学艺术作品的构成也不例外。任何一部文学艺术作品都是由特定的内容因素和特定的形式因素有机地结合而成。

所谓文学艺术作品的内容，是指作品中所描写的生活现象和透过生活现象所表达的思想感情的客观与主观因素完美地结合所构成的系列实体。把它分解开来，前者叫做题材，后者叫做主题。所谓文学艺术作品的形式，是指作品的内部构造和外在表现形态以及种种艺术手段的综合。它由结构、情节、体裁等因素构成。

我们研究文学艺术作品的内容与形式的构成，对于更清楚地认识文艺作品的性质、特点，提高文艺创作、文艺欣赏和文艺批评的水准，有着积极的现实意义。

第一节 题材与主题

题材与素材不一样。题材是文学艺术家从现实生活中选择出来，经过集中、提炼和虚构而成为文学艺术作品的一组生活材料，即作品中所描述的具体事物。素材是文学艺术家在生活中获取的原始材料，它未经任何整理、加工，往往是现象与本质、偶然与必然混杂在一起，呈现为零碎、芜杂、粗糙的自然形态。而题材则在经文学艺术家筛选、概括的生活材料中融进了创作者的思想感情，成为主客观统一的东西。所以，题材的形成，既要受到创作者生活实践的制约，又要受到创作者思想观念的支配。在浩瀚的生活海洋中，文学艺术家选取什么材料，既同他的生活环境、人生阅历、切身经验等有关，也同他的思想立场、创作观念、审美趣味等分不开。例如，《蹉跎岁月》题材的产生，一方面是因为作者叶辛初中毕业后就到贵州山区插队落户，时间长达九年。这期间他对山寨里六十三户人家的家史、成员、秉性摸了个透，对他身边的知青们的性格、气质、情绪了如指掌。他时刻审视着周围的世界，了解着山区的民情。这样，人们在志得意满时看不到的东西，他看到了；人们在逆境中容易产生的消沉幻灭的情绪，他体味到了。他窥见到了各种人物的心灵，从当地的风土人情中，感受到了生活的多姿多态。另一方面，他在写柯碧舟和杜见春那段不平凡的爱情经历时，寄予了战友般的同情；对苗寨的竹树山花，苗家的歌舞管弦，充满了诗意般的描绘；对勤劳善良的山寨农民，倾注了深切的爱戴，从而深刻地反映了上山下乡运动中一代知识青年的思想、命运以及动荡不安的社会现实。小说一出版，便受到了人们关注，后来作者又将其改编成同名电视剧，更受到广大观众的好评。

上面所述的题材，从严格意义上来说，属于狭义的题材。广义的题材是指作品描绘的社会生活的某些方面，即取材的生活领域。如工业题材、农业题材、军事题材、科技题材、历史题材、现实题材、青年题材、妇女题材、儿童题材等。通常，依据作品所反映社会生活本质的深浅程度，还有重大题材与一般题材之分。

在题材问题上，我们既鼓励文学艺术家选择重大题材进行创作，也提倡题材的多样化。这是因为题材的选择应当有利于发挥每个创作者的长处，充分调动他们的创作积极性。每个创作者都有他自己熟悉的生活，擅长的题材，只有在宽松的创作天地里，才能最大限度地驰骋才华，扬长避短，创造出独特风格的优秀作品。强令创作者去写他们不熟悉的生活，是很难取得好的效果的。文学艺术的题材也只有丰富多样，才能广泛地反映社会生活的各个领域，更好地发挥文学艺术的社会功能，才能满足人民群众日益增长的多方面的精神需求。我们的时代，不仅需要反映火热斗争生活的气壮山河的英雄史诗，也需要表现日常生活的轻快柔婉的抒情之作，还需要明丽清新，咏颂大自然美景的雅致小品。只有不同题材，不同风格的作品百花齐放，才能多方面地满足人们的审美需求。

一部文学艺术作品的思想水准的高低，主要不在于选择了什么题材，而在于通过这个题材表达了什么样的主题。主题，又叫“主题思想”。是指文艺作品通过艺术形象所表现出来的中心思想。它贯穿于整个作品之中，是作品内容的核心。它也是题材的客观意义与创作者的主观能动阐发的有机结合体。

主题的简单与复杂与作品的篇幅和描写的内容有关。一般来说，短小的作品内容比较单一，艺术形象中所包含的思想也较单一。而长篇大作，内容复杂、涉及生活面广，艺术形象所包含的思想意义也就比较丰富。有的长篇小说，除了中心主题之外，还有一个或几个副主题。如《李自成》，除了全书中心主题是歌颂农民起义，揭示农民战争

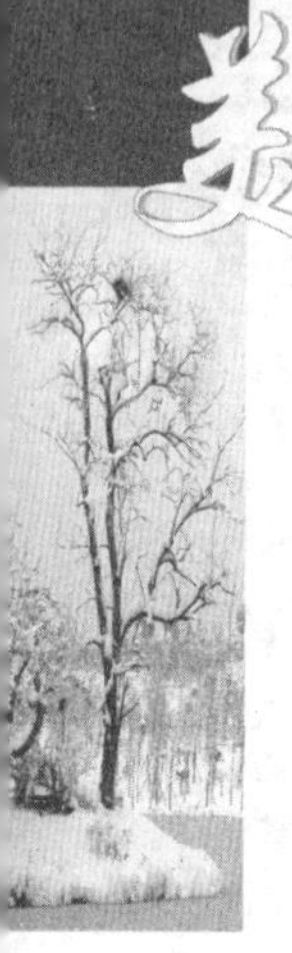

规律性以外，每一卷都有一个副主题。副主题与中心主题犹如一棵大树的枝干与主干之间的关系，相互依存，相互关联。副主题要紧扣中心主题，同时又深化着中心主题。

主题是文学艺术作品的灵魂。一部作品的成败，与主题关系极大。主题思想深刻，社会意义就大。反之，无论它的情节如何曲折动人，语言如何优美，社会价值也不可能太高。对主题思想深浅的要求，不能整齐划一，要根据内容、体裁的不同而有所不同。一首小诗就很难达到一部电视连续剧那样的深广。但只要它所表现的情趣是健康的，记叙的内容是积极向上的，就有一定的价值。当然，一部作品仅仅是主题思想好还不行，如果缺乏艺术性，对欣赏者没有什么感染力，那仍不能成为一部优秀之作。

文学艺术作品的主题的开拓，是经历萌发、提炼与表现三个阶段。这个过程，也是文学艺术家对生活不断认识和评价的过程。任何一部优秀作品的主题，都不可能是现存的思想结论，而是创作者对生活的观察、体验、分析、研究以及经过提炼而成的思想结晶。它既包含着生活本身所蕴含的客观意义，又集中体现出创作者对生活的主观认识、理解和评价。因此，主题也应当是一种深刻的社会哲理。像《红楼梦》，就是通过宝黛的爱情悲剧以及贾府由兴转衰的过程，揭示了当时整个封建制度的腐朽及其必然崩溃的历史发展趋势。

在文学艺术作品中，题材与主题是一对矛盾，互相联系，互相制维，构成了整个作品的内容。从题材中孕育主题，再根据主题提炼题材，互相推移，臻于成熟。在题材与主题这对矛盾中，主题是矛盾的主要方面，在相互关系中起主导作用。这就是说，选择题材是为了表现主题。题材开掘越深，主题就愈鲜明。与此同时，提炼主题又是为了组织题材。主题丰富题材，题材发展主题。题材与主题同步前进，才能使作品的内容更臻于完善。

第二节 结构与情节

结构是表现作品内容、显示作品主题、展现人物性格的一种极其重要的艺术手段。无论是鸿篇巨制，还是区区小令，都要讲究结构。这像造房子一样，“何处建厅，何处开门，栋需何木，梁用何材”，都必须事先经过一番筹划、设计和安排，才能恰当地运用材料将房屋建造起来。因此，作品的结构就是把作品中众多的人物、复杂的事件、变化的环境，经过精心的组织、恰当的安排，使之成为彼此有机联系的、完美统一的社会生活的形象化画卷。

结构又分外部结构与内部结构。外部结构指的是，从作品的总体构思出发，恰当地处理局部与局部、局部与整体之间的关系，使卷、章、节、段（或场、幕等）配置得当，达到布局的和谐与统一。内部结构指的是，根据作品主题的需要和情节的发展，分清矛盾的主次，区别人物间的关系，衡量事物的轻重，从而确立整个作品的人物形象体系。好的结构可以使作品的思想内容体现得更充分，人物性格揭示得更鲜明，作品也就更完美。不讲究结构的作品，必然会导致松散、拖沓和莫名其妙的跳跃等艺术弊病的产生。

由于文学艺术作品所反映的社会生活复杂而又多样，文学艺术家们的创作观点、艺术经验和审美情趣都各具独特个性，这样，就使得作品的结构千差万别而多种多样。但是，我们可以根据古今中外优秀文艺作品的创作经验，概括出结构的某些基本规律。

首先，结构要服从表现主题的需要。这是作品结构的一条最基本的原则。优秀的文学艺术家总是根据表现主题的需要，精心布局、剪裁。《日出》为了突出作品暴露黑暗社会“损不足以奉有余”的主题，作者采用了横向对比式的结构：一边是“有余者”的天下——聚集着交际花陈白露和寻欢作乐的官僚洋奴、阔佬贵妇的高级旅馆；一边是“不足者”的生存场所——卖身女过着非人生活的下等妓院。通过这两个对立的生活场景，使人们看到黑暗社会的两种生活、两个世界所带来的苦难与罪恶。

其次，结构要注意不同体裁和样式的特点。不同体裁和样式的文节作品，对结构有自己特殊的要求。散文要根据形散神不散的原则，去考虑结构安排。绘画要根据构图学的原理，去安排画面结构。音乐中的曲式学，就是讲究乐曲的结构经营。意识流的作品，更是按照心理逻辑来构筑故事。所以，对不同体裁和样式的文学作品，决不能用某一结构去生搬硬套。

再次，结构必须保持和谐统一。这是对作品形式的整体要求，力求做到剪裁精当、布局合理、衔接自然。具体要求是：中心突出、脉络清楚、疏密相间、详略得当，给人以和谐匀称、浑然一体的艺术感受。莫泊桑的短篇小说《项链》以借、失、赔项链为主线，浓墨重彩地详述了女主人公图慕虚荣、追求富贵的心理和表现，轻描疏写了赔项链而付出的十年辛劳。这种结构的精巧自然，使作品跌宕起伏，耐人寻味。

什么是情节？简单地说，情节是指叙事性作品中人物的生活和斗争的变化过程，是揭示人物性格发展的历史，是表现人物间关系的一组连续的生活事件。情节，也叫故事情节。情节的基础不在于事件本身的曲折变幻，而在于人物性格逻辑是否鲜明突出。即使是惊险样式的作品，一旦失去人物性格的逻辑性，故事情节再离奇怪诞，也不

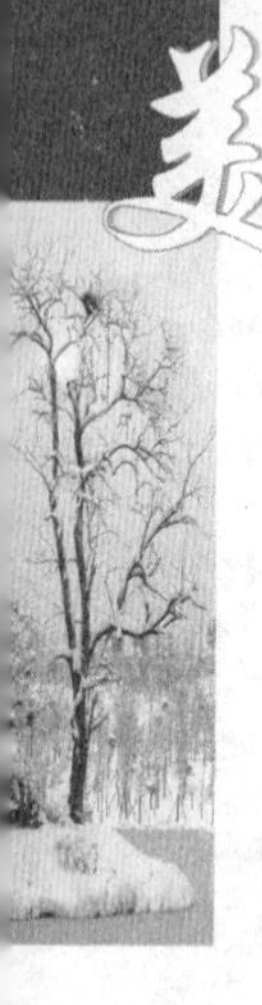

会使人由衷地称其为上乘之作。因此，情节的生动性和丰富性，对于强化人物性格、深化主题思想和增强作品的艺术感染力，无疑起着相当重要的作用。

情节的构成要素，通常包括序幕、开端、发展、高潮、结局、尾声等部分。不过，有的作品不一定非要有序幕和尾声，有的作品中也不一定使这些要素鱼贯地出现，至于怎样来安排情节，则是作品的结构所要承担的任务。

序幕　主要是故事发生前，交待故事情节发生的时间、地点、起因和时代背景。有的也要对主要人物及人物关系作简单的介绍。《红楼梦》的“甄士隐梦幻识通灵”中写女娲补天剩了一块没有用的石头，它日夜悲哀，后被一僧一道带入凡间，身上刻有文字，又由于空空道人的发现，抄了下来，改为《石头记》与《情僧录》，这就是序幕。冷子兴演说荣国府也是一个序幕性的交待。

开端　这不是指作品的开头，而是指围绕主要故事情节展开的主要矛盾线索的开始。它为作品主要矛盾线索的展开提供基础，并预示其发展方向。在《钦差大臣》中，一开始市长就向他们的僚属们宣布：“诸位，我所以请你们来，是因为我要把一个极不愉快的消息告诉你们。钦差大臣快要到我们这儿来了！”于是，慈善院长、督学、法官、警察局长、医官尽皆大惊。矛盾开始了。

《西厢记》中张生上京赶考，经过蒲关寻拜同学杜确，到城中住了店，店小二告诉他普救寺大名鼎鼎，劝他去观赏一番。由于崔家母女旅居庙中，张生恰巧碰上“五百年前风流业孽”，一段爱情故事就这样开始了。

发展　这是指开端到高潮的这一段过程。为了把主线矛盾逐渐地推向高潮，这里会孕育无数矛盾冲突，其中会有不少波澜起伏的小高潮。这些矛盾冲突，像千条小溪要汇入大江大河，形成情节发展的大高潮。在《西厢记》，有张生向红娘报身世年龄，月下张崔吟诗酬答，孙飞虎围庙，张生献计，杜确解围，老夫人变卦，张君瑞害相思；小红娘成全好事，张君瑞夜跳花墙，老夫人发觉事态；拷红，真相大白。到第四本第三折长亭送别，达到了高潮。

文学艺术作品的艺术功夫，主要看情节发展得如何。这一段也正是人物性格的主要过程，有些作品人物之所以产不起来，原因就是情节的发展过程没写好。

高潮　这是情节发展中最精彩的部分。作品所揭示的矛盾冲突进入最尖锐、最紧张的阶段，是解决矛盾双方命运的关键一环。主要人物的性格在这里显露得更为充分。因此，这里也往往是故事发展最激动人心的部分。《红楼梦》的高潮是黛玉之死。《哈姆雷特》的高潮是上演贡扎果谋杀案。《高山下的花环》的高潮是从梁大娘、韩玉秀清还梁三喜的620元的欠账和赵蒙生捧读梁三喜的遗书。在这里,人物的感情冲突达到了白热化的程度,各个人物的思想性格也得到了充分的揭示。

结局 是指矛盾冲突的结果所形成的最后的局面,如阿Q被枪毙,贾宝玉出家,安娜卧轨,哈姆雷特报了仇等。结局的意义很大,这关系到对于人物的最后评价,关系到作品的道德倾向和思想意义。如果阿Q照老样子在土谷祠呆下去,如果贾宝玉与薛宝钗白头偕老,如果安娜不卧轨,如果克罗迪斯照样当篡位王,那么作品的主题意义几乎就丧失了。结局还要注意:不要当止不止,或不该止而止,还要有余味留下,最好能给人以“余音绕梁,三日不绝”的余韵。像《钦差大臣》最后一场只有宪兵一句话:“奉旨从彼得堡来的官员,命令你们立刻前去,他现在住在旅馆里。”(大家发惊,女人、太太尖叫,众人变态,成了化石样子的人。)

尾声 这是在基本矛盾解决之后,作者为了展望未来,交待主人公以后的命运,或对主要事件作补充性的交待和评价。尾声实际上就是情节的余味、回响。如巴尔扎克的《农民》,在尾声里写了蒙戈奈之死,其夫与勃龙德结婚,并重经卜朗支乡,看到农民已成主人。

在叙事性的作品中,除了有情节因素,还有非情节因素。所谓的非情节因素,是指与情节无关的小插曲、作者出来议论或抒情等段落,这需要作者审慎地运用,用好了,非常精彩;用得不适,反成累赘。

总而言之,结构和情节是全篇作品整个艺术组织的两个重要方面,它们既相互联系又相互制约。在具体的文学艺术作品中,结构和情节都要共同为刻画人物、表达主题服务。在创作过程中,构思情节与设计结构,两者又总是相互联系,相互统一的。另外,结构是一切文学艺术作品不可缺少的重要艺术手段,但并不是所有的文艺作品都有情节,如抒情诗、抒情散文、某些无标题的音乐作品、抒情舞蹈作品等就是如此。情节只能是叙事类作品的必要的艺术手段,它渗透到作品的每一角度。结构与情节相比较,层断面不同,结构的覆盖率远远要超过情节,所以,有一种说法,即结构大于情节。

第三节 细节

文学艺术作品中细腻地描写或展示人物、事件、环境的最小单位,称之为细节,或叫细节描写。在文学艺术作品中,细节虽小,作用却不小。古今中外许多著名的文学

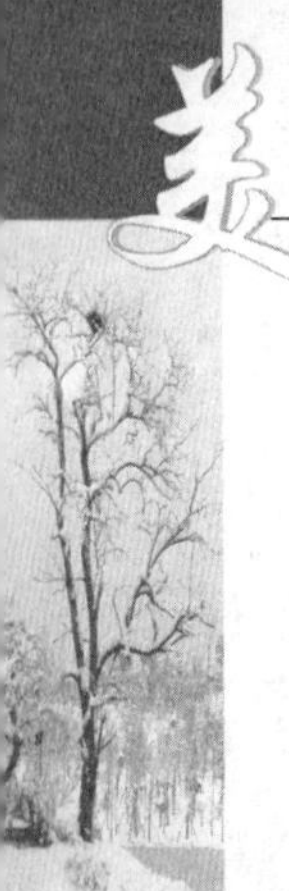

艺术大师都把细节描写得如何，看成是作品成败的重要因素之一。

那么，细节在文学艺术作品中究竟有哪些作用呢？

第一，细节可以使作品的情节生动、充实、丰满和富有生气。情节与细节的关系，如同一棵大树的枝干与花叶的关系。在一部作品中，要用众多的细节来充实它的内容，有了这众多的细节，才会使作品像根深叶茂的大树，郁郁葱葱，生机盎然。契诃夫的短篇小说《一个官员的死》情节很简单，最吸引人的是一连串的逗人发笑的细节，这些精彩的细节，如同一串珍珠，熠熠生辉，光照全篇。

第二，细节的真实，可以使作品增强艺术的真实感。文学艺术作品应该给欣赏者以真实感，这种真实感与细节的真实性有密切的联系。真实是成功的细节之首要条件。细节一定要余乎生活发展的逻辑。任何一个细节的失真，都会影响到整部作品的真实性，从而失去作品应有的艺术感染力。有时我们在观赏电影电视作品时，会发现夏天人物对话嘴里冒热气，从大雨中走进屋里的人，身上的衣服一点不沾雨水等，这些失真的细节，令艺术的感染力大打折扣。相反，在电影《上甘岭》中，为了展示坑道战的艰苦卓绝和战士们的革命乐观主义精神，编导精心设计了坑道里出现了一只小松鼠，战士们相继捕捉的细节，这一细节大大活跃了坑道生活的气氛，就是一个成功的例证。在这个细节中，战士们的情绪是喜悦的、小心翼翼的、极富生活情趣的。我们通过这个细节，看到了战士们浴血奋战而仍时刻珍惜生命、热爱生命的崇高品质。

第三，细节可以深化作品的主题。在生活中，有些细节本身就含有一定的思想意义，这样的细节经过文学艺术家进一步的加工提炼，就可能成为寓意很深的细节，帮助深化作品主题。车尔尼雪夫斯基说："事物的真正意义通常就包含在那些细节里。"如阿Q被杀头之前画押的细节。阿Q那颤抖的捏着笔的手，使尽全身力气画圆圈，他生怕被人笑话，立志要画得圆些，但这可恶的笔既重又不听使唤，刚刚一抖一抖的几乎要合缝，却又向外一耸，画成瓜子模样了，这使阿Q觉得是他"行状"上的一个污点。这个细节，让人们看到精神胜利法已经渗入到阿Q的骨髓里去了，死到临头还不知，还在为自己画的圈不圆而遗憾。这就更使人们对阿Q"哀其不幸，怒其不争"了。

第四，细节有助于人物性格的刻画。高明的文学艺术家总是懂得细节对于刻画人物的重要，他们常常注意选取具有典型意义的细节，突出人物的个性特征。契诃夫的短篇小说《醋栗》中曾描写这样一个细节："有一回我正在一个火车站检查牲口，正巧有个马贩子摔倒在火车头底下，压断了一条腿。我们把他抬到候车室里，血汩汩地流，样子真是可怕，可是他老是求大家找回他那条腿，老是着急，原来那条压断的腿所穿的靴子里有 20 卢布，他生怕那点钱丢了。”作家通过这么一个细节，就把那个马贩子爱钱胜过爱命的性格表现得淋漓尽致。

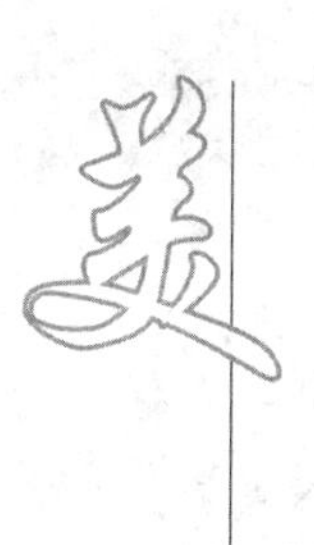

第十一章

文学艺术的风格、流派与思潮

文学艺术的风格、流派与思潮，是在文艺发展过程中形成的一种文艺现象，它又是特定历史条件的产物。就文艺创作而言，优秀的文学艺术家的作品都具有鲜明、独特的风格；风格较接近的文学艺术家则形成一定的文艺流派；某一流派自觉或不自觉地提倡某种文艺主张和审美风尚，形成一个具有明确纲领和广泛影响的文艺运动，这就称作文艺思潮。风格、流派、思潮，是三种不同层次、互相联系而又互相区别的文艺现象。我们研究文学艺术的风格、流派和思潮的形成、特点及其在文艺创作中的作用，对于揭示文艺创作的一般规律，促进文艺欣赏水平的提高有非同寻常的意义。

第一节 风格

风格是指文学艺术家在创作中所表现出来的艺术特色和创作个性。它是文学艺术家在长期艰苦的创作中磨炼，在思想上、艺术上臻于成熟的标志。创造出独树一帜的风格，是文学艺术家们刻意追求的最高境界。不是所有的文学艺术家都能做到有自己独特风格的。只有那些在创作中走上成熟、取得突出成就的文学艺术家，才能够形成自己的独特风格。

“风格即人”，是法国著名的散文家布封的一句至理名言。它比较恰当地揭示了文学艺术作品风格与创作者个性特征之间的密切关系。由于文学艺术家所处的社会环境、生活经历、立场观点、思想水准和文化素养的不同，其思想、性格、气质、审美情趣和艺术修养也就不会一致。这样，他们在文艺创作过程中自然流露出来的，便是创作个性。这种创作个性使不同的文学艺术家在处理题材、表达主题、驾驭样式、塑造形象、表现手法等方面都显示出各自特色。即使是同一时代、同一历史条件下并有着相似的社会理想与抱负的文学艺术家，在风格上也决然不会相同。如李白与杜甫的诗歌，李白的风格是神思飘逸、豪迈奔放；而杜甫的风格则显得沉郁苍凉、情思凝重。风格也不是固定不变的。如贝多芬的音乐风格，一生经历了三个时期：早年是模仿海顿、莫扎特时期，作品初显个性风采；中年是个性流露时期，作品华丽而有力度，如他的《第三（英雄）交响曲》；晚年是超越时期，耳聋使他更自由、更奔放了，他写了不朽的《第五（命运）交响曲》和辉煌的《第九（合唱）交响曲》。

艺术特色和创作个性在文艺作品中常常通过文学艺术家的选材、立意、对形象的塑造以及所使用的文体、语言、艺术表现的手法等体现出来。例如，老舍最熟悉解放前北京大杂院里下层小市民的生活，像洋车夫、小商贩、妓女、卖艺人等的生活，并能熟练地运用纯熟的北京方言去描绘他们，所以他的作品具有浓厚的北京风味。赵树理擅长用农民的语言，以朴素的手法，描写山西农村中被落后意识浸染过的农民形象，如“三仙姑”、“二诸葛”、“常有理”、“小腿疼”等，这使他的作品带有浓郁的乡土气息。正是由于这种风格的独创性，才使得人们可以准确地把握每一位优秀的文学艺术家的艺术特色和创作个性，即使掩去创作者的名字，人们也往往能从中辨认出他们的作品来。传说宋代著名女词人李清照的丈夫赵明诚曾想与妻子比试才华，废寝忘食、三天三夜填写五十首《醉花阴》词作。这些词章中混杂有李清照写的一首。他拿去请好友陆德夫品评，陆玩味再三，最后认为，只有三句最好：“莫道不消魂，帘卷西风，人比黄花瘦”，而这三句正是李清照所写，陆德夫之所以能将李清照的作品从赵明诚的作品中辨识出来，就因为李清照的词章有鲜明的艺术特色和创作个性。

如果说真实性是艺术的生命，那么独创性则可以说是风格的灵魂。靠着模仿别人风格的人，断然是不可能形成自己的风格的。即使是师承关系，学生在学习和效仿老师的艺术创作时，也应当在继承的基础上力求有所创新、发展，形成自己的风格。这也正是齐白石曾说的“学我者生，似我者死”的道理。

一个文学艺术家的风格不是一朝一夕形成的，而是经过长期艺术实践，不断探索、总结、升华、提炼的结晶。所以说风格的形成是一个文学艺术家在艺术上成熟的标志。风格不可能仅靠一个两个作品形成，像昙花似的一现即逝，它必须有一定量的积累，必须是在文学艺术家一系列的作品相继不断地叠现出来，并得到人们的公认、赏识。如果缺乏这种持续一贯的特点，而处于变化不定的状态，那也不可能形成真正的风格。以郭沫若的作品为例，从他“五四”时期创作的诗歌《女神》、抗战时期写的话剧《屈原》以及后来的诗词《满江红》等来看，虽然这些作品文体各异，题材有别，而且写于不同时代，但都表现出激越奔放的豪情，闪烁着崇高理想的光辉，具有浓郁的积极浪漫主义

色彩，显示出了郭沫若那独有的艺术风格。

世界上没有个性完全相同的两个人，也不可能有两个风格完全相同的文学家、艺术家。同是小说名家的茅盾、巴金、老舍，他们的艺术特色和创作个性是显而易见的。同是漫画高手的华君武和方成，他们的区别也是一眼就能看出来的。生活是丰富多彩的，文学艺术家们的创作个性又是各种各样的，因此，体现在作品中的风格也应当是千姿百态、精彩纷呈的。

第二节 流派

在一定的历史时期里，由思想倾向、艺术主张、创作方法和审美情趣基本相仿、风格近似的文学艺术家组成的派别，我们通常称之为文学艺术的流派。一个流派形成的标志，是文学艺术家们在文艺创作上有共同的特点，并在文学艺术领域里占有一定的地位。

在欧洲，文学艺术流派的出现是在文艺复兴以后。著名的文学流派有17世纪法国的七星诗社；18世纪70年代德国的狂飚派；18世纪末、19世纪初英国的湖畔派；19世纪俄国的自然派等。在绘画领域里也先后产生过佛罗伦萨画派、威尼斯画派、德国画派、西班牙画派、法国浪漫画派、俄国的巡回画派等。音乐领域有尼德兰乐派、维也纳乐派、德国浪漫乐派、民族乐派等。在我国文学艺术发展史上，也曾经出现不少流派。诸如，唐代诗歌中以王维、孟浩然为首的山水诗派；以岑参、高适为首的边塞诗派；宋代的婉约派、豪放派；明清文学中的唐宋派、公安派、竟陵派、桐城派等。“五四”以后出现的文学研究会、创造社、新月派、现代评论派等。在中国美术史上，明清以来先后有浙派、吴派、扬州八怪、岭南派等。现代京剧有梅派、程派、谭派、马派等。文艺流派的名称有的以地域为标志，有的以创作思想、创作方法或风格特点为标志 ，也有的以艺术家的名字而得名，情况各异，不一而足。

从古到今，中外文学艺术发展表明，文学艺术流派的形成，大致有以下几种情况：

第一，有组织，有纲领，有创作实践，自学形成的流派。在一定的社会思潮和文艺思潮的影响下，在文艺纷争激烈的情况下，常有一些文学艺术家思想活跃，行为积极，树起旗帜，宣扬自己的文艺主张寻找志同道合的艺友，组织起文艺社团，发表共同宣言，自办报刊，开辟阵地，并积极从事文艺创作，从而形成一种有组织、有纲领、有创作实践的文艺流派。如由茅盾、郑振铎等十几位文学家在“五四”时期创办的文学研究会，徐志摩、戴望舒等人组织的新月社等。

第二，由于文学艺术风格相似而自发形成的文艺流派。这种流派一般没有固定的组织和共同的纲领，大多以一个或几个有代表性的文学家或艺术家为核心，加上一些同他们的艺术主张、艺术风格相近的人自发形成。如以山西省赵树理为代表的“山药蛋派”，他们是一个以山西农村生活为创作题材，以写出土里土气的家乡味为美学追求的新文学流派。

第三，以一两个有代表性的文学艺术家为核心，由于师承关系而形成的文艺流派。这种流派在文学艺术史上最为常见，这是以一个或数个著名文学或艺术家为旗帜，集合了一批师承于他或他们的追随者组成。如宋代的江西诗派和清代的桐城派。在戏曲表演艺术方面，这种师承关系的流派就更是数不胜数了。

文学艺术流派的出现，总是与艺术上的独创性和创作上有一定的成就分不开的，因此，它对文学艺术的繁荣往往起着推动的作用。文学艺术流派的兴盛常常是文艺兴旺发达的一个标志。文艺流派常产生于思想比较开放、文艺比较活跃的时代，它的出现不仅有利于推动不同的文学艺术风格的竞争，也有利于推动文艺思潮的发展。文艺流派有的不直接涉及政治，所以不带政治色彩。有的却是以一定的政治思想斗争为背景的，带有一定的政治色彩。这样就有了进步与落后、积极与消极之分。

文学艺术流派形成之后，流派相互间会产生矛盾与分歧、竞赛或斗争，这都属正常现象。这是他们的思想倾向与艺术观念不一所致。一般来讲，它会促进整个文学艺术运动的发展。流派的蜂起，是一个国家、一个民族在文学艺术领域里兴旺繁荣必定出现的一道风景。所以，从这个意义上说，文学艺术流派多多益善。

第三节　思潮

与文学艺术风格、流派有着密切关系的是文学艺术思潮问题。文艺思潮，是为适应一定历史时期经济变革和政治斗争的发展而在文学艺术领域里形成的一种思想倾向。它往往通过某种理论、主张或口号的出现，并经广泛宣传而得到相当多的文学艺术家、文艺理论家和文艺批评家的赞同，并付诸实践，才成为有影响的文学艺术运动或文学艺术潮流。文艺思潮的兴起和发展，都要受到政治的、哲学的和其他社会思潮的

影响,并同相对立的文学艺术思潮发生尖锐的矛盾和斗争。每一个历史时期都有一种文艺思潮占主导地位。有的以某种创作方法为主要标志,如欧洲16世纪至17世纪的古典主义,18世纪至19世纪的浪漫主义等,有的则表现为某种创作思想,如欧洲15至16世纪的文艺复兴运动,18世纪的法国启蒙运动,中国“五四”新文艺运动等。

文学艺术作为一种意识形态,它具有相对的独立性,文艺思潮的发展和演变又有其自身的规律,它主要表现在一种新的文艺思潮往往是以否定前一种文艺思潮的面目出现的。如欧洲近代的浪漫主义是对古典主义的否定,而现实主义又是对浪漫主义的否定等。一般来说,这种否定是一种革新,是一种批判的继承,它对文学艺术的发展起了一定的促进作用。但是,也有的否定则表现为一种倒退,一种对艺术规律的破坏,产生着消极的作用。

下面我们简要地介绍一些文学艺术思潮。

古典主义思潮 出现于17世纪的法国,其代表作家有高乃依、拉辛、莫里哀等。由于他主张以古希腊、罗马文学为典范,因而称为古典主义。古典主义思潮是顺应君主专制的政治需要而产生的。尽管它带有浓厚的封建色彩,但却是新兴资产阶级借助中央王权与贵族进行斗争在文艺上的反映。古典主义崇尚理性,追求个人与社会的和谐,重视公民的社会责任感。在文学上,强调恢复古希腊、罗马艺术的完美和教化作用。它制订出戏剧“三一律”(即要求情节、时间与地点一致的规则),这虽符合戏剧高度集中的特点,却又束缚了文学艺术家的手脚。在绘画方面,古典主义提倡典雅、庄重的风格,在题材、人物的描绘以及色彩、构图等都制定了许多清规戒律,因而古典主义画作中人物形象虽美,但却缺乏生气。实际上,古典主义的不少作家都曾突破这些框框,写出伟大的作品。如莫里哀就没有完全遵循古典主义的原则,而成功地塑造了吝啬鬼和伪君子的形象。

浪漫主义思潮 产生于18世纪末,这是对古典主义的否定。代表人物有拜伦、雪莱、雨果等。它强调个性自由,把情感、理想放在首位。在艺术上主张驰骋想象,不受任何约束地去表现人的思想和生活。只要我们翻开雨果的作品,修道院冷暗灰色的生活、坟场的阴森骇人、滑铁卢战场上的悲惨夜景、巴黎街垒中惊心动魄的战斗,都被渲染出鲜明的浪漫主义色调,弥漫着浓重的神奇气氛,闪烁着理想主义的光芒。

现实主义思潮 出现于19世纪,这是对浪漫主义的反拨。代表人物有法国的司汤达、马尔扎克,英国的狄更斯、哈代,挪威的易卜生,俄国的果戈理、屠格涅夫、托尔斯泰、契诃夫等。现实主义注重客观，强调要把人们的视野从理想王国和幻想世界中拉回到现实中来，注意对生活场景和细节的真实描写，主张个人与社会、人物与环境不能各自孤立存在。现实主义对艺术形象的塑造提出了真实性、具体性、典型性的要求，对叙事类作品，还提出要写出“典型环境中的典型人物 ”。

20 世纪初，出现了两股不同的文艺思潮：一是西方现代主义文艺思潮；一是最先出现于苏联、而后波及世界上许多国家的社会主义文艺思潮。社会主义文艺思潮继承了现实主义中的优秀传统，批判了它的局限性，是对旧现实主义的一种根本革新。

西方现代主义思潮　这是一种反传统的文艺思潮。它的产生具有深刻的理论基础和一定的社会条件。它的理论基础，主要有康德唯心主义的美学观点、尼采的唯意志论、柏格森的直觉主义和生命哲学、弗洛伊德的精神分析学说以及萨特的存在主义等。社会条件主要指现代科学技术的发展导致了许多传统观念的改变，甚至出现了许多反传统的观念；生产力的高度发展给现代社会带来巨大的物质财富，而物质财富的急剧增长，造成了人的精神相对贫困，促使人对传统文化艺术的反思甚至叛逆；现代社会无休止的动荡不安，引起人们焦虑，悲观主义和虚无主义思潮应运而生。所有这些，都为现代主义文艺思潮的产生提供了滋生的温床。

西方现代主义文艺思潮最早可以追溯到 1857 年法国诗人波德莱尔的诗集《恶之花》出版。随后，象征主义这个新的艺术名词在法国和西欧流行开来，这只是一个先声。现代主义文艺思潮真正形成是在 20 世纪初。英国乔伊斯的意识流小说、奥地利勋伯格的无调性音乐和俄国康定斯基的抽象主义绘画被认为是现代主义文艺思潮的开始。从此以后，在文学艺术的各个门类中均形成了形形色色的文艺流派。在音乐领域中，出现了印象主义、表现主义、序列音乐、偶然音乐等。在舞蹈领域里，出现了否定传统芭蕾的现代派舞蹈。在美术领域里，先是野兽派，后来立体派、达达派、超现实主义和抽象画派。在戏剧领域出现了荒诞派戏剧、形象戏剧等。在电影领域里，先是先锋派，后有新浪潮派、反戏剧化和无理性电影等。文学领域里就更多了，如表现主义、未来主义、意识流小说、存在主义、新小说派、“垮掉的一代”、黑色幽默等等。

西方现代主义文艺思潮，分支纷繁，内容庞杂，五光十色。在我国，“五四”运动以来就陆续有所介绍，它对我国的新文艺运动也产生过一定的影响。

象征主义　1857 年波德莱尔的诗集《恶之花》出版，被认为是象征主义诞生的标志。象征主义产生在法国，后来流行到德国、比利时、奥地利、英国、挪威、俄国等。在欧美产生过重大影响。我国著名诗人李金发 20 世纪 20 年代的作品是属于象征主义。

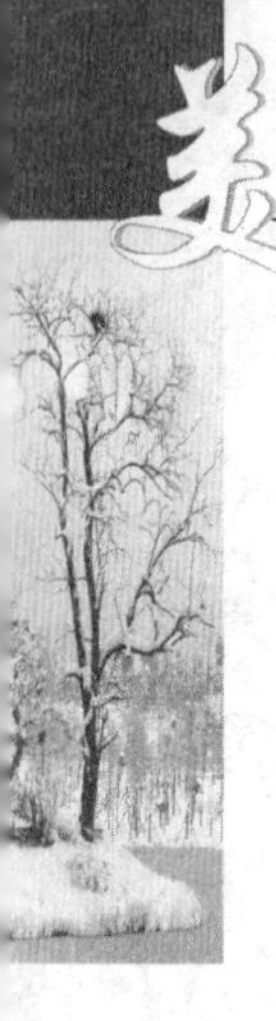

象征主义代表人物除了波德莱尔外，还有魏尔伦、马拉美、兰波等人。象征主义的理论基础是唯心主义和直觉主义。基本主张是诗歌应当表现自我的“内心梦幻，而不是去再现现实。在表现方法上，反对直陈其事、直抒胸臆，而强调“暗示”和“象征”，以构成一种朦胧的、隐晦的、谜语式的艺术风格。象征主义后期出现了一批很有影响的诗人，如法国的瓦雷利，比利时的维尔哈伦，奥地利的里尔克，美国的艾略特、庞德，爱尔兰的叶芝。这时的象征主义不再仅限于诗歌，而是深入到戏剧等领域，最著名的是比利时戏剧家梅特林克的童话剧《青鸟》。

印象主义 印象主义最早产生于19世纪70年代的法国美术界，后扩展到音乐、文学等领域。代表人物是法国画家莫奈、音乐家德彪西、作家龚古尔兄弟等。印象主义主张表现人一瞬间的感觉，而不是去进行逼真的描写，给人清晰明了的形象。他们凭借自己变幻无穷的感觉及神秘的内在体验，追求作品在形式、轮廓和色彩方面的复杂变化，造成一种稍纵即逝的艺术效果。在文学领域里，渲染和扩大语言的描写力量，使一大批貌似混乱的语言有可能直接或间接地暗示它自身所蕴含的深刻思想，并力求增加作品新鲜感。

表现主义 表现主义兴起于20世纪初的德国美术界，后扩展至音乐、文学等领域。20年代后遍及欧美诸国。三四十年代走向衰弱。表现主义是对自然主义和印象主义的反拨。他们认为“世界存在着，仅仅复制世界是毫无意义的”。他们反对自然主义只模仿描写事物的烦细表象，也不满意印象主义“由外向内”。他们的口号是“艺术不是现实，而是精神”，“是表现，不是再现。”表现主义的称谓便由此而来。表现主义代表人物有德国画家格罗斯、戏剧家施特恩海姆、美国的尤金·奥尼尔、奥地利作家卡夫卡、捷克作家恰佩克等。

未来主义 未来主义的创始人是意大利诗人、剧作家马利涅蒂。1909年他发表了《未来主义宣言》。它提出摒弃一切文化传统，以“运动”为核心，着力表现心境并发性，以创造未来的艺术，它是尼采和柏格森哲学的产物。未来主义中心在意大利，代表人物除马利涅蒂外，还有诗人帕拉采斯基、剧作家基蒂等人。

意识流小说 意识流小说流行于20世纪20年代—40年代的法国、英国和美国等。40年代后，作为流派不“流”了，但作为手法还继续地“流”。意识流小说家专注于摹写人的内心生活，着力表现无意识与潜意识，热衷于刻画变态心理，代表人物有法国的马赛尔·普鲁斯特，著有《回忆似水年华》；爱尔兰的詹姆斯·乔伊斯，成名作《尤利西斯》。意识流小说，都比较难读难懂，事实上有些作品也只有专门的研究者，才肯硬着头皮读下去。

超现实主义 超现实主义的前身是达达主义。“达达”是法国幼儿语言中的“小马”。作为一种文艺思潮，表现无所谓、不知所云、毫无意义的意思。创始人是法国的安德烈·布勒东，他与苏波合著长篇小说《磁场》，呈现出超现实主义色彩。他们提出：人应有超越感，即超越现实之上，超越西方现代文明和现代艺术之上。因此他们否定传统的写作方式，主张下意识书写法，记录梦幻和梦观，运用反传统的语言。所以，他们的不少作品晦涩难懂。

存在主义 存在主义哲学的集大成者和存在主义文学的旗手是法国的萨特。他有意识地把他的哲学观点贯穿到他的小说和戏剧创作中去。与他呼应的有西蒙娜·波伏娃、加缪、布朗肖等人。20 世纪 50 年代前后在法国有很大市场。60 年代后逐渐减弱，但对以后的许多文学流派有影响。萨特在他的哲理剧《禁闭》剧本前言中指出：“他人便是地狱”，剧本形象地展示了西方社会中的人际关系。存在主义的艺术风格是哲理性强，心理刻画细腻，情节与境遇荒诞，文风平易近人。

荒诞派戏剧 20 世纪 50 年代。法国舞台上出现了一种把存在主义思想与表现主义方法结合起来的戏剧流派。它没有连贯的情节，没有完整的人物形象，对白语无伦次。这种一反传统戏剧程式的作品，要表现的是整个人类都存在的“毫无意义”的“意义”。60 年代英国戏剧理论家马丁·埃斯林将这一流派定名为“荒诞派戏剧”。后来，风靡了欧美诸国。该流派的代表人物及作品有尤金·尤奈斯库的《秃头歌女》、贝克特的《等待戈多》等。

新小说派 新小说，又叫反小说。流行于 20 世纪 50 年代—60 年代的法国，后影响到欧美、日本等国，是第二次世界大战后西方具有代表性的现实主义小说流派。创始人是法国的阿兰·罗伯·格里耶，他的《未来小说之路》被认为是该派的理论宣言。他的长篇小说《橡皮》，出版后引起很大争议。他们提出的口号是“反倾向”、“反虚构”，主张描写对象要新，小说结构要新，与读者关系要新，语言文字要新。但实际上，不少作品都存在着虚无主义和形式主义的倾向。

黑色幽默 20 世纪 60 年代出现于美国文坛的“黑色幽默”的小说流派，它是存在主义思想影响下的产物，是荒诞派戏剧的孪生兄弟。代表作是海勒的《第二十二条军规》。“黑色幽默”的小说，是通过四种形式表现出来：其一，开玩笑于不幸之中，笑不幸，笑痛苦，而笑者又无可奈何，笑中有哭，变哭为笑，这是一种病态的笑；其二，无可奈何的自嘲，叫人哭笑不得的自嘲；其三，喜剧中的悲剧，形式上是喜剧，实际上是

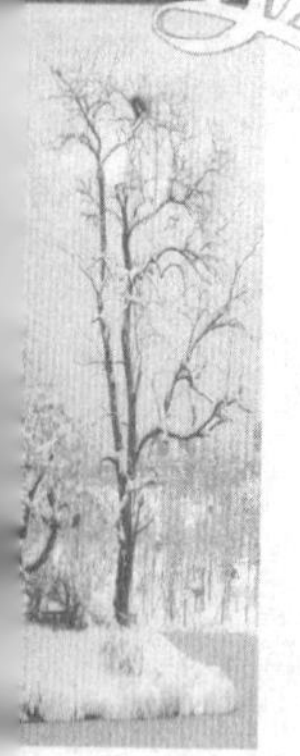

悲剧；其四，幽默近乎于滑稽。从内容上看，“黑色幽默”小说的核心是表现大难临头的危机意识，它表现的社会内容有无理可喻的西方社会，惨无人道的战争，出了毛病的自我，盲人瞎马的痛苦，通向死亡的道路等。“黑色幽默”的流行，有其深刻的社会原因。

今天，西方现代主义文艺思潮的浪头已大为减弱，在众多的文学艺术门类中，已出现了“后现代主义”，传统的现实主义也有所复归。当代西方现代主义文艺思潮向何处发展，人们正拭目以待。

下篇　文艺欣赏基础理论

第十二章

文艺欣赏与文艺批评

作为整个文学艺术创作过程，从生活积累，艺术构思，创作方法的把握和运用，到文学艺术作品的诞生，文学艺术家的创作任务似乎几经完成了。其实，不然。如果我们从整个文学艺术实践活动来看，作为文艺创作终点的文学艺术作品又成为文学艺术接受的起点。只有经过广大欣赏者的文学艺术欣赏和文学艺术批评活动，实现了文学艺术的社会功能，我们才能说文学艺术家的创作任务最后完成了。

第一节　文学艺术欣赏

文学艺术欣赏是人们在欣赏文学艺术作品过程中，对艺术形象的感受、理解、联想和想象以及在感情上交流的一种特殊的精神活动，是一种艺术美的认识和艺术美的再创造的活动。在这一活动中，作为客体的文学艺术作品与作为主体的欣赏者，彼此各起不同作用，同时，两者之间又相互联系，互为依存。

文学艺术作品作为欣赏的对象，它是文学艺术欣赏活动进行的前提条件，它规定着欣赏的内容、性质和范围。一部思想性强、艺术品位高的作品，提供给人们欣赏的内容就一定是好的，会给人以有益的影响。反之亦然。因此，文学艺术作品是进行文学艺术欣赏活动的基础，文学艺术家们有责任创作更多更好的优秀作品，为广大欣赏者提供精神食粮。

欣赏者是文学艺术欣赏的主体，在欣赏活动中处于主动地位，起着主导使用。这首先表现在对作品的选择上，欣赏者有充分的自由。一部作品不管本身如何，也不管他人如何评价，只要欣赏者不感兴趣，随时就可以中断对它的欣赏。欣赏者是根据自己的兴趣、爱好、审美观和欣赏能力来选择作品的。如果他想提高自己的艺术修养，就会选择中外名著欣赏；如果他想休闲，那么就可能选择武侠、侦探消遣类作品。其次，欣赏者的主导作用表现在对艺术形象的体验、感受和再创造上。小说《红楼梦》中描写的林黛玉："两弯似蹙非蹙笼烟眉，一双似喜非喜含情目。态生两靥之愁，娇袭一身之病。泪光点点，娇喘微微。闲静似娇花照水，行动如弱柳扶风。心较比干多一窍，病如西子胜三分。"作者在这里虽描绘得非常具体，但仍与视觉形象有差异。不同的读者，有不同的想象，各人心目中的林黛玉要靠自己去再创造。我们在欣赏绘画、雕塑、摄影等造型艺术作品时，也同样需要通过自己的想象，调动自己的生活体验，使静止的作品中的人物"活"起来，从而完成对艺术形象的再创造，这是文艺欣赏活动中带有规律性的普遍现象。

文学艺术欣赏是从对艺术形象的具体感受开始的。欣赏者一接触文学艺术作品，就会被其中的艺术形象所吸引，沉浸到作品所描绘的天地之中，有身临其境的逼真之感。如果我们观赏一部电影，就会走进电影，仿佛与影片中的主人公一起生活，仿佛是主人公悲欢离合的目击者或参与者，并相应地也产生悲欢离合的感受。这种感受被称为艺术感受，是文学艺术欣赏的第一步。人们对艺术形象的感受有强有弱，有深有浅，这种感受的不同，主要出自两个原因：一方面，要看作品中的艺术形象塑造得如何，形象愈鲜明生动、愈具体逼真，欣赏者的感受就愈强烈。反之，苍白的形象，给人印象不会深刻。另一方面，对艺术形象的感受深浅与欣赏者自身的条件有密切关系。比如，我们欣赏"疏影横斜水清浅，暗香浮动月黄昏"这样的诗句，看过河边梅枝倒影的人，领略过随风飘来梅花清香的人，肯定要比不知梅花为何物的人感受得深。

人们在欣赏文学艺术作品时，不会只停留在艺术感受阶段，还要随着艺术感受自觉不自觉地进行审美判断，这是文学艺术欣赏的第二步。审美判断也叫直观判断，它不是经过认真研究和冷静思考来对作品作出评价，而是以欣赏者的欣赏能力为基础，只凭欣赏时的"直观"印象来判断，这与文艺批评的科学判断不一样。这种带有主观性和个人偏爱的判断在欣赏中起着重要作用，它决定着欣赏活动能否持续下去以及欣赏的深浅程度。审美判断是以欣赏者的艺术修养和欣赏能力为基础的，它虽然主要是感性认识，但也含理性认识的成分。所以，在人们的直观判断中产生的真知灼见，可以为进一步科学地评价文学艺术作品奠定基础。

反复体验与玩赏，是文学艺术欣赏的最后一步。文学艺术欣赏所追求的是精神上的快感。如一首小诗，尽管欣赏者对它已有透彻的理解，并能背诵下来，但人们仍愿意反复地玩味、体验，并能在欣赏时达到物我两忘的地步。

由此可见，文学艺术欣赏活动常常带有以下几个特点：其一，始终饱含着欣赏者的感情，欣赏者的感情总是随着作品内容的变化而变化。其二，文学艺术欣赏总是充满着欣赏者的联想和想象，进行着能动的、积极的艺术再创造，会奇迹般地出现“静中生动”、“以小见大”、“以假当真”、“无中生有”、“由物及人”、“思接古今”、“沟通中外”等现象。其三，文学艺术欣赏带有主观色彩。由于欣赏者的社会经历、思想意识和审美经验的不同而呈现出爱好的多样性；也由于欣赏者的文化水平、艺术修养、个体感情和想象能力的不同，即使对同一部文学艺术作品，也会产生不同的理解，出现欣赏结果的差异。这正如人们常说的：“一千个读者有一千个哈姆雷特。”

第二节 文艺欣赏中的共鸣现象

共鸣，原是物理学的一个名词，两种振动频率相同的物体，其中一种振动，也会带动靠近它的另一个物体振动起来，这种现象叫共鸣。现在，我们把这物理学上的名词，移植到文学艺术欣赏中。共鸣指的就是人们在欣赏文学艺术作品时，被作品中的思想情感所感染，引起与作品中的思想感情相同的或相近的情感。这种共鸣不仅会使欣赏者感情上的喜怒哀乐受着作品的支配，而且在行动上往往也会受它左右。

那么，文学艺术家和欣赏者之间思想感情相同或相近有哪些现实依据呢？

一般来讲，欣赏者和文学艺术家之间如果有大体一致的立场观点、社会理想、道德观念、生活经验和审美情趣等，那么，欣赏者对文学艺术家在作品中所描绘的生活、所表达的情感和对生活所作的评价，就容易感受和理解，并在思想感情上引起相同的反应。这在同时代的文学艺术家和欣赏者之间表现得最为明显。巴金的小说《家》之所以在30年代的青年知识分子中产生强烈的共鸣，也是由于这些青年知识分子的生活经历和社会处境，以及他们要求冲出封建家庭的牢笼、投身于社会改革的愿望，和作品中的人物觉慧、觉民很相似。反之，如果欣赏者与文学艺术家之间在立场观念、生活经历等方面完全不同，那也就难以在思想感情上产生共鸣。

当然，这不是说不同时代、不同思想倾向的文学艺术家与欣赏者之间完全不能产生情感共鸣。事实上，不同时代、不同思想倾向的文学艺术家与欣赏者之间，在生活的某些方面或某一问题上也会有相同或相似之处，因此也是可以发生共振的。

首先，我们应当看到人类有共同的人性和人情，如男女之情、亲友之情、师生之情、

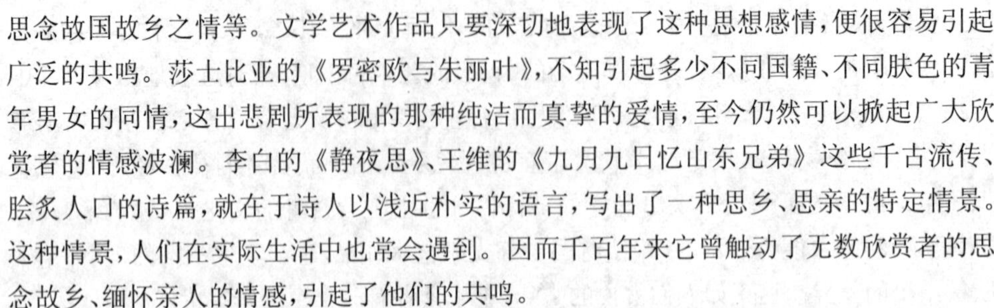

思念故国故乡之情等。文学艺术作品只要深切地表现了这种思想感情，便很容易引起广泛的共鸣。莎士比亚的《罗密欧与朱丽叶》，不知引起多少不同国籍、不同肤色的青年男女的同情，这出悲剧所表现的那种纯洁而真挚的爱情，至今仍然可以掀起广大欣赏者的情感波澜。李白的《静夜思》、王维的《九月九日忆山东兄弟》这些千古流传、脍炙人口的诗篇，就在于诗人以浅近朴实的语言，写出了一种思乡、思亲的特定情景。这种情景，人们在实际生活中也常会遇到。因而千百年来它曾触动了无数欣赏者的思念故乡、缅怀亲人的情感，引起了他们的共鸣。

其次，由于生活境遇和所处的社会矛盾相似，也容易使欣赏者产生相应的联想而引起共鸣。如白居易在《琵琶行》中描写他在听琵琶女演奏时深受感动的情形就是如此。一个身世低贱的琵琶女的演奏之所以能引起诗人那样激动不已，以致伤怀落泪，原因也在于他们"同是天涯沦落人"，相似的坎坷、相似的遭遇使诗人与琵琶女之间的感情上得以沟通和交流。又如，抗日战争时期，民族矛盾上升为社会的主要矛盾，因而中国历史上一些反映战争离乱，歌颂抗战，反对投降的作品，如岳飞的《满江红》、杜甫的《春望》、陆游的《示儿》、文天祥的《正气歌》等，都广为人们传诵。

再次，人类在长期的社会实践中形成的某些优秀的精神品质、如勤劳、勇敢、智慧、公而忘私、同情弱小、见义勇为，为追求真理和实现崇高理想而百折不挠、勇于牺牲的精神等等，历来为不同思想观点的人们所认同。反映这些优秀精神品质的文艺作品，也可以引起不同时代、不同思想倾向的欣赏者的共鸣。如大禹治水三过家门而不入的传说、愚公移山的寓言故事，《三国演义》所描写的诸葛亮的聪明才智，范仲淹在《岳阳楼记》中抒发的"先天下之忧而忧，后天下之乐而乐"的情怀等等，都是中华民族传统美德的艺术表现，对我国人民的精神生活产生了深远的影响，今天也仍能给人以激励和鼓舞，引起广泛的社会共鸣。

当然，共鸣的产生还同欣赏者的主观条件有着密切的联系。欣赏者对文学艺术作品的感受程度如何，常常与欣赏者的经历、年龄、思想感情、审美情趣以及当时的具体处境有密切的联系。一位饱经风霜的老人在读"老骥伏枥，志在千里"时，总比涉世不深的年轻人感慨要多。当一个人处境不幸时，也最容易被伤感、哀婉的作品所打动。

总之，共鸣是一种很复杂的文艺现象，不能笼统地肯定或否定它，要对每一种共鸣现象作具体的分析。同时，还应看到，并不是所有的共鸣都产生积极的作用。有的共鸣则是臭味相投，带来的是消极的影响。

第三节 文学艺术批评

文艺批评是文学艺术学三大主要内容之一。这里所述，仅在文学艺术欣赏的基础上，对文学艺术家、文学艺术作品和各种文艺现象进行分析和研究，作出一定的审美评价。就文艺批评本身而言，它又有自己的特定标准和方法。

“批评”一词，源于希腊文的“区别与判断”。简要地说，文艺批评就是对文艺作品作出全面的判断和评价。所谓全面的判断和评价包括两个方面：一是美学方面，一是社会学方面。从美学角度说，文艺作品是按照美的规律来创作的具有审美价值的艺术。那么，文艺批评就应该按照美的法则，根据艺术创作的特点，对各类文学艺术本身所具有的审美特征——感情、形象、意境、形式等进行考察和分析，即分析其成败得失，判断其审美价值，对作品的优劣、高下作出审美评价。从社会学角度说，文艺作品是社会生活的反映，同时它又能反作用于社会生活。所以，文艺批评就应考察、分析文艺作品的社会性，判断其反映社会生活的真假、深浅及其程度，判断其对社会作用和影响的好坏，即对文艺作品作出社会评价。如果文艺作品经不住审美评价和社会评价，那就等于失去了作为文学艺术作品存在的品格，同样也就失去了它的存在价值。

文艺批评不只是判断和评价，它还包括理解和阐释。理解是判断和评价的前提，只有对文学艺术家及其作品有了正确而深刻的理解，才能作出正确的审美评价和社会评价。理解就是理解文学艺术家感受世界，解释社会、人生和表现个性的特殊性，理解创作的特殊规律。从这些方面去发现文学艺术家的特点，作出科学的评价。阐释就是要对文艺作品作深层次的结构、内涵的解析。有些文艺作品的内涵往往不是一目了然的，而是含蓄、隐蔽、多义的，在人物、事件、情节、图景、典型、意境等表面形象之下蕴含着深层的思想意识架构，这就需要文艺批评家用自己的学识、才干和机智，去对作品作出科学的诠释。文艺批评还是一种发现和选择。所谓发现，就是发现别人还不知道的东西，不仅对读者，也可能对作者来说是一种新的东西。具体来说，文艺作品成千上万，但未必件件都是佳作珍品，这就需要文艺批评家去发现那些闪光之作和优秀的艺术人才，并预示其发展前途。与发现相联系的是，批评也是一种选择。文学艺术领域像一个万花筒，各种不同的思想风貌和艺术风格的作品争奇斗艳，它们含有多层次的意蕴和多义性，形式与技巧日新月异，而且，这么多的文学艺术作品又不是等值的，其佼佼者需要弘扬和传播，其粗陋者需要抉择和剔除。

那么,文艺批评的标准是什么呢?文艺批评的标准是我们衡量文学艺术作品好坏、高低的尺度。任何时代、任何个人在进行文艺批评时,都会有一定的标准,有的讲政治标准,有的讲道德标准,有的讲真、善、美标准……古今中外文艺批评的标准可谓纷繁复杂,难以数计。但如果我们以评价对象的内在结构为文艺批评标准的主要依据的话,文学艺术批评的标准那就只有作品思想内容的思想标准和作品艺术成就的艺术标准。

思想标准,是衡量文学艺术作品思想价值的尺度。它要求作品必须真实地反映生活,作者的感情色彩和思想倾向必须是积极向上的,作品的社会效果是好的。艺术标准,是衡量文学艺术作品的艺术水平高低的尺度。它要求作品所塑造的艺术形象必须鲜明生动,具有典型意义,在表达情志、抒发心意、以情动人方面真切度要高、感染力要强。在艺术技巧方面,必须具有独创性,要独运匠心,另辟蹊径,道前人之未道,创前人之未创。

文艺批评的方法,不仅要对文学艺术作品有全面的认识,详细占有作品的各种材料和情况,如时代背景、社会环境、作家经历和作品效果等等。还要系统地对其进行分析和研究,切忌断章取义,抓住片言只语,无限上纲。同时又必须从作品的实际情况出发,反对从抽象的概念或具体的现行政策入手 ,把文艺批评变成思想鉴定和图解政策。那种为了某种目的,对文学艺术家和文艺作品进行乱捧、乱骂的现象,都不利于文艺批评活动的正常开展。

总之,文艺批评是在文艺欣赏的基础上,根据一定的思想道德和美学观念,对文学艺术家及其作品进行研究、分析,最后作出符合客观实际的科学评价。这就是文艺批评的目的。

第十三章

如何欣赏语言艺术

语言艺术专指文学作品而言。因为文学塑造形象，描写社会生活，表现思想情感的主要工具和基本材料是语言或其书面符号——文字。语言艺术从体裁上来分，可以有小说、散文、诗歌和剧本文学四种。

语言艺术虽不像表演艺术和造型艺术那样直接诉诸人的听觉和视觉，却也能收到使人直接感知文学形象的效果。语言艺术通过语言、文字来塑造艺术形象，具有很大的表现力和思想性。它不仅具有反映现实的广阔性和自由性，而且又有表达心理、思想与情感的深刻性和精确性。在表现内容上很少受到时间、空间的限制，这都是其他艺术样式所难以比拟的。欣赏者则通过语言在时间上的流动来感知作品，凭借带有鲜明特点的想象及再创造而进入文学作品所提供的艺术境界，并从中受到感染和启迪。

第一节 小说

一、什么是小说

小说是文学的一大样式。它通过艺术的语言、完整的故事情节和具体的环境描写，塑造多种多样的人物形象，是一种广泛的、多侧面展现社会生活的叙事性文学体裁。和散文、诗歌等文学样式相比，小说的容量较大，它较少地受时间、空间和篇幅的限制。它可以细致地多方面地展示人物的思想性格和人物的命运，也可以完整地、错综复杂地表现矛盾冲突，同时还可以细致入微地描绘人物的生活环境。因此，小说在提供给欣赏者以整体地、广阔地感受复杂的社会生活方面，有着为其他文学体裁所不及的优越性。

小说按照其篇幅的长短，一般可分为长篇小说、中篇小说、短篇小说、微型小说（即小小说）；按照其内容的不同，也可分为历史小说、武侠小说、公案小说、谴责小说、侦探小说、言情小说、科学幻想小说、哲理小说、推理小说等等。

二、小说的特征

鲜明的人物形象　人物形象就是小说中运用各种艺术手段所塑造出来的人物。一部小说的质量是上乘还是低劣，感染力是强烈还是微弱，生命力是长久还是短暂，在相当大的程度上取决于小说中所描写、所刻画、所塑造的人物是否成功。成功的人物形象必定是具有典型性的形象。在这个人物身上，必定既有鲜明、生动、具体而又独特的个性，同时又通过这种个性来高度概括地反映出带有普遍性的、代表性的社会本质的某些方面。高尔基曾经说过："文学是人学"。这句至理名言有两层意思：其一，说的是文学所表现的是人类社会生活的各个领域里的事情；其二，强调了文学之中人物的位置是极其重要的。所以，小说与其他文学样式不同，它要描述人物，塑造人物。中国著名的古典小说《水浒传》，书中塑造了一系列成功的艺术形象，而每个人物身上又各具风采和特性，体现了文学的典型意义。以梁山好汉中的朝廷军官为例，林冲、鲁达、杨志各自的身份、经历和处境都不一样，因此，各人的性格特征也不相同，最后走上梁山的道路也就不会一样。林冲安于现状，回避斗争的隐忍性格中蕴含着"不能忍"的判逆因素，因此是被逼上梁山的；鲁达酷爱自由，好打抱不平的性格中充满了反抗精神，因此是主动地加入到梁山大军中的；杨志则追求功名利禄，在委曲求全的性格中显示出被动的抗争情绪，因此是在万不得已的情况下被拉上梁山的。正是这些人物身上所体现出来的不同的个性和相通的共性，他们才成为这部小说中成功的典型人物形象。相反，有些小说之所以缺乏艺术生命力，其原因就是人物公式化、概念化和雷同化，常常是故事情节淹没人物形象，没有塑造出成功的人物形象来。

完整的故事情节　小说是一种典型的叙事性文学体裁，一般都有一个完整的故事。小说中人物的性格、遭遇和思想倾向，主要是在人物活动中，即故事情节中展现出来的。小说如果没有故事情节，也就不成其为小说。一般来说，我们把小说中的一个或几个事件的发生、发展和结束的过程称为"故事"，把组成故事的一个个更小的实体称为"情节"，情节还包括必不可少的细节。小说故事情节不但要求完整，而且讲究丰富。尤其在长篇小说中，这个特征显得更为突出。如《红楼梦》故事情节相当丰富多彩，用剧本或其他文学形式很难加以表现，越剧《红楼梦》也只能选取其中的某些部分内容。当然,小说故事情节的完整和丰富也是相对而言的。短篇小说,尤其微型小说的故事情节就比较单一,有些侧重于描写人物自我感受的情节淡化的小说,根本谈不上情节的完整与丰富,不过,这些仅属特殊的情况。

细致的环境描绘 环境描写是小说的重要组成部分。小说主要描写人物和事件,但是人物活动要有场所,事件的发生、发展要有环境。因此,小说需要对环境作具体而细致的描绘,力求通过环境的描写,来表现人物的性格,小说的环境描写,可以分为自然环境描写和社会环境描写两类。自然环境描写主要描绘人物活动空间中的地形、景象、气候等自然景观;社会环境描写则主要描绘人物活动空间的历史背景、社会情态、人际关系等社会性因素。只有把环境当做人物活动的舞台、性格成长的土壤、烘托人物的重要手段来进行艺术处理,才有可能创造出"典型环境"。如莫泊桑的《羊脂球》,作家虽然写的是一架马车和马车沿途经过的景物,但车上各色各样的人物以及从这些人物一举一动、一言一行所展现出来的现象,正是当时法国上流社会的缩影。这种环境的典型性,就使得作品中的人物更显得真实可信。除此,优秀的环境描绘还具有独特的、优美的审美价值,具有更大的艺术魅力。事实上,一切高明的、优秀的环境描写,往往不是独特的风景画,就是一幅出色的风俗画。像孙犁笔下的白洋淀水乡风光,屠格涅夫在《猎人笔记》中的森林景观的描绘,都是极美的风景画,让人读后神思飘然。还有像鲁迅《故乡》、《社戏》里的江南农村情景,老舍笔下的旧北京的风俗民情;沈从文《边城》里刻画的湘西山山水水,都是一幅幅动人的风俗画,给人留下难忘的印象。

小说的特征,除了上述三大要素外,小说的结构、语言也有明显区别于其他文学样式的地方。适度的结构、艺术的语言,都是中外优秀小说不可缺少的东西。

结构,就是小说故事和情节的构成方式,也就是通常所讲的布局谋篇。一般的小说结构有序幕、开端、发展、高潮、结束和尾声六个部分。其中开端、发展、高潮和结束是必不可少的主体部分。序幕与尾声则可有可无。但是有些侦探小说、复仇小说由于受其自身特点和内容的需要,结构更为复杂多变。总之,结构方式的选择应从塑造形象、展开情节和表达主题思想出发,一部优秀的小说常常是具备适度的、合理的和巧妙的结构方式的。文学是语言的艺术,小说自然也要讲究语言艺术。语言是建构小说这座大厦的砖瓦。人物的对话、事件的经过、背景和环境的交待、心理活动的展现,总是要通过语言文字来表达。小说中的语言应是"艺术语言",应起到刻画人物、交待事件、渲染气氛、画龙点睛的作用。不同身份、不同地位、不同经历的人说出的话是不同的;同一个人在不同场合、不同时间、不同处境中说的话也不一样。对作品中褒扬的人物

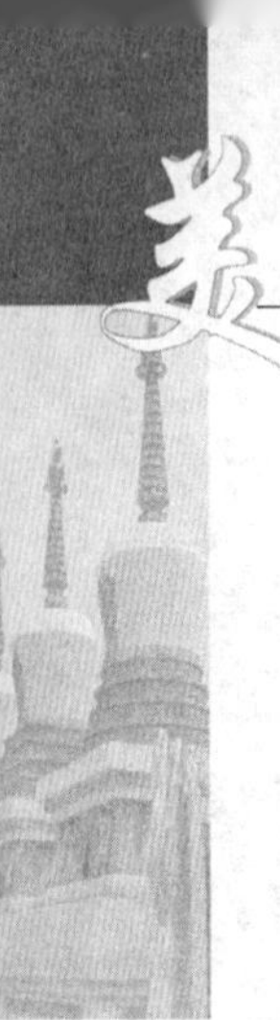

描绘时是一种语言,对针贬的对象描绘时是另一种语言,对于喜剧事件和悲剧事件所叙述的语言又有差异。语言的个性化、风格化也是每个小说家追求的目标之一。

三、怎样欣赏小说

1. 栩栩如生的人物塑造

小说是以塑造人物形象为己任的,人物是小说的核心。小说中的故事情节实际上也是展示人物性格发展的过程。小说可以自由而充分地运用各种表达方式和艺术手段,多方面多层次地刻画人物性格,使人物血肉丰满,性灵显现,栩栩如生。对于小说中的人物性格,我们通常认为越鲜明越好。性格应当作多方面的描写,但又要注意其性格的主要特点,使人物性格有一个统一性和完整性。性格要有发展,人物只有在变化的过程中愈显清晰、丰满。除此,人物的典型化也是创造艺术典型形象的重要一环。下面我们就形象塑造的几种手法具体谈谈。

肖像描写 人物的肖象描写,首先指的是人物的外部形象,如容貌、体形、服饰等等,当然也应该包括人物内部精神的反映,如神韵、情态等等。成功的人物肖像描写,应当是人物外表与内心的结合与统一的显现。肖像描写的手法是多种多样的,有静态的描写,也有动态的描写;有正面的描写,也有侧面的描写;有直接描写,也有通过其他人物的眼光或口述作间接的描写;有精雕细琢的刻画,也有粗线条的勾勒,等等。但不论采用何种手法,目的都是为了更好地表现人物性格,而不是单纯地为描写肖像而描写。肖像描写是人物塑造的重要组成部分。与人物性格不符的描写,是多余的败笔。成功的肖像描写,不仅使读者看到人物独特的外貌,而且可以从外貌上看到人物独特的性格。中外小说名家笔下的众多不同的肖像,不仅反映出人物的性别、年龄、职业的不同,而且也透露出人物的出身、教养、个性、社会地位和生活经历等等的不同。小说家们描写的肖像虽然千差万别,但都突出地刻画了人物独具的特征,并在其中也隐藏着作者对人物的褒贬评价和好恶感情。例如,列夫·托尔斯泰对《复活》中玛丝洛娃的肖像描写,前后反复修改了20次,就是为了寻找最能体现女主人公的身份和性格的肖像。玛丝洛娃是个善良、质朴、天真无邪的少女,自从被聂赫留道夫蹂躏和抛弃后,沦落为妓女,又不幸被诬告为毒害人的凶手,含冤陷于监狱之中。当她从狱中出庭受审,在小说中第一次露面时,初稿写道:

她是一个瘦削而丑陋的黑发女人,她所以丑陋,是因为她那个扁塌的鼻子。

这里,托尔斯泰突出了她“丑陋”的“扁塌的鼻子”,显得人物面目可憎,不符合她的原来本质。后来改为:

她的一头黑发梳成一条光滑的大辫子。有一对不大的,但是黑得异乎寻常的发亮的眼睛,颊上一片红晕,主要的是,她浑身烙上了一个纯洁无辜的印记。

这次改写,显然玛丝洛娃原来纯洁的本质得到体现,但却与她当时囚徒身份不符。于是,作者又改成:

一个矮矮个子的黑发女人,与其说她是胖的,还不如说她是瘦的,她的脸本来并不漂亮,而且脸上又带有堕落过的痕迹。

这样的描写,粗看起来,似乎符合了玛丝洛娃的身份了,但“脸上又带有堕落过的痕迹”,却是看不见的,“抽象”的,托尔斯泰还是不满意,直到最后定稿为:

一个小小的、胸脯丰满的年轻女人,贴身穿一套白色的布衣布裙,外面套一件灰色的囚大衣,活泼地走出来,站在看守的旁边。她脚上穿着布袜和囚鞋,她头上扎着毛巾,明明故意地让一两绺头发从头巾里面溜出来,披在额头,这女人的面色显出长久受着监禁的人的那种苍白,叫人联想到地窖里储藏着的番薯所发的芽。她那短而宽的手,和大衣的宽松领口里露出来的丰满的脖子,也是那种颜色,两只眼睛又黑又亮,虽然浮肿,却仍旧放光。其中有一只眼睛稍稍有点斜睨,跟她那惨白的脸儿恰好成了有力的对照。

从现在这幅玛丝洛娃的肖像看,玛丝洛娃这个有不幸遭遇的妓女的特征被托尔斯泰极为准确而鲜明地展现出现。那双“仍旧发光”的眼睛,依然保存着她昔日的纯真,然而她又浮肿,加上苍白的病态的脸色,显露出悲惨命运对她的摧残与折磨。从额头上故意溜出来的“一两绺头发”和那只“稍稍有点斜睨”的眼睛,使读者看到了卖淫生活给她留下的卖弄风情的痕迹。托尔斯泰这样写,既符合玛丝洛娃过去的经历,又表现了现时的身份。不但使读者如见其人,而且还可以通过她的外表,窥见到玛丝洛娃的灵魂深处。人物和世界上的一切客观事物一样,是在不断变化发展的。他们的年龄、性格、思想、职业和社会地位等等都在变化,而这一切变化都应当表现于人物的肖像上。中外一些高明的小说名家都不仅善于抓住不同人物的特点进行肖像描写,而且还善于根据人物的发展变化,写出肖像的发展变化。在肖像的各个部分中,作家们又最喜欢描写眼睛,因为眼睛最能传神,人们往往可以透过一个人的眼睛看到他心灵的秘密。鲁迅先生在《祝福》中,曾先后九次写到了祥林嫂的眼睛,每次眼睛的不同描绘,都深刻地反映了她的思想和命运的变化,把祥林嫂在一次比一次更惨的遭遇中,精神

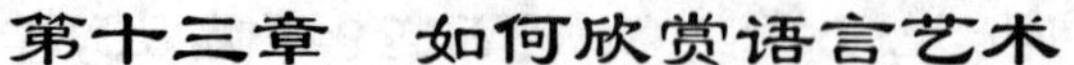

上所受的折磨与痛苦，清晰有力、层次分明地显示出来。

出场描写　人物的出场描写，是小说创作中塑造人物形象的一个重要方面。中外小说名家都十分讲究人物出场的描写，千方百计地让人物一出场，就给读者留下一个深刻的印象。人物如何出场，这同作品的情节、结构和人物的性格都有紧密的关联。不同的作家对人物出场的描写是不一样的。有的是在某一人物将要出场或开始出场时，由作者自己出来或采用第三人称的方法，对这一人物作概括描写，或作抽象评价，或作具体描述，或两者兼而有之。有的则让人物在一个具有个性特征的行动中出场，这样人物与读者一见面就鲜明地显示出他的身份和独特性格。有的人物在出场之前，先通过别人的议论，对人物作间接的叙述，以造出一种悬念来加深读者的印象。总之，人物出场的描写并无定规，只要能引起读者兴趣，并愿意关注他的命运，最后留下鲜明印象的，都是属于成功的人物出场描写。

比如，《三国演义》中，在曹操出场时，就有一段极为生动的概括描写。作者运用抽象概述与具体描绘相结合的手段，对人物的姓名、籍贯、外貌、身世、思想性格，以及同周围人的关系，向读者作了概括介绍，突出了他的聪明、狡诈。

杀到天明，张梁、张宝引败残军士，夺路而走。忽见一彪军马，尽打红旗，当头来到，截住去路。为首闪出一将：身长七尺，细眼长髯官拜骑都尉；沛国谯郡人也；姓曹，名操，字孟德。操父曹嵩，本姓夏侯氏；因为中常侍曹腾之养子，故冒姓曹。曹嵩生操，小字阿瞒，一名吉利。操幼时，好游猎，喜歌舞，有权谋，多机变。操有叔父，见操游荡无度，尝怒之。言于曹嵩。嵩责操。操忽生一计：见叔父来，诈倒于地，作中风之状。叔父惊告嵩，嵩忽视之，操故无恙。嵩曰："叔言汝中风，今已愈乎？"操曰："儿自来无此病，因失爱于叔父，故见罔耳。"

又如曹雪芹在《红楼梦》中对王熙凤的出场处理上，采用了让人物在具有个性特点的活动中出现的手法，使王熙凤一出场就显示了她的身份和独特的性格。作者先制造了一个未见其人，先闻其声，使众人屏气敛声地等待的场面，然后才让王熙凤慢慢露脸。作者把她的衣戴、眼形眉态，语声笑貌，逐一介绍给读者，然后用贾母说的一句"南京所谓辣子"突出地概括了她的性格特点。她表现夸赞黛玉，实为迎合贾母；她刚"用帕拭泪"，又"忙转悲为喜"几个动作，一席话语，曹雪芹便把王熙凤的身份、地位，以及她那种势利逢迎、伶牙俐齿、泼辣利落、善于逢场作戏的性格特征，活灵活现地描画出来。凡读过《红楼梦》的人，都会对王熙凤留下这样一种"第一印象"。

行动描写　小说中对人物行动的描写，是塑造人物的主要手段。人物的所作所为，是其思想性格的直接表现，为了把人物形象塑造得个性鲜明突出，能称得上艺术典型，作家要运用典型化的方法，从生活中选取和提炼出最能反映人物个性特征的具有典型意义的人物行动来加以描写。

如《水浒传》中郑屠横行作恶，强骗民女金翠莲，鲁智深一怒之下，三拳头打死了镇关西。这一行为，极其鲜明地表现了鲁达嫉恶如仇、好打抱不平的性格。而林冲呢，对调戏他妻子的高衙内，却顾虑再三，愤怒地满腔仇恨地举起了拳头，又忍辱地放了下来，最后连碰也不敢碰一下高衙内的毫毛。一个敢打，一个不敢打，正好表现了鲁智深与林冲这两个人处境的不同和性格的各异。

还有《红楼梦》中黛玉焚稿的一段，写得委婉凄恻，扣人心弦。黛玉病弱的体态，狠命地撕那绢子和把诗稿撂入火中的动作、神情，以及紫鹃、雪雁的同情体贴，好言解劝，都写得相当生动细致，感人肺腑。黛玉临死前的这一举动，是她绝望的反映，也可以说是她向封建势力作的最后一次反抗。这也深刻地展示了林黛玉这个封建叛逆者的思想性格。

对话描写　对话，是小说塑造人物形象的基本手段。对话应该是精炼、生动和性格化的，而忌冗长乏味，空洞无物。所谓“言为心声”，意思就是说通过人物对话，可以窥看到人物心灵的隐秘。对话应该注意突出人物的性格。由于小说中人物的性别、年龄、出身、教养、经历和性格各不相同，所以人物的语言也应各具特色。古今中外的小说名家都是善于根据人物的不同个性，在创作中赋予人物个性化的语言，让读者看到了人物对话，有一种如闻其声，如见其人的艺术感受。

比如，像《红楼梦》中金钏死后，王夫人与薛宝钗有一段极为精彩的对话：

王夫人点头叹道：“你可知道一件奇事？——金钏儿忽然投井死了！”宝钗见说，道：“怎么好好儿的投井，这也奇了？”王夫人道：“原是前日她把我一件东西弄坏了，我一时生气，打了她两下子，撵了下去。我只说气她几天，还叫她上来，谁知她这么气性大，就投井死了，岂不是我的罪过！”宝钗笑道：“姨娘就是慈善人，固然是这么想；据我看来，她并不是赌气投井，多半她下去住着，或是在井旁边儿玩，失了脚掉了下去的。她在上头拘束惯了，这一出去，自然要到各处去玩玩逛逛儿，岂有这样大气的理？纵然有这样的大气，也不过是个湖涂人，也不为可惜。”王夫人点头叹道：“虽然如此，到底我心理不安！”

宝玉戏弄金钏儿，王夫人反诬金钏儿把宝主教坏了，逼得金钏儿含羞忍辱投井身亡。这里，王夫人明知其事，却假装不知，身为害人者，却又装出一副菩萨面孔。而薛

宝钗熟谙察言观色，为借王夫人的“风力”直上“青云”，不惜对金钏投井下石，向王夫人竭尽逢迎讨好之能事。这段对话，生动地表现了王夫人的虚伪和薛宝钗善于奉承的性格特征。同是善于奉承，宝钗与凤姐比较，由于地位、身份和性格的不同，宝钗的言语更显“自然”和“稳妥”，这里也可见作者对人物对话的笔墨，是相当讲究分寸的，十分注意人物言语的个性化。

比如，契诃夫笔下的《变色龙》中的警官奥楚美洛夫，当一条狗咬伤了人，他会根据狗的主人地位的不同，而对狗作出的褒贬、处置以及对被咬伤者和狗主人的态度，瞬间迥然相异，作者通过奥楚美洛夫在对话中变化无常的腔调，活现了他趋炎附势，媚上欺下的丑恶嘴脸以及随机善变的性格特征，使这个沙皇警察的典型形象跃然纸上。

心理描写　在小说创作中，对人物心理活动的刻画，时常与对人物行动的描写结合在一起的。心理描写是对人物精神世界的一种揭示。人的内心活动十分复杂，如果单靠人物的外部表现是很难充分全部地表达出来。因此，要揭开人物心灵深处的秘密，并把它呈现在读者面前，这就需要心理描写。对人物心理描写，有多种多样的表现形式，有各种不同的手法。作家们常通过人物的沉思默想、书信日记、梦境幻觉和人对各种景物的主观感受等等，来直接地或间接地反映人物不同的思想感情和性格特征。

罗曼·罗兰的长篇小说《约翰·克利斯朵夫》中，有一段主人公约翰·克利斯朵夫幼年时代生活的描写：

随时随地有的是材料。单凭一块木头或是在篱笆上断下来的树枝（要是没有现成的，就折一根下来），就能玩出多少花样！那真是根神仙棒。要是又直又长的话，它便是一根矛和一把剑；随手一挥就能变出一队人马。克利斯朵夫是将军，他以身作则，跑在前面，冲上山坡去袭击。要是树枝柔软的话，便可做一条鞭子。克利斯朵夫骑着马跳过悬崖绝壁。有时候马滑跌了，骑马的人倒在土沟里，垂头丧气地瞧着弄脏了的手和擦破了皮的膝盖。要是那根棒很小，克利斯朵夫就做乐队指挥，同时也就唱起来，随后他在灌木林行礼，绿的树尖在风中向他点头。他也是魔术师，大踏步在田里走，望着天，挥着手臂。他命令彩云“向右边去”。——但他们偏偏向左。于是他咒骂一阵，重申命令，一面偷偷地瞅着，心中胸中乱跳，看看至少有没有一小块云服从他；但它们还是若无其事地向左。于是他跺脚，用棍子威吓他们，气冲冲地命令它们向左：这一回它们果然听话了。他对自己的威力又高兴又骄傲。

作家抓住儿童天真烂漫、幼稚可爱、知识不多、富于幻想的特点，用抒情的笔调，描绘幼年约翰·克利斯朵夫就是一个聪明活泼，有奇妙幻想力和音乐素质的孩子。作家在写克利斯朵夫初次接触钢琴时，那种跃跃欲试的微妙的心理状态，也描写得非常精彩奇妙，很符合儿童特有的性格和情趣。

有些心理描写，往往是在故事情节发展到关键时刻出现的。如《红楼梦》宝玉娶亲前，黛玉做的恶梦；《红岩》中江姐忽然见其丈夫的头颅被挂在城楼上示众时，作家着重写了江姐此刻的心理状态；安徒生的童话《卖火柴的小女孩中》，女孩在除夕之夜流落街头挨冻受饿时，产生了美丽的幻觉；《钢铁是怎样炼成的》在保尔病魔缠身想到自杀时，作家也有一段心理描写等等，这些都是作家为了突出人物的思想性格而精心安排设计的。

2. 独具魅力的环境描写

小说主要描写人物和事件，人物要有活动的场所，事件的发生和发展也要有环境和气氛。因此，古今中外著名小说家都十分注重作品中环境的描写，并力图通过环境的描写，来表现人物的性格。环境描写，通常有景物描写和场景描写两种。

景物描写 景物描写是指对自然景观和人文景观的描写。或风和日丽，或冰天雪地，或城市乡村，或庭院屋宇……这些环境景物为人物提供了生活的空间，决定着人物的爱好、习性，甚至也会影响性格的形成。因此，小说创作不能缺少对环境景物的描写，这种描写有它特殊的艺术价值，而不能视为仅供读者赏心悦目的“装饰品”和可有可无的“摆设物”。环境景物的描写是作品的重要组成部分。

好的景物描写不仅能真实地表现风景、风俗，指明地点、时间，还可以烘托人物的思想、性格、身份，有效地衔接情节，增强故事的真实性，它的艺术感染力是很强的。我们没有见过“大观园”，是《红楼梦》的精彩描绘，向我们逼真地展露了它的豪华富丽、奇美无比的景致，并使我们看到了这“美”后面的“丑”，佳丽的景色正掩盖着没落衰败的家世。如果你欣赏过巴尔扎克的《高老头》中那一大段关于伏盖公寓的描写，那么你眼前一定会活脱脱地呈现出一座精雕细刻的资本主义下层社会的模型，令人过目难忘。

写景可以表现出人物的内心情感和心理，有些作家常常景为情设，景中寓情，做到情以景迁，情景交融。鲁迅在《药》的结尾处写到华大妈和夏瑜的母亲祭扫儿子的坟墓时，用景物来陪衬人物悲凉凄苦的心境：

微风早已停息了；枯草支支耸立，有如钢丝。一丝发抖的声音，在空气中愈颤愈细，细到没有，周围便都是死一般静。两人站在枯草丛里，仰面看那乌鸦；那乌鸦也在笔直的树枝间，缩着头，铁铸一般站着。

鲁迅笔下的这种荒寂的景象和阴沉的气氛，有力地把这两位老妇人此刻凄绝痛楚的心情点染了出来，为构造作品的悲剧气氛抹上了一笔浓重的色彩。

又如司汤达在《红与黑》中写到小说主人公于连与德·瑞那市长的交锋获得胜利时，作者把于连放在特定的环境中，就非常贴切而自然地表现出于连当时的愉快心情。尔后又通过于连对翱翔着的苍鹰的向往，表现出他决心在当时错综复杂的社会环境中凭自己的苦斗杀出一条路来的勇气：

于连站在最大的岩石上，双目仰视苍穹，八月的太阳燃烧着天空。岩石的下面的田野里，有无数的蝉子在歌唱。当他们歌唱疲乏了休息的时候，于连便立刻沉入无边寂静里。他看见自己的脚底下展开二十里遥远的原野，他还瞧见几个老鹰，从他头顶上的绝壁间飞去，他望着他们在天空中静静地画了无数的大圆圈。于连的眼睛机械地随着鸷鹰转动。这猛禽飞翔起来，那种有力的安闲谧静的活动，在于连心里留下深刻的印象。他羡慕这种力量，他羡慕这种孤独。

场景描写　场景，又称场面，它是指作品中人物与人物之间相互发生关系而构成的生活画面。场面有大有小，这主要取决于生活画面的宽窄。场景描写与景物描写不同。景物描写通常是用来交待时代背景，描绘地域风貌，制造环境气氛，展现特定场所，借以来表现人物思想性格，大都采用"静态"的描写手法；而场景描写则是特定环境中人物活动的描写，主要是人物活动为中心的"动态"描写。场景描写的作用是多方面的，其主要作用是展开人物性格和表现作品主题。但是由于每个具体场景所描写的内容各有侧重，因此场景描写在作品中所起的作用也不尽相同。有的场景描写悉心刻画人物，或精心细描，或粗粗勾勒，让人物充分展现其性格特征；有的刻意渲染气氛，或欢快兴奋，或悲悲戚戚，让人物在特殊的气氛环境中生活和行动；有的致力于推动情节，或顺接，或逆转，让人物的性格发展和事件变化过程紧紧衔接；有的则有意深化主题，或明示，或暗点，使人物在生活中完成自己的使命，让作者的思想倾向从描写中自然流露出来。

场景描写要求通过故事的叙述和一定环境中人物活动的描绘，渲染出或悲或喜的气氛。由于不同的作品基调有差异，反映到各个具体生活画面中，气氛也会不同。即使是同一部作品，也会因为人物境遇发生变化，而形成若干不同气氛的场景，或紧张，或恬静，或欢乐，或忧伤，或悲中带喜，或喜中含悲等。

曲波在《林海雪原》中有一个座山雕初审杨子荣的场景，便是一幅不可多见的精彩画面。作者描写匪徒多从外部表情上着墨，刻画英雄多从内心活动上落笔。在"威虎厅”这一特定环境中,具体而形象地揭示了匪徒们的外强中干,色厉内荏,讴歌了侦察英雄杨子荣的机智沉着。这一场景是我们一般读者生活中难以遇见的,因而更增添了它那浓厚的传奇色彩:

杨子荣被一个看押他的小匪徒领进来后,去掉了眼上蒙的进山罩,他先按匪徒们的进山礼向座山雕行了大礼,然后又向他行了一个标准的军礼,便从容地站在被审的位置上,看着座山雕,等候着这个老匪的问话。

座山雕瞪着像猴子一样的一对圆溜溜的小眼睛,撅着山羊胡子,直盯着杨子荣。八大金刚凶恶的眼睛和座山雕一样紧逼着杨子荣,每人手里握着一把闪亮的匕首,寒光逼人。座山雕三分钟一句话也没问,他是在施下马威,这是他在考察所有的人惯用的手法,对杨子荣的来历,当然他是不会潦草放过的。老匪的这一着也着实厉害。这三分钟里,杨子荣像受刑一样难忍,可是他心理老是这样鼓励着自己,“不要怕,别慌,镇静,这是匪徒的手法,忍不住就要露馅,革命斗争没有太容易的事,大胆,大胆……相信自己没有一点破绽。不能先说话,那样……”

“天王盖地虎。”座山雕突然发出一声粗沉的黑话,两只眼睛向杨子荣逼得更紧,八大金刚也是一样,连已经用黑话考察过他的大麻子,也瞪起凶恶的眼睛。

这是匪徒中最机密的黑话,在匪徒的供词中不知多少次地核对过他。杨子荣一听这个老匪徒开口了,心里顿时轻松了一大半,可是马上又转为紧张,因为还不敢百分之百地保证匪徒俘虏的供词完全可靠,这一句要是答错了,马上自己就会被毁灭,甚至连解释的余地也没有。杨子荣在座山雕和八大金刚凶恶的虎视下,努力控制着内心的紧张,他从容地按匪徒们回答这句黑话的规矩,把右衣襟一翻答道:

“宝塔镇河妖。”

杨子荣的黑话刚出口,内心一阵激烈的跳动,是对?还是错?

“脸红什么?”座山雕紧逼一句,这既是一句黑话,但在这个节骨眼间这样一句,确有着很大神经战的作用。

“精神焕发”。杨子荣因为这个老匪问的这一句,虽然在匪徒黑话谱以内,可是此刻问他,使杨子荣觉得也不知是黑话,还是明话?因而内心愈加紧张,可是他的外表却硬是装着满不在乎的神气。

“怎么又黄啦?”座山雕的眼威比前更凶。

“防冷涂的蜡。”杨子荣微笑而从容地摸了一下嘴巴。

“好叭哒!”

“天下大大啦。”

座山雕听到被审者流利而从容的回答,嗯一声喘了一口气,向后一仰,靠在椅圈上,脸朝上,眼瞅着屋顶,山羊胡子一撅一撅的像个兔尾巴。八大金刚的凶气,也缓和下来。

在《红楼梦》第四十回中,有一段由于凤姐作弄,刘姥姥在吃饭中大出洋相,逗得大家一场大笑的场景描写,曹雪芹写得极为精彩成功:

那刘姥姥入了座,拿起筷来,沉甸甸的不伏手,——原来凤姐和鸳鸯商议定了,单拿了一双老年四楞象牙镶金的筷子给刘姥姥。刘姥姥见了,说道:“这个叉巴子,比我们那里的铁锨还沉,那里拿得动它?”说的众人都笑起来。只见一个媳妇端了一个盒子站在当地,一个丫环来揭去盒盖,里面盛着两碗菜,李纨端了一碗放在贾母桌上,凤姐偏拣了一碗鸽子蛋放在刘姥姥桌上。

贾母这边说声“请”,刘姥姥便站起身来,高声说道:“老刘,老刘,食量大如牛:吃个老母猪,不抬头!”说完,却鼓着腮帮子,两眼直视,一声不语。众人先还发怔,后来一想,上上下下都一齐哈哈大笑起来,湘云掌不住,一口茶都喷出来,黛玉笑岔了气,伏着桌子只叫“哎哟!”宝玉滚到贾母怀里,贾母笑着搂着叫“心肝”,王夫人笑得用手指着凤姐儿,却说不出话来。薛姨妈也掌不住,口里的茶喷了探春一裙子。探春的茶碗却合在迎春身上。惜春离了座位,拉着他奶妈,叫“揉揉肠子”。地下无一个不弯腰屈背,也有躲出去蹲着笑去的,也有忍着笑上来替他姐妹换衣裳的。独有凤姐鸳鸯二人掌着,还只管让刘姥姥。

这个充满欢乐气氛的场面,把刘姥姥的野语村言和众人的不同笑态入神入微地描绘了出来。作者从各个人物的性格和身份出发,描述了他们各自不同的笑的神态。你看:湘云性格豪爽,笑至喷茶;黛玉娇弱,笑岔了气,伏在桌上叫“哎哟”;宝玉娇贵,最得宠爱,笑得滚到贾母怀里;王夫人比较矜持,因为她上有婆婆、下有晚辈,她知道这是凤姐戏弄,便笑着指着她说不出话来;薛姨姨一向持重,最讲礼节,但也笑得失态了,口里的茶喷了探春一裙子;探春精明能干,她处处拿出主子的姿态,笑得茶碗合在别人身上,这也是不足为奇的;惜春年纪最小,又得娇嫩,笑得叫奶妈给他“揉揉肠子”。我们从曹雪芹这一精彩的场景描写中,感到描写场景中人物活动时喜怒哀乐等各种情绪,哪怕是极微小和不显眼的地方,也必须切合人物的身份和性格特征,否则就不能算作是成功的场景描写。像《红楼梦》里还有多次成功的环境描写,比如,林黛玉的潇湘馆的描写、妙玉的尼姑庵的描写、秦可卿卧房的描写,都对人物性格的塑造起了很好的烘托作用。

3. 精当传神的细节描写

细节描写是指作家对自然、对社会生活中某一具体的细微事物所作的细腻逼真、生动具体的描写。细节的生命在于真实,唯其真,才能让人信。“细节的真实”是现实主义文学的两个基本条件之一,可见细节描写在小说创作中的重要。细节有许多种类,从表面内容角度分,有肖像细节、心理细节、语言细节、行动细节、景物细节和场景细节等,这些都是文学作品整体所不可缺少的组成部分。

细节描写是刻画人物性格的重要手段之一。具有典型意义的细节描写,往往可以深刻地表现人物的精神面貌和性格特征。如《水浒传》中林冲棒打洪教头一节里,在比武过程中洪教头连喊三次“来、来、来”,又是脱衣,又是扎裙,摆出一副行家架势的描写,都很好地表现出洪教头自视武艺高强、浮躁轻敌的性格特征。

又如吴敬梓在《儒林外史》中,对严监生临死前伸出两个手指不肯闭目归天的细节描写,入木三分地刻画出这个老地主爱财如命的吝啬的性格,精当有力,十分传神:

严监生的病,一日重似一日,……病重得一连三天不能说话。晚间挤了一屋的人,桌上点着一盏灯,严监生喉咙里痰响得一进一出,一声不倒一声的,总不得断气,还把手从被里拿出来,伸着两个指头。大侄子走上前来问道:“二叔,你莫不是还有两个亲人不曾见面?”他就把头摇了两三摇。二侄子走上前来问道:“二叔,莫不是还有两笔银子在哪里,不曾吩咐明白?”他把两眼睁得溜圆,把头又狠狠摇了几摇,越发指得紧了,奶妈抱着哥子插口道:“老爷想是因两位舅父不在眼前,故此纪念。”他听了这话,把眼闭着摇头,那手只是指着不动。……

……赵氏分开众人,走上前道:“爷,只有我能知道你的心事。你是为那盏灯里点的是两茎灯草,不放心,恐费了油。我如今挑掉茎就是了。”说罢,忙走去挑掉一茎。众人看严监生时,点一点头,把手垂下,顿时就没了气。

细节描写也是烘托人物心境的常用手法。钱钟书在《围城》中,写青年男子方鸿渐爱上了唐晓芙小姐,当他第一次接到唐小姐的来信时,自然不免欣喜若狂。方鸿渐“临睡时把信看一遍,搁在枕边,中夜一醒,就开灯看信,看完关灯躺好,想想信里的话,忍不住又开灯再看一遍。”这样的细节描写,把方鸿渐当时的心情表现得十分真实和细腻。

在罗贯中的《三国演义》中有这么一段文字:

果见孔明坐于城楼之上,笑容可掬,焚香操琴。左有一童子,手捧宝剑;右有一童

子，手执尘柄。城门内外，有二十余百姓，抵头洒扫，旁若无人。

这寥寥几笔的细节描写，表现了诸葛亮在司马懿兵临城下时临危不惧、泰然自若的神态，如果没有这段描写，"空城计"便不会脍炙人口，流传至今了。司马懿正是看中了诸葛亮的这种神态和童子百姓的这般动作，才中了空城计的。

细节描写还可以推动故事情节的发展。冯梦龙在《杜十娘怒沉百宝箱》有一处细节描写，就较好地成为情节发展的组成部分：

公子正当愁闷。十娘道："郎君勿忧，众姊妹合赠，必有所济。"乃取钥开箱。公子在傍自觉惭愧。也不敢窥觑箱中虚实。只见十娘在箱里取出一个红绢袋来，掷于桌上道；"郎君可开看之。"公子提在手中，觉得沉重。启而观之。皆是白银，计数整五十两。十娘仍将箱子下锁，亦不言箱中更有何物。

这段细节描写为后来情节发展到怒沉百宝箱埋下了伏笔。如果李公子在杜十娘开箱时知道了箱中的真实，或从杜十娘口中了解她拥有巨资的话，那么就不可能会发生杜十娘跳江自杀的悲剧。

细节描写具有深化主题的作用。鲁迅在《阿Q正传》中，写到赵秀才知道革命党已在夜间进城，他便与"假洋鬼子"去投机"革命"：他们到静修庵把"皇帝万岁万万岁"的龙牌砸了，同时又偷走了观音娘娘座前的一只宣德炉。这个细节对于揭示辛亥革命的不彻底性，是十分有力的，对于深化作品的主题，也起到了画龙点睛的作用。因为造成阿Q悲剧的根本原因，也正在于此处。

细节描写还有描绘作品典型环境的作用。曹雪芹在《红楼梦》中通过各种场面，运用各种手段从多重侧面描写豪华富贵的贾府，使之互相补充，组成一个整体。第六回里，写刘姥姥进荣国府时，用了这样一个细节来描绘贾府的环境：

周瑞家的才出去领了他们进来。上了正房台阶，小丫头打起猩红毡帘，才入堂屋，只闻一阵香扑脸来，竟不知是何气味，身子就像在云端里一般。满屋里的东西都是耀眼争光，使人头晕目眩；刘姥姥此时只有点头咂嘴念佛而已。……

刘姥姥只听见咯当咯当的响声，很似打罗筛面一般，不免东瞧西望的，忽见堂屋中柱子上挂着一个匣子，底下又坠着一个秤砣似的，却不住的乱晃，刘姥姥心中想着："这是什么东西？有啥用处呢？"正发呆时，陡听得"当"的一声，又若金钟铜磬一般，倒吓得不住地展眼儿。

曹雪芹通过刘姥姥这个局外人的眼见鼻闻、耳听身感，极其形象地描绘出这间房里的富贵气象，我们可以窥一斑见其全豹，由此推想出贾府"白玉为堂金作马"的豪富境况。而这一切，都从刘姥姥眼中看出，更增添了真实感。同时通过比照，也揭示出不同阶级人们贫富的悬殊。这样的细节，对于塑造人物典型性格赖以存在的典型环境，显然具有非同小可的意义。

第二节 散文

一、什么是散文

散文在不同的历史时期，有着不同的含义。在中国古代，将与韵文相对称的、不需要押韵的、不讲对仗的散体文章（如史传、传说、颂赞、书记）统称为散文。随着文学的演变和发展，又被用来泛指包括小说、游记、传记文学等所有不同韵的文学体裁。“五四”以后的现代散文则成了与小说、诗歌和戏剧文学并列的四大文学体裁之一。散文按其本身内容和形式的不同，可以分为报告文学、特写、杂文、小品文、随笔、游记、速写、传记、回忆录等等。

根据散文具有灵活多样的艺术表现力，我们通常按其表现手法，把散文大致分成抒情散文、记叙散文和议论散文三种。

抒情散文，是一般人讲的狭义的“散文”。现在，有不少人认为散文的正宗就是抒情散文。天津办的《散文》杂志就是以发表这类作品为主的。抒情散文以抒发作者主观感受为主。因此而得此名。它与其他的散文相比，感情更为强烈，想象更为丰富，语言也更加富有诗意。抒情散文采用的抒情手法是多种多样的，亦无定格，但不管用哪一种手法来抒情，都离不开对具体事物的寄托。抒情散文常要借助具体的事物，构成生动的形象，来抒发作者的情感。一般最常用的抒情手法有直抒胸臆、托物言志、借景抒情等等。

记叙散文，包括以记叙人物、事件和景物这三个方面为主的散文。

记叙人物的散文，全篇以人物为中心，偏重于人物描写，但在取材与手法上，与短篇小说不一样。记叙散文可以在真人真事的基础上，作些剪裁和加工；它可以根据人物的某些有特征性的生活细节或人生片断，来勾勒出人物性格的某一特点。它还常常把叙述、描写和抒情结合起来，直接倾诉自己的思想和感情，像鲁迅先生写的《藤野先生》就是这类作品的优秀范例。

记叙人物的散文中有一种叫“传记文学”的样式。传记要求以史实为依据，在真人真事的基础上进行适当的艺术处理，使之既有艺术性，又具史料价值。现在北京办的《人物》杂志专登这类作品。中国古代司马迁的《史记》中的有关传记，外国近代的罗曼·罗兰的“伟人传”都写得十分精彩，淋漓尽致，富有哲理。

报告文学是最典型的记叙性散文。它以新闻性的特质而从叙事散文中分化出去，独树一帜，另立门户。现在，许多报刊杂志都辟有专登报告文学的专栏，冠之于“大特写”、“大写真”之类的名称。有一份专门刊登这类作品的杂志，叫《报告文学》，在读者中很有影响。

记叙事件的散文，是以事件发展为线索，偏重于事件的记叙。它不是不写人，但涉及的人物比较分散，甚至一掠而过，不像描写人物的散文那样突出写人，并贯穿全文。叙事散文是在“五四”运动以后出现的。瞿秋白写的《俄乡纪程》、《赤都心史》，介绍了俄国十月革命后的情况，就是以叙事为主，抒情为辅的。

描写景物的散文，偏重于描写某一地方的景物，除了一些风土志之外，主要是游记性散文。它的内容是相当宽广的，山川风光、民情风俗、名胜古迹、城乡新颜等，都是游记性散文所描写的对象。游记性散文的主要特点是：作品所写景物必须真实，不允许有虚构和夸张，但它又不是机械地照相式地实录，而是透过作者独特的观察生活，去发现不同的美的所在，并倾注自己的感情，达到情景交融的目的。因此，游记性散文应当既自然真实，又满含情感；既以景迷人，又以情动人，给人以美的感受和思想的启迪升华。此外，游记性散文高手的作品往往是苦心经营，精心构造，文采斐然，技艺精湛的结晶。我们不能忽视的是，优秀的游记性散文还具备历史、地理、文学等多种科学价值。像柳宗元的《永州八记》、朱自清和俞平伯各自的《桨声灯影里的秦淮河》、刘白羽的《长江三日》等，都是这类散文的精品佳作。

议论散文，是以发表议论为主的散文。它与抒情散文的共同特点，都是侧重于主观感受的抒发，不同的是，抒情散文重于感情，而议论散文重于理智。但议论散文和政论文又不一样，政论文用事实和逻辑来说明道理，而议论散文则主要用文学形象来说话。因此，议论散文也可以看做是一种文艺性的政论文。它熔形象、感情、道理于一炉，合文艺、政论为一体。它既有生动的形象，又有严密的逻辑；它既要以理服人，又要以情感人。这种文体在“五四”运动以后得到很大发展。中国现代文学史上一般称其为“杂文”。杰出的代表是鲁迅先生。鲁迅先生的杂文充满着强烈的政治色彩，既有文学意味，又有摆事实讲道理的风格，被人们称为“匕首”与“投枪”。

除了上述三种之外，还有散文诗。这是一种介于诗与散文之间的文学形式。严格地来说，散文诗是一种更多地舍去叙事因素的抒情散文，它要求音节大致整齐，也须押韵（也有不押韵的）。散文诗在“五四”以来不很发达。现在写的人也不多。

二、散文的特征

散文的特征是：短小精焊，取材广泛，形式多样，情文并茂。它可以反映社会生活中任何有意义的事物，它自由便捷，千姿百态。散文可以像诗歌那样，直接抒发作者的强烈感情，而不必讲究韵律；它又能像小说那样，叙述事件、塑造形象，多方面地刻画人物性格，而无需结构完整的故事情节；它又可以像戏剧那样，表现矛盾突出，而不要求时间空间的高度集中；它还可以像论说文那样，说理议论，但不一定用抽象概念来进行推理和论证。因此，散文写人、记事、绘景、状物，不拘一格；叙述、描写、抒情、议论，兼采并用。

散文的特点，还可以用六个字来概括之：“形散而神不散”。所谓“神”，指的就是作品的思想倾向、创作意识和思路趋向，也可以指作品的主题思想。“神”是活泼的，带倾向性的东西，是作品的灵魂。它是作品“虚”的方面。而“形”是“实”的东西。它通常指作品的血肉筋骨，物质存在。题材、段落、层次、结构、线索、衔接、过渡、交待、照应、词语、句子，乃至标点符号、标题、题目等都属于“形”的范畴。因此，“神”与“形”是一种辩证关系。

具体地说，散文是以“形散神不散”为特点，即要求我们在构思散文时，主题思想一定要明确专一，不能多中心。运笔谋篇，要讲究文章结构的严谨性。而在组织材料时，要越散越好。上至天文地理，下至鸡毛蒜皮，随手拈来，生发出去。在布局时，应运笔如风，不拘成法，时而勾勒描绘，时而倒叙承想，时而感情奔放，时而侃侃而论。这种“散”，正是散文的特征所在。

三、怎样欣赏散文

1. 浓郁的真情实感

我们知道，写作著文都需要作者倾注自己的感情，情是渗透一切文体的。但是，散文的表情达意，有它独特的要求。一篇优秀散文作品，应当具备寄真情、表深情和抒诗情的特点。在我们阅读和欣赏了一定量的散文佳作后，必然会发现，优秀的作品大多渗透了作者的真情实感，不但细节具体真实、事物特征鲜明，而且富有情理。作品既表

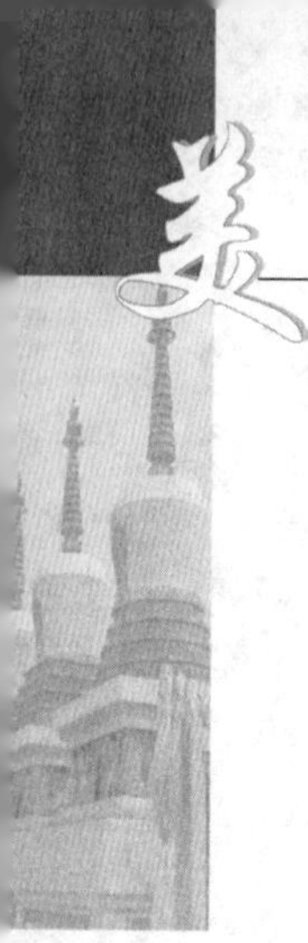

达了作家发自肺腑、出自内心的深情，因此尤显深沉、丰富和凝聚，而且也能在读者的心灵深处激发起一股情绪的波澜，产生一种感人的艺术力量。

朱自清的《背影》，所叙的是一些平淡无奇的家庭琐事。但是，为什么会具有如此动人的艺术感染力呢？我认为其先决条件就在于作者动了感情，而且诚挚深笃、直率自然。《背影》记叙的中心是浦口车站父子相别的一段往事。我们对于那些离别之愁的题材并不少见，然而听朱自清娓娓道来，却别有一番情意：

他望车外看了看，说："我买几个橘子去，你就在此地，不要走动。"我看那边月台的栅栏外有几个卖东西的等着顾客。走到那边月台，须穿过铁道，须跳下去又爬上去。父亲是一个胖子，走过去自然要费事些。我本来要去的，他不肯，只好让他去。我看见他戴着黑布小帽，穿着黑布大马褂，深青布棉袍，蹒跚地走到铁道边，慢慢探身下去，尚不大难。可是他穿过铁道，要爬上那边月台，就不容易了。他用两手攀着上面，两脚再向上缩，他肥胖的身子向左微倾，显出努力的样子。这时我看见他的背景，我的泪很快地流下来了。我赶紧拭干了泪，怕他看见，也怕别人看见。我再向外看时，他已抱了朱红的桔子往回走了。过铁道时，他先将橘子散放在地上，自己慢慢爬下，再抱着橘子走。到这边时，我赶紧去搀他……

这里朱自清用朴素的语言，不加任何修饰，读起来觉得自然纯净而无雕凿的痕迹。这一段刻画入微、纤毫毕见的文字，把父亲无微不至疼爱儿子的感情写得淋漓尽致，入木三分。作家能把父亲慈爱的举动如此完美地表现出来，能把慈父的形象写得如此丰满突出，实在是作家真情实感的自然流露。看得出，作家这一段父子相别，是他汩汩流淌的感情潮水，在这里达到了最高潮，那种父子之间的深情在这里也达到了饱和程度。

《怀念萧珊》是巴金写的一篇情真意切、动人心魄的悼念散文。作者对自己爱人的思念，积聚得十分深沉浓烈。本文分四个部分，既写了萧珊受迫害而死的经过，又写了他们间的相识相处，最后以深切怀念结束全文。随着叙事的大起大落，掀起了一次又一次的感情波澜，激荡回环，使读者产生强烈的共鸣。感情的真挚、细腻、亲切，是这篇散文的显著特点。作者用与读者直接谈心的方式，始终把读者当成可以信赖的友人，尽情地、毫不夸饰地倾吐自己的悲哀和愤怒、苦痛与欢乐。尤其是写陪伴妻子度过最后日子的那些情景：手术前后的担忧，手术后五天妻子弥留时的痛苦，"弯下身子把地上那个还有点人形的白布包拍了好几下，一面哭着唤她的名子"时的悲切，没有同老伴诀别的抱憾，葬仪简单冷落引起的凄楚心情，以及对最后一次合影和对妻子遗著的珍惜，“等到我永远闭上眼睛，就让我的骨灰和她的掺和在一起”的愿望等。悲咽饮泣，哀哀哭诉，动人心弦，催人泪下。可以这样说，读过这篇散文的人，心灵上都会受到极大的震动，都会激起对巴金的无限同情，以及对无数萧珊这样的受害者的深切怀念。

优秀的散文都是真挚浓郁的感情的产物。作者只有对所写的人、事有真情实感，才有可能写出感动人的散文。冰心由于“暖意盈怀”才写出受人赞赏的《梅花赞》；秦牧由于“花市归来，像喝酒微醉似的”，才写出名篇《花市》；杨朔由于“动了情”，才写出脍炙人口的《荔枝蜜》。因此，感情必须真挚，不能弄虚作假。

2. 独特的结构艺术

散文篇幅短小，要表现深刻的思想内容，但材料往往比较散乱，因此，优秀的散文家都是非常讲究散文的结构艺术，做到精心谋篇布局。所以，我们在欣赏散文名作时，都会感到散而不乱、跌宕多姿、详略得当是这些佳作共同的结构特点。

一篇作品中，要写二三件乃至更多的事，材料零碎又不关联，这就要做到“散”而不乱，撒得开，收得拢。不管题材古今中外，天南海北，笔法纵横自如，都要紧扣一个主题。例如，曹靖华的《小米的回忆》，开始写作者童年在故土上如何种谷子，接着写他30年代去上海看望鲁迅先生，最后写抗战时期在重庆，他收到周总理和董必武同志带来的延安小米。这三桩事，地点时间各异，彼此也非因果关系，但他所述的三桩事，都围绕着一个中心，那就是对中华民族坚韧不拔的斗争精神的歌颂。小米成了民族精神和民族性格的象征。这一中心思想，构成了这篇名作的骨骼和灵魂，三件互不关联的事，浑然而为一体。这样的拟题谋篇，鲜明地体现了散文“形散神不散”的结构特点。

优秀的散文，除做到散而不乱外，还讲究事物线索发展的变化曲折，须追求跌宕多姿，波澜起伏，引人入胜。刘白羽的《日出》，开头写日落，但作者总觉得不如写日出壮观，但又苦于无缘看到日出。这样一开始就形成一个波澜，以激起欣赏者对日出的向往。接着引名人对日出的描写，形成第二个波澜，激起欣赏者观日出的欲念。以后写在印度看日出的胜地，又没见到， 是第三个波澜，随后又写黄山观日出，又成泡影，这是第四个波澜，这时，读者以为无希望了，不料，却在毫无准备的时候，在飞机上看到雄伟、瑰丽的日出壮观景象，于是精细地描绘了日出奇景。最后，当读到“我在体会着‘我们是早上六点钟的太阳’这一句诗那最优美、最深刻的含义”时，兴奋的情绪被推到了一个高峰。这种跌宕顿挫、欲扬先抑的艺术手法，有着强烈的艺术魅力，引导着欣赏

者欲一口气读完的浓厚兴趣。

优秀的散文作品，在布局行文方面，都能做到详略得当、疏密有致。像朱自清的《背景》，就是一个典型。文章开始用略写，父亲失业、祖母亡故、料理丧事等，作者几笔轻轻带过可谓惜墨如金。然而在父子车站相别一段，作者便情动于中，泼墨如云，一大段具体而细腻的描述，把父子之间的深情表现得真真切切、淋漓尽致。这个作品从主题出发，布局行文上详略处理得恰如其分，疏密安排得精当有致。仅此一点，也就足以证明《背景》高妙的艺术价值。

散文的结构方式是多种多样的。我们曾听到过有所谓“竹节型”、“枝蔓型”、“织锦型”、“瓜葛型”，还有什么“蛛网伸展”、“连环套扣”、“双桥并架”、“三水齐流”……

这种归纳对于分析阅读作品不无益处。但是我们欣赏散文的结构艺术，仅仅停留在这一层次，似嫌不够。我们还应着意于散文结构的内质表现方式，从文章内部找规律。这内质表现方式，也就是作者著文谋篇时的思路趋向。一般我们常见的内质表现方式有以下几种：

情感式　有的抒情散文纯粹用情感作为内质表现方式。这样的作品，或从情感萌发点落笔，或从情感高潮处写起，没有定式，行文跳跃很大。只要能打动读者，为欣赏者心神领会就行。如英国乔叟的《怨歌》写“我”爱上了一位姑娘，姑娘却“见我悲而欢笑”。作品以“怨”言“爱”，用矛盾的心理活动来表达炽热如火的感情，是一首典型的以情感为内在表现的爱之歌，凄清哀婉，动人心魄，催人泪下。

想象式　有的散文笔触迷濛，不直叙生活状貌，而是通过想象来创造新的内质结构。如金马的《蜡美人的悲哀》，写一支美人状的蜡烛被燃烧时的情景。作者想象那是一位漂亮无辜的少女在受火刑，难过至极而斥责这扼杀美的事件。这类作品，多半是托物言志，借物述怀，通过想象来创造新的艺术形象。

思想式　有一种散文以一种思想或观念作为内质表现方式，一边叙写，一边发表自己某种见解。如郁达夫的《给一位文学青年的公开状》，写一个旧中国的知识青年走投无路的悲惨遭遇，边叙边表明痛恨社会黑暗的观点，全文使用的就是思想式内在思路趋向。

论理式　这不同于论说文，它是通篇讲理，但是有某种思想和许多直接诉诸理性的想象，形成极富文采的论理结构，秦牧的《优美》，从头至尾讲一个道理：文学作品的文字应当优美。但他列举了“珍珠蘑菇”、“梅花香蕉”、“沙漠美人”等名称作证，始终说理，却又形象生动。

此外，还有时间式，以时间顺序为内在逻辑线的，如梅阡的《春夜》；空间式，以位置变换、发生空间变动为内质表现，游记式散文较多采用这一种方式；事件式，以一件事的过程贯穿全篇；行动式，用人物的种种行为贯穿全文……如果我们在欣赏散文结构艺术时，不仅注意外部的形态，而且还掌握其内在的规律，那么就能较全面地把握散文结构艺术，较内行地、表里统一的欣赏散文结构艺术。

3. 优美的语言文字

散文作品为什么受到人们喜欢，优美的语言文字是一个重要原因。散文素有“美文”之称。朱自清和杨朔的散文，便可堪称“现代美文”。

朱自清的散文，语言朴实优美，富有诗意和情趣。他在《荷塘月色》中，对荷花作了这样的描写。

曲曲折折的荷塘上面。弥望的是田田的叶子。叶子出水很高，像亭亭的舞女的裙。层层的叶子中间，零星地点缀着些白花，有袅娜地开着的，有羞涩地打着朵儿的；正如一粒粒的明珠，又如碧天里的星星，又如刚出浴的美人。微风过处，送来缕缕清香，仿佛远处高楼上渺茫的歌声似的。这时候叶子与花也有一丝的颤动，像闪电般，霎时传到荷塘的那边去了。叶子本是肩并肩密密地挨着，这便宛然有了一道凝碧的波痕。叶子底下是脉脉的流水，遮住了，不能见一些颜色；而叶子却更见风致了。

这段描写非常形象，欣赏者好像被带到了荷塘边。读起来有真切而传神之感。作者运用形象的修辞手法，对荷花的形、色、味等进行了多层次、多方位的表现，还对荷花的静态美和动态之美作了逼真的描绘。读完这段文字，人们犹如进入了诗一样的艺术境界。

杨朔的散文，风格玲珑，诗意隽永，文笔谐调，语言优美。他的许多散文都有清新、浓郁的诗意。《茶花赋》以茶花为中心，用其资质美丽象征祖国面貌，把炽热的爱国之情寄寓于生动形象的文字之中，使通篇洋溢着诗情画意。《茶花赋》的开篇就有诗意。作者写久在异国他乡思念祖国的脉脉情思，求画而不得的心绪。接着作品的主题部分侧重写昆明花事、美丽的茶花，不断创造出诗的意境。第一次是“一脚踏进昆明，心都醉了”；第二次是在花事最盛的华庭寺，赞叹“每一树茶花都是一树诗”；第三次是观赏松子鳞茶花树，感慨“春深似海”；第四次是游黑龙潭时，写出了“一枝茶花出篱来”的意境，引出了一段深刻的哲理；第五次是在翠湖看花，唱出了一曲对普通劳动者的赞歌；第六次是写小孩来看花，用“童子面茶花开了”隐喻祖国的花朵。结尾是最有诗意的，赋予茶花以深刻的象征意义，成为通贯全文的画龙点睛的妙笔。《茶花赋》的语言浓中有淡，朴实精巧，文采横溢。有些字锤炼得风韵尽出，神情毕现，表现了作者

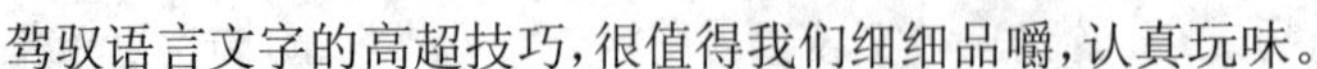

驾驭语言文字的高超技巧，很值得我们细细品嚼，认真玩味。

散文虽不讲韵律，但优秀的作品都注意节奏感，富有音乐性。字音的抑扬、音节的长短，句式的变化，使人读之自然流畅、诵之琅琅上口。鲁迅先生的《雪》，不仅全文笔笔是景语，景语传情语；字字是珠玑，形象性和抒情性达到高度的和谐统一，而且还讲究语言的音韵节奏，你听结尾部分：

在无边的旷野上，在凛冽的天宇下，闪闪地旋转升腾着的是雨的精魂……

是的，那是孤独的雪，是死掉的雨，是雨的精魂。

这种诗一般的旋律与节奏，使主题更鲜明、感情更炽烈，而且给人以一种余音不绝的美感。

还有朱自清在《桨声灯影里的秦淮河》中对河上夜景的描绘，也是节奏鲜明，犹如珠落玉盘：

大中桥外，顿然空阔，和桥内两岸排着密密的人家的景象大异了。一眼望去，疏疏的林，淡淡的月，衬着蔚然的天，颇像荒江野渡光景；那边呢，郁丛丛的，阴森森的，又似乎藏着无边的黑暗；令人几乎不信那是繁华的秦淮河了。但是河中眩晕着的灯光，纵横着的画舫，悠扬着的笛韵，夹着那吱吱的胡琴声，终于使我们认识绿如茵陈酒的秦淮水了。此地天裸露着的多些，故觉夜来的独迟些；从清清的水影里，我们感到的只是薄薄的夜——这正是秦淮河的夜。

这段中用了许多叠词，和长短不同的句子配合起来，不但描绘的事物色彩更浓、形象更美，而且读起来也是音韵协调、节奏明朗、柔婉流畅、娓娓动听。

第三节 诗歌

一、什么是诗歌

诗歌是文学的一大样式。它要求高度集中地概括表现社会生活，饱含着作者丰富的思想感情和想象，语言精炼而形象性强，并具有一定的节奏韵律。一般分行排列。诗歌是最早出现的文学体裁，在中国古代，不合乐的称为诗，合乐的称为歌。现在一般统称为诗歌。诗歌可以按照不同形式和内容，分成若干品种。按有无完整的故事情节，诗歌可分为叙事诗和抒情诗；按语言有无格律，可分为格律诗和自由诗；按是否押韵，又可以分为有韵诗与无韵诗。此外，还有田园诗、散文诗、朗诵诗、打油诗等品种。

中国的诗歌从形式上还可以分为旧体诗、新体诗和歌谣体诗三大类。旧体诗有古体诗和近体诗两种：古体诗指齐梁以前的古诗，如诗经、乐府等；近体诗如律诗和绝句等，它在字数、句式、平仄、对仗、押韵诸方面都有严格的规定，所以近体诗又称为格律诗。新体诗，也叫自由诗。没有格律、字数、行数和押韵等限制，比较自由，但十分注意节奏。自由诗是“五四”以后从国外传入中国的，郭沫若的《女神》就是新体诗中的名篇。歌谣体诗来自人民群众的口头创作，风格朴素清新，一般也有一定格式，但规定不太严格，像李季的《王贵与李香香》就是运用歌谣体写成的。

二、诗歌的特征

高度的凝炼 诗歌常用简练的语言，表达出丰富的内容。杜甫的“朱门酒肉臭，路有冻死骨”，只有十个字就深刻地揭示出封建社会贫富悬殊的不合理现象。诗歌的凝炼，还表现在感情的表达上，其他样式的文学作品往往要用许多文字，才能写出使人动情的内容，而诗歌却能以一两行满含情感的诗句，就强烈地拨动欣赏者的心弦，甚至催人泪下。如写愤怒，岳飞用“怒发冲冠，凭栏处，萧萧雨歇”。写离别难舍之情，柳永用“执手相看泪眼，竟无语凝噎”。这些强烈而复杂的情感，诗人只有寥寥几字，便溢于言表。

浓烈的抒情 感情是诗歌的生命。没有感情，便没有诗歌。虽然其他样式的文学作品，也离不开抒发感情，但总不如诗歌那样，以抒情为主，以抒发自己的思想感情为主。诗歌的产生，就是为了满足人们直抒胸臆，抒发感情的需要。诗歌通过抒发感情来表现生活，这就是诗歌反映现实的特殊性。从诗歌的内容看，不仅抒情诗是以抒情为主，叙事诗也十分重视抒情。诗歌优于其他文学样式之处，就在于抒情。

丰富的想象 文学艺术创作都离不开想象，不过诗歌更需要借助想象来抒发感情。诗人在进行创作时，总是浮想联翩，情绪异常激动，否则就不会有作品的艺术感染力量。诗歌具有丰富的想象的特点，还反映在结构的跳跃性上。诗歌在语言表达上，可以借助于想象跳跃前进。只要上句与下句在思想感情上有内在的联系，就可以省去中间过渡性的叙述。

优美的韵律 诗歌的韵律美由内容和形式两方面构成。在内容方面，诗歌的韵律美主要是由感情起伏变化构成的。虽然每首诗都有它自身的感情基调，或悲、或喜、或怒、或怨，但这感情不是平直的，而是有舒缓、急迫、平静、激荡、时扬时抑变化的。如白居易

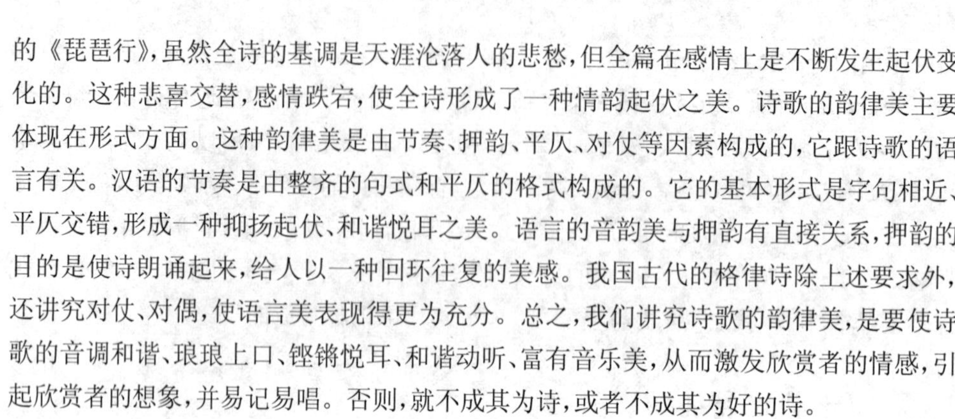

的《琵琶行》，虽然全诗的基调是天涯沦落人的悲愁，但全篇在感情上是不断发生起伏变化的。这种悲喜交替，感情跌宕，使全诗形成了一种情韵起伏之美。诗歌的韵律美主要体现在形式方面。这种韵律美是由节奏、押韵、平仄、对仗等因素构成的，它跟诗歌的语言有关。汉语的节奏是由整齐的句式和平仄的格式构成的。它的基本形式是字句相近、平仄交错，形成一种抑扬起伏、和谐悦耳之美。语言的音韵美与押韵有直接关系，押韵的目的是使诗朗诵起来，给人以一种回环往复的美感。我国古代的格律诗除上述要求外，还讲究对仗、对偶，使语言美表现得更为充分。总之，我们讲究诗歌的韵律美，是要使诗歌的音调和谐、琅琅上口、铿锵悦耳、和谐动听、富有音乐美，从而激发欣赏者的情感，引起欣赏者的想象，并易记易唱。否则，就不成其为诗，或者不成其为好的诗。

三、怎样欣赏诗歌

1. 关于诗歌的意境

意境，又叫“境界”。境界一词，本出自佛经，指的是某种悟道的境地诗人王昌龄在《诗格》中指出过：“诗有三境：一曰物镜，欲为山水诗，则张泉石云峰之境，极丽绝秀者，神之于心，处身于境，视境于心，莹然掌中，然后用思，了然境象，故得形似。二曰情境，娱乐愁怨，皆张于意而处于身，然后驰思，深得其情。三曰意境，亦张之于意而思之于心，则得其真矣。”王昌龄的意思就是，作诗应有物境、情境和意境，物境要形似而传神，情境须情深而又真挚，意境应含意隽永。后来，人们把这三境结合起来，统称为意境。

到了明代，朱承爵又从艺术形象的构成和艺术效果两个方面，对意境作了理论上的概括。他提到了构成意境的另一个要素是“出音声之外”，即人们常说的言外之意，象外之旨，弦外之音，也就是作诗要讲究含蓄，含蓄才能出意境。

在近代，谈意境比较全面的是清末民初的王国维，它是意境说的集大成者。他在前人的基础上，又吸收了西方的美学理论，丰富和发展了意境说。

王国维在《人间诗话》中，把意境称为境界，并指出了境界的三大特点：①境界是情景交融的产物，即境界是由物境与情境相融合而成。②境界中含有气质和神韵。气质往往是指诗人个性气质在诗词中的表现；神韵是指诗词中传神的东西。神韵也可以理解为朱承爵的“出音声之外”。王国维认为：“‘红杏枝头春意闹’，着一‘闹’字而境界全出，‘云破月来花弄影’，一‘弄’字而境界全出。”这里境界出不出的问题，实际上指诗词有无境界的问题。一个“闹”字,把诗人心头感到的盎然春意写出来了。“闹”与“弄”使景物活了,有意味,很传神,也就是说,“闹”与“弄”使诗歌有了神韵。③“隔”与“不隔”说。王国维认为,诗意应当通贯流畅,不隔才有境界。诗贵精炼,引用典故是使诗歌精炼的重要手法,典故用好了,能以少胜多,含义丰富,但如果典故运用不当,艰深难懂,就会阻隔诗意。诗歌应是精炼含蓄而又不隔,才会意境全出。

在外国诗歌和诗论中,我们没有见到“意境”之说,但这不等于外国诗歌就没有情与理、形与神和谐一致的诗作。相反,在浩瀚的外国诗歌海洋里,我们随处可以找到那种内情与外景水乳交融、具有强烈艺术感染力的诗作。英国拜伦写的抒情短诗《歌》,便创造了一种独特而深远的意境,读罢令人难忘。还有俄国诗人莱蒙托夫的《帆》,境中有我,物中有我,我融于境,情寄于物,真正做到了情、物、我三者融为一体。

总而言之,诗歌的意境就是神形兼备,情景交融,虚实相生,理趣无穷的艺术境界。

2. 诗情与画意

苏东坡曾经说过“味摩诘之诗,诗中有画;观摩诘之画,画中有诗”之语,西方诗学界亦有“诗如画”(贺拉斯)、“诗是有声画,画是无声诗”(西蒙纳底斯)之说。在诗歌艺术中追求一种绘画之美,东西方有它一致的地方。所以,“诗中有画”这四个字也常被人们用来评价中外诗章的赞美之辞。我们今天品味王维的诗作,或者诵读其他诗人的名篇名句总会令我们产生一种新鲜生动、意趣无限、真切似画的艺术感受。下面我们试用画家常用的角度、布色、层次、透视等绘画手法,对古今中外一些名诗名句稍作剖析鉴赏。

角度 在绘画、摄影中,艺术家是十分讲究角度处理的。一个极好的景,可以因角度不当而黯然失色;一个平淡无奇的景,也可以因艺术家匠心独具的角度处理而顿生异彩。例如,光未然的《黄河颂》中有这么一段:“我站在高山之巅 / 望黄河滚滚 / 奔向东南。/ 惊涛澎湃, / 掀起万丈狂澜; / 浊流宛转, / 结成九曲连环; / 从昆仑山下 / 奔向黄河之边; / 把中原大地 / 劈成南北两边……”这里,诗人选取的是居高临下的俯视角度,来写黄河奔腾万里的宏伟壮观景象,真是声宏而气壮,读罢血沸而神扬。又如,卞之琳的《断章》,采用了“相对”的角度:“你站在桥上看风景, / 看风景人在楼上看你。// 明月装饰了你的窗子, / 你装饰了别人的梦。”这首诗只有两段四行,由于角度新颖,不落陈套,因此意境含蓄蕴藉,耐人寻味。本是司空见惯的生活画面,一经诗人点染,便极富艺术魅力。在中国古诗中,选取不同角度描绘景物,给人以哲理启迪,给人以耳目一新的诗篇也不少。如杜甫的“会当凌绝顶,一览众山小”,

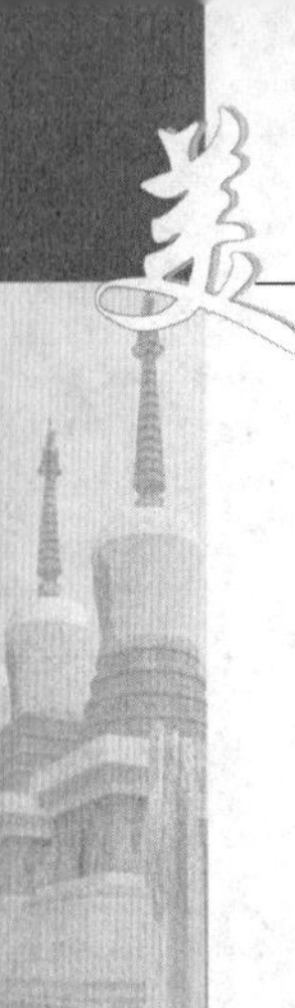

苏东坡的"横看成岭侧成峰，远近高低各不同"等等。

布色　画家对色彩是非常敏感的，但诗人对色彩的敏感程度也不亚于画家。诗歌虽不能像绘画那样直观地再现色彩，但诗人可以通过语言的描写，唤起欣赏者的联想、想象以及色彩的情绪体验。"绿蚁新醅酒，红泥小火炉。晚来天欲雪，能饮一杯无？"这是白居易写的一首招饮小诗，其诱人之处，正在于几个色彩词。在天寒欲雪的背景衬托下，"绿"酒"红"炉两种色彩的和谐配合，使人产生一种温暖而亲切的情味，仿佛在向客人含笑招饮。

色彩的巧妙布设，往往会给诗歌带来浓郁的画意。有的诗人喜欢利用色彩来隐喻象征一些东西，借以激发欣赏者的思绪遐想。如顾城的《感觉》便是这样："天是灰色的 / 路是灰色的 / 楼是灰色的 / 雨是灰色的 // 在一片死灰之中 / 走过两个孩子 / 一个鲜红 / 一个淡绿"。这首小诗利用几个大色块的拼合和两个小色块的叠现，像一幅印象派画似的，简单鲜明，对比强烈。虽诗中的"灰"、"红"、"绿"诗人具有一定的象征意旨，但假如我们不究其内涵，而只欣赏诗歌所摄取的画面，便能感觉出诗人那种对单调的厌恶和对新美的欢悦的审美态度。还有一些诗人爱用鲜明的对比色，来增加感情色彩的浓度。白居易赞述江南春色之美，说："日出江花红胜火，春来江水绿如蓝。"杨万里赞美西湖荷花的姿色风韵，写："接天莲叶无穷碧，映日荷花别样红。"宋代词人蒋捷在感叹时序匆匆，春光易逝时，曰："流光容易把人抛，红了樱桃，绿了芭蕉。"而当代青年诗人傅天琳大概受了蒋捷的启发，在他的《太阳河》里赞美湖南岛时自铸新句："啊，红了荔枝，黄了菠萝，绿了槟榔！/ 呵，熟了爱情，甜了生活，美了愿望！"这些佳句都是运用了鲜明的对比色，使画面十分绚丽夺目，诗人浓郁的情感也被表现得热烈而明朗。

这样的诗歌布色技巧，无疑大大地增强了诗歌意境的感染力。

中国的水墨画是不设色的，然而它能创造出一种于无色中见真色的独特意境，诗人的笔意犹如画家："白云回望合，青霭入看无"、"江流天地外，山色有无中"等，便是对云气山色的不设色的描写。有的画家不用复色对比，而喜欢单色来浸渍情感，于是诗人就有"记得绿罗裙，处处怜芳草"，"晓来谁染霜林醉，总是离人泪"之句，单色亦能收到极佳的抒情效果。有些画家喜欢浓艳的风格，诗人爱好浓艳之美的作品也不乏其例，如白居易的那首著名的《忆江南》；有些画家偏好清淡的画风，诗人表现清淡之美的佳句确有不少，如韩愈的"天街小雨润如酥，草色遥看近却无"。

总之，从绘画布色这一艺术技巧，着眼去观赏玩味诗歌，认识诗情中的画意，悉心分析品味诗的色彩美，也实在是一桩趣事。

层次　罗马尼亚著名诗人爱明内斯库的抒情诗《傍晚在山岗上》，是描写自然、生活风俗和爱情题材的佳作。全诗有六个诗节二十四行，诗歌描摹了罗马尼亚黄昏时分的乡间自然风景和人民生活的风俗画面。自然和社会、美丽如画和人民的生活习俗被交织在一起，并有层次地描写出来，充满了浓郁的诗情画意。尤其是诗中那傍晚的山村景观，从近处的山岗、泉水和槐树，一层层地推到极远的苍穹、月亮、星星和浮云，有时用鸟瞰全景的写法一步步推到特写放大，有时则通过近观细看逐渐地拉到远视遥望，使人读其诗，犹如欣赏电影艺术中的推拉镜头，获得了立体式的全景形象的感受。

如果我们从语言这个角度来探讨诗歌层次感的奥秘，我们可以以王维在《新晴野望》中"白水明田外，碧峰出山后"这联脍炙人口的名句为例。这首诗虽不写江南风光，但却很近江南景色：新雨之后，极目四野，千重绿色，层次分明。近处田间，湛青碧绿；远处，水光如银；再远处，山色青葱；极远处，重重苍碧。为了突出景物的层次，诗人精选了明暗交错的四层色调，把眼前的田地，田外的白水，水外的青山，山外的碧峰，一层层地烘染开去，使诗具有了造型艺术的强烈的层次感。在"明田外"和"出山后"这一对词组里，"明田外"体现了平面上的层次，"田"与"水"的交界分得极为明确，田野被扩展到很宽。"出山后"体现出立体上的层次，它把远山近岭的轮廓染得相当清晰，并把其间的距离拉得更远。一个"明"，起到了特有的光效作用，让人看到水的辽远，从而衬托出田野的广阔；水的"明"反衬了"田"的暗，使我们又看到了绘画上运用明暗两种色调强烈对比的表现方法。山后有峰，已经点明了层次。一个"出"字更添一番崭新突兀的视觉效果。诗人先见山，忽又注意到山背后壁立的远峰，把人们的视野一下子拉出了几十里之外。正如我们看画家作画，随画笔的运行，群山后又出现一峰，画面顿时又添了一重山势。我们品味这一名句，发现诗人正是巧妙地调动了文学语言的艺术表现能力，精心构筑出近景、中景、远景来烘染"层次"的画意，才使欣赏者感到耳目一新，不同凡响。

透视　法国19世纪巴那斯派诗人勒孔特·李勒有一首著名的《夜》，一百多年来一直受到人们的高度评价。这首优美的抒情诗从结构上看，前三节写景，后两节写情，但全诗情景交融，诗画互生。诗人从小山坡这个视点出发，开始写"起伏如波的茂树正被他摧向睡乡"，"鸟儿在露水珠中入睡了"，"星儿照在碧波上，浪花泛起了金光"；接着又写"遥远的滩头神妙之海在歌唱"，"高大的树木也在大声地呼号"；最后一直

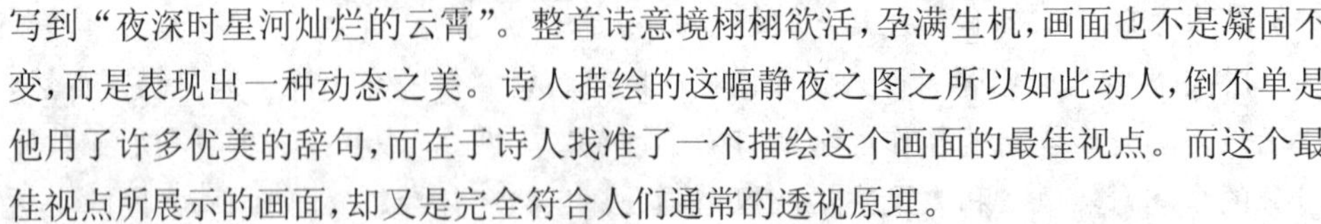

写到“夜深时星河灿烂的云霄”。整首诗意境栩栩欲活，孕满生机，画面也不是凝固不变，而是表现出一种动态之美。诗人描绘的这幅静夜之图之所以如此动人，倒不单是他用了许多优美的辞句，而在于诗人找准了一个描绘这个画面的最佳视点。而这个最佳视点所展示的画面，却又是完全符合人们通常的透视原理。

杜甫《绝句四首》中“窗含西岭千秋雪，门泊东吴万里船”两句，也许人人皆知，但如何理解其意境情趣，看法就不尽一致。如果从绘画艺术的透视原理，对其作点分析，也颇值得玩味。杜甫的这首绝句中，画境是前后连贯衔接的。“窗含西岭千秋雪”一句，说的是从窗子里看到西山上的雪，偌大的一座山被“含”在窗口，这是用什么眼光观察到的？说穿了，这是一种透视眼光。这句诗与“隐几亦青山”不同，那纯粹是从窗口向外远眺山景，而“窗含西岭千秋雪”则主要是看窗，连同四方形的窗口一起看到西岭的雪峰，他是把窗外之景与窗架放在一个平面上来欣赏的。这“窗”犹如油画的框。“西岭千秋雪”则是框中的画。再说“千秋雪”无非说的是山很高，高到雪线以上，终年不化积雪，这么高的山可以像一幅油画一样嵌在小小的“窗”中，可见“西山”之远。不远则含不入。所以说这句诗是运用绘画中的透视原理写成的。

我们欣赏完以窗为框的西山雪景图后，再把眼光投向窗外，又发现了一个奇观：透过杜家院门，又看到辽远的水面上飘着东去的航船。这又是一层画境。船因为太远了，所以觉得它不在动，像停泊在水上。“泊”在哪里？就停泊在杜宅门框中。这又是一个合乎透视学原理的描绘，他把“万里船”和杜家院门压在一个平面上，以门为画框，东去的万里航船竟如泊在门中，从这个角度来理解这句诗，把“门”“泊”“东吴”“万里”“船”这样一些概念联系在一起，才会出现奇异的画境。我想这些大约就是这联诗句的情趣所在，画境所在。

总之，画家是以图像、色彩形诸笔端，而诗人是以词章、格律吟于口吻，但由于艺术家们观察自然、描摹自然美时，常常具有共同的审美的眼光，所以会产生一种不谋而暗契、殊途而同归的艺术现象。我们可以从画卷中听出诗人的吟声，我们也可以从诗篇里看到画家的笔法。我们在欣赏诗歌时，如能从画家的技法着眼，也就是从造型艺术的手法着眼，去探索品嚼诗情中的画意，也许能对诗歌的意境美，从一个新的角度，得到更真切的认识。

3. 诗歌的含蓄美

中国古代有“言不尽意”之说，诗人把“言不尽意”这一语言的表达缺憾，因难见巧，化为“心头无限意，尽在不言中”的抒情技巧，这种技巧就是我们通常所说的含蓄。诗的含蓄美，从某种意义上说，也是一种“不言之美”。西方诗界虽不一定使用“含蓄”一词，但许多著名的文学家和学者都有类似的论述，他们认为拖沓冗长、平直浅露是作诗的一大弊病。黑格尔就说过含蓄、意蕴“总是比直接显现的形象更为深远”。西方诗坛上那些象征主义诗人，特别是意象派诗人，都极力倡导运用象征、暗示和意象的手法，反对明说直陈。他们以法国马拉美的“一语道破，则诗趣索然”为艺术信条，苦心追求的也就是含蓄。

含蓄的诗表现上往往以少胜多，从无见有，这就大大开拓了诗的内涵容量，并且为欣赏者提供了广阔的想象余地。捷克现代诗人贝兹鲁奇的《蝴蝶》，抒写了诗人在特定情景触发下的点滴心绪。从这点滴心绪中，我们可以看以诗人的爱情观和幸福观：“清风像云雀般翩跹， / 在松树和枞树的枝干间穿流； / 梦的小舟在记忆的河上泛游， / 蝴蝶在我的手上停留。 / 你可是爱情，你可是幸福，妩媚的蝴蝶？ / 飞开吧，去把少男少女点缀， / 点缀乌黑的头发，白嫩的手…… / 我怎么，我怎么和你相守？”诗中的“蝴蝶”有妩媚的姿色，令人着迷，但它的美毕竟是表面的，经不起时间的考验。有人把它看作是爱情和幸福的象征。但诗人却对此大为怀疑并提出反问：“你可是爱情？”“你可是幸福？”不言而喻，这不是真正的爱情和幸福，只不过是一种虚伪的矫饰。因此，诗人坚决加以拒绝，喝令“蝴蝶”飞开，飞到上流社会的交际场中去为少男少女的虚伪爱情作“点缀”，去“点缀”富门子女的“乌黑的头发”、“白嫩的手”，而劳动者却不需要这种矫饰的爱情和虚假的幸福。最后诗人反复强调，以示对“蝴蝶”的鄙视和与它作彻底的决裂。我们细嚼这首《蝴蝶》，从诗的象征和隐喻中，从诗人的笔下，是不难看出这只“蝴蝶”的真正含义，然而这首诗却是写得非常含蓄、颇多余味。我国唐诗中元稹的《行宫》也是一首十分含蓄的诗歌。他把巨大的信息量浓缩在凝炼的形式中，直接形象单纯，而间接形象丰富。这首诗只有二十个字，一唱三叹，回味不尽，无穷的意蕴尽在这寥寥数句中：“寥落古行宫，宫花寂寞红。白头宫女在，闲坐说玄宗。”诗篇为我们展现了这样一幅黯淡凄凉的图景：一座廖落的行宫中，寂寞的红花映衬着年迈白头的宫女，她们在春日无聊之际，正闲谈着开元、开宝年间的先皇旧事。诗人只淡淡地勾勒了特定环境中特定人物的情事，引而不发，却意在言外。一句“闲坐说玄宗”，妙就妙在没有点明说的是什么，却让人由眼前的现实蓦然回溯到遥远的过去，抚今追昔，感慨万千。诗中通过“寥落”、“寂寞”、“白头”等几个词，暗示了深长的沧桑盛衰和世道变更的情感。

含蓄的诗，可以把有些不宜在诗中正面直说的情事和意愿，通过委婉隐含的手法表现出来，这样既显得雅致大方，又别有一番风韵。如德国诗人海涅的《北方有一棵松树》：“北方有一棵松树，/独立在荒凉的山上。/它沉睡着；/冰和雪给它裹起白衣裳。/它梦见一棵棕榈，/长在遥远的东方。/在灼热的岩壁上，孤零零默然忧伤。”这是一首情诗，抒发了海涅与自己的恋人诚挚相爱而又难以结合的心情。他通过北方山地孤松与东方岩壁棕榈的这两个隐喻的形象，将绵绵深情委婉含蓄地表达了出来。又如，我国唐代诗人朱庆余的《近试上张水部》：“洞房昨夜停红烛，待晓堂前拜舅姑。妆罢低声问夫婿：画眉深浅入时无？”这是写临考前，怕自己的作品不合主考官的要求，因而小心翼翼地作诗询问。这种意愿不便直说，就换一幅笔墨，写洞房天明，新娘梳妆打扮后，含羞征求丈夫的意见来作比，真是含而不露，耐人寻味。即使撇开本意，把它作为一首闺意诗来欣赏，也是独具特色和极有风韵的。在中国古典诗歌中，许多宫怨诗、闺怨诗、爱情诗，在风格手法上，大多不出含蓄一路。

含蓄是诗美的一种表现，但不是美的极至，是否含蓄，应视具体情景而定。诗歌不能单纯地为含蓄而含蓄，否则便无含蓄的艺术独特魅力可言。

4. 诗眼和词眼

诗歌对语言的要求要比其他文学作品更高，它不仅要富于音韵美，而且还要求语言的高度凝炼。所以古今中外的诗人，都极重视诗歌语言的锤炼。杜甫写诗，力求做到“语不惊人死不休”。臧克家曾说：“我力求严谨，苦心地推敲、追求，希望把每一个字放在最恰当的地方，螺丝钉似的把它扭得紧紧的。”苏联著名诗人马雅可夫斯基也说过：“诗歌的写作——如同镭的开采一样，开采一克镭需要终年劳动，为了把一个字用得恰当，就需要几千吨语言的矿藏。”由此可见，中外优秀诗人对语言的锤炼，都是绞尽脑汁，费尽心机的。

诗歌的语言锤炼要求准确、精炼、传神，诗人作词写诗，是十分讲究炼字炼意的。凡在节骨眼处炼得好字，使全句游龙飞动、令人刮目相看的，便是我国古人所谓的“诗眼”和“词眼”。微云、河汉、疏雨、梧桐，都是平常之物，但孟浩然炼了一个“淡”字，一个“滴”字，写成了千古不磨的“微云淡河汉，疏雨滴梧桐”。“寺多红叶烧人眼”、“红杏枝头春意闹”，如果去掉“烧”字、“闹”字，所写景色也平淡无奇，而一个“烧”字、一个“闹”字，就意境全出，景色顿然改观。

诗眼和词眼在句中的作用不一而足。韩愈帮贾岛斟定“鸟宿池边树，僧敲月下门”，即取“敲”字的声音，也因是关门上闩的时候；“推”是推不开门的，只好“敲”了，秦观的“山抹微云，天粘衰草”，是取“抹”、“粘”的动作来勾画出景物间的线条轮廓。有的诗眼和词眼还关系到诗意的精当准确。齐已咏早梅：“前村深雪里，昨夜数枝开。”郑谷将“数枝”改为“一枝”，使“一枝”与“早”意丝丝入扣，使齐已佩服之极，而拜郑谷为“一字师”。有的诗眼和词眼还有助于铸就诗词的意境。洪瑹写春光；“绿情红意两逢迎，扶春来远林”，凭着一个“扶”字，我们便感受到了从树林深处步步走近春天的独特意境。

诗眼和词眼的获得，是诗人们苦心炼字炼意的结果。在新诗创作中，诗人们也是十分注重诗歌语言的锤炼。如臧克家《送军麦》中有写黄昏的笔墨：“牛，咀嚼着草香，／颈下的铃铛，／摇得黄昏响。”响的本来是铃铛，黄昏是不会发出声音的，但诗人笔下的铃铛却摇响了黄昏。一个“摇”字，使视觉的黄昏，顿时又增添了一层听觉上的感受。章德益也有一句写黄昏的诗句:“无须天宇／挤下一滴落日／来涂抹地球的伤痕”。这里太阳西下用了一个“挤”字，又用“一滴”来形容落日，恐怕也是这位当今边塞诗人的艺术独创吧。亚微在《故乡的雨》中写道：“牵也牵不住的小雨丝哪／总在我心深处／挑着，刺绣着／缠绵的乡愁。”蓉子在《晚秋的乡愁》里有一句：“每回西风走过／总踩痛我思乡的弦”。对于思乡之情。一个用“挑着”、“刺绣着”，一个用“踩痛”，都独特地表现了这两位台湾诗人的妙思奇想，这种动词与抽象名词的巧妙结合，平添了一分诗美，使全诗增色不少。在外国诗歌中，像这样的例子也是不少的。比如，像雪莱、拜伦、马雅可夫斯基等杰出诗人，都是特别注意诗歌语言的锤炼，常常呕心沥血，千锤百炼，才觅得一句警语奇句的。

中国古代的诗人，在炼字的词性方面，还有多种多样的手法。在炼数量词的，庚信《小园赋》中的“一寸二寸之鱼，三竿两竿之竹”；前人就称之为“读之骚逸欲绝”；有炼形容词的，黄山谷的“夜听疏疏还密密，晓看整整复斜斜”，被认为是形容词重叠运用的佳句；有炼动词的，杜甫有一联诗句：“四更山吐月，残夜水明楼”，苏东坡对此极为欣赏，我猜度，除了“明”这个形容词兼动词的作用富于动态之外，就是一个“吐”字用得极妙的缘故。有不少诗人还十分重视对虚词的锤炼，他们认为虚词用得恰到好处，可以获得疏通文气，开合呼应，悠扬委婉、活跃情韵，化板滞为流动的美学效果。王勃《滕王阁序》中的名句“落霞与孤鹜齐飞，秋水共长天一色”，如果去掉“与”、“共”两字，诗意就会大为减色。杜甫的“江山有巴蜀，栋宇自齐梁”，远近数千里，上下数百年，只在“有”、“自”两字之间，而吞纳山川之气、俯仰古今之怀都能见于

言外。

当然,诗歌讲究情景交融。要写出好诗,要锤炼出足以振聋发聩的诗眼和词眼,最根本的还在于作者胸中有丘壑,眼底有性情。如果你置真情实景于不顾,而只是在字句之中掂斤论两,那么对于诗眼和词眼的追求,也最终是一场徒劳。

第十四章

如何欣赏表演艺术

表演艺术是一个重要的艺术样式。它是指必须经过表演才能完成的艺术，如音乐、舞蹈、戏剧、电影等。这些艺术在塑造形象的时候，都要经过表演这个环节，这跟文学、绘画、雕塑不同。文学形象和美术形象都是文学家、美术家直接创造、独立完成的，而且，形象一旦创造出来，就可以被欣赏者感知。而音乐、舞蹈则不然，没有演员的二度创作，也就是说，没有经过表演，其形象就不能外化，欣赏者自然也无法去感知了。戏剧、电影演员运用语言和动作去创造角色也属表演艺术，但本章所指的表演艺术是作为语言艺术、造型艺术、综合艺术并列的一个分类学用语而使用的。由于戏剧、电影的综合性比较强，已归入综合艺术之例。所以这里只介绍音乐和舞蹈两个艺术样式。

第一节 音乐

一、什么是音乐

音乐是通过有组织的乐音所形成的艺术形象来表达人们的思想感情，表现社会现实生活的一种艺术。音乐起源于劳动，作为社会艺术形态，具有广泛的社会影响。一切音乐作品都植根于民间。每个民族的音乐都有各自的民族特征和独特风格。音乐艺术的实践过程主要包括创作、演奏或演唱以及欣赏三个方面。缺少其中的任何一个方面，就会中断音乐艺术的实践。随着人们音乐素质的不断提高，欣赏音乐越来越成为人民群众精神生活中不可缺少的组成部分。

音乐发展到现在，已经成为一种形式上千变万化、内容上丰富多彩的艺术，其种类也相当繁多。如按发声体区分，音乐可分为声乐和器乐两大类；按时代划分，有古典音乐与现代音乐；按国别来分，有中国音乐与外国音乐；按创造者来分，有专业音乐工作者创作的艺术音乐和人民群众创作的民间音乐。音乐也可以按其体裁和形式分

为歌曲、合唱曲、交响曲、舞曲、进行曲、谐谑曲、叙事曲、夜曲、序曲、协奏曲、组曲、交响诗、即兴曲、幻想曲、浪漫曲以及民间的丝竹、吹打、说唱音乐等等。音乐又往往与诗歌、戏剧、舞蹈等相结合而成为歌剧、戏曲、舞剧等综合艺术。

音乐欣赏，一般来说，有三个层次。首先是对音乐作品的“音”（指音乐作品的音响和艺术结构）的感知，通常指的是官能的欣赏；其次是对音乐作品所表现出来的“情”（指性格和情景）的理解，通常指的是感情的欣赏；最后是对音乐作品所传达出来的“意”（指思想和意境）的领会，这也就是我们常说的理性的欣赏。要达到这三个方面的欣赏，应当具备一定的音乐知识。音乐知识包括的内容很广，我认为，首先应当懂得音乐的语言，即音乐的表现手段。

二、音乐的表现手段

音乐既然是通过乐音来表情达意的，它就应当像文学使用文字、绘画使用线条和色彩一样，有它自己特有的一套表现手段，即音乐语言。不熟悉音乐语言，即使面对美妙的音乐小品，我们也无法理解。音乐语言包括各种要素，把这些要素结合起来，就成为音乐的表现手段。根据各种要素的不同功能，我们通常把音乐的表现手段分为基本性和整体性两大类。

1. 基本性的表现手段

节奏、节拍、速度、力度、音高、音区、音色、和声、复调、调式、调性、织体、曲体和体裁等是音乐的基本性表现手段。它们经过各种有机的结合，表达出各种不同的情绪、内容和风格特点。下面我们来分别简单地介绍一下它们的含意及功能。

节奏 是指每个音在进行时的长短关系和强弱关系。节奏是旋律的骨干，也是乐曲结构的基本要素。具有典型意义的节奏称为节奏型，节奏型在音乐表现中具有重大意义。单是节奏型，就可以说明乐曲的一些类别。如“进行曲”、“圆舞曲”、“迪斯科舞曲”等。

节拍 强拍和弱拍按一定的次序循环重复形成有规律的强弱更替，称为节拍。节拍有多种不同的组合方式。叫做“拍子”。正常的节奏是按一定的拍子进行的。

速度 表示音乐进行的快慢。速度基本上分快、慢、适中三类。音乐的速度与乐曲的内容是密切相关的。它直接影响音乐的性格和特色。一般来讲，表示激动、欢乐、活跃的情绪，与快速度相配合；进行曲、田园风格的、比较抒情的，往往与适中的速度相配合；而摇篮曲、颂赞歌、情歌、挽歌多与慢速度相配合。

力度　是指音的强弱程度。音乐中力度的变化是非常细致和复杂的，这和乐曲内容有紧密的关联。摇篮曲总是用较轻的声音来演唱或演奏。隆重的、具有战斗性的乐曲，则需要强壮的声音来演唱或演奏。

音高　即音的高度，是音的主要特征之一。音高是由发音体在一定的时间内振动次数即振动频率决定的。振动次数多，音则高；振动次数少，音则低。

音色　是指音的色彩和特征。音色决定于发音体的质料、形状、发音方法及其泛音的多少等。手风琴采用钢簧，音乐清脆明亮；风琴采用铜簧，音色圆润柔和。

和声　两种以上的音按一定规律结合，同时发响称为和声。有一门专门研究和声规律的学科叫“和声学”。和弦进行的强与弱，稳定与否，协和与否等因素构成了和声的功能体系。和声的功能作用，直接影响到力度的强弱、节奏的松紧和动力的大小。此外，和声的音响效果还有明暗的区别和疏密浓淡之分，从而使和声具有渲染色彩的作用。

复调　是指同一时间内两个或两个以上具有独立性旋律的结合。不同旋律的同时结合叫“对比复调”。同一旋律隔一定时间的先后模仿叫“模仿复调”。运用复调手法可以加强主题印象，造成激动和紧张的气氛；或通过对比加强矛盾冲突，造成前呼后应，此起彼伏的效果。

调式与调性　调式是按一定关系联结起来的一组音（一般不超过七个），并以一个音为中心音（即主音）所组成的一个体系。如五声徵调式、七声宫调式等。而调性是调式类别与主音高度的总称。如以 C 为主音的大调式叫 C 大调。a 为主音的小调式称 a 小调。在许多音乐作品中，调式和调性的变化和对比，是体现气氛、色彩、情绪和形象变化的重要手法。

2. 整体性的表现手段

旋律及曲式是属于整体性表现手段的。

旋律　又叫曲调，指按特定的高低、长短和强弱关系有机地联结起来的、具有独立性的许多音的单声部进行。旋律主要体现出调式特征，表现音乐的基本内容，是各种表现手段的统一体。所以说旋律是音乐的灵魂。

曲式　乐曲的结构形式叫曲式。它是指音乐材料排列的样式和音乐的结构布局。研究曲式结构规律的科学称“曲式学”。它主要研究曲调在发展过程中各种段落形成的规律，研究它们之间的类型、特点和句、段之间的相互关系。曲式结构是由乐曲所要表达的内容和情绪决定的。多种的曲式结构来源于多样的生活内容。比如，群众歌曲

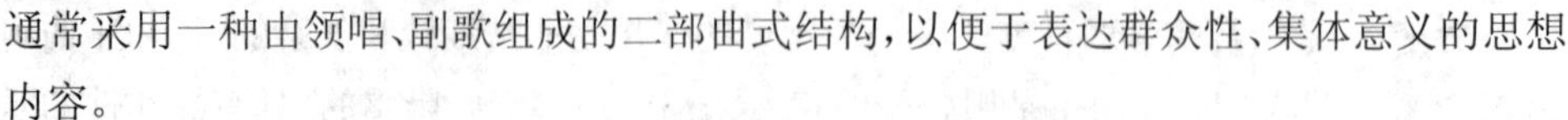

通常采用一种由领唱、副歌组成的二部曲式结构，以便于表达群众性、集体意义的思想内容。

三、怎样欣赏音乐

音乐欣赏可以分两大部类的欣赏：一种是声乐欣赏，另一种是器乐欣赏。我们按照这种分法，在声乐欣赏中，着重介绍欣赏歌曲和欣赏歌唱的知识；在器乐欣赏中，突出介绍民族器乐和交响音乐的欣赏特点。

1. 歌曲的欣赏

歌曲有两个基本要素：歌词和合词的音乐。它们各自的作用是：词表其意、乐披以情。

歌词是音乐文学，它为歌唱而写。因此它较之其他文学样式应更具音乐性。歌曲是属歌唱艺术，歌词要求通俗易懂，让人一听就明白。歌词是歌曲音乐创作的基础，对歌曲的艺术起着相当重要的作用。歌词规定着歌曲音乐的内容和情绪，也是人们欣赏歌曲的重要依据，一首好的歌曲总是音乐与歌词的完美结晶体。我们在聆听《黄河大合唱》这部大型声乐作品时，会感到歌词已渗透到每一个音符之中，乐曲又溶解了全部歌词。歌词与乐曲的节奏、旋律同时都体现了咆哮、奔腾的黄河气势，描绘出黄河从呜咽、悲泣到咆哮、怒吼的形象。我们通过对歌词的咀嚼品鉴，对乐曲的体味感受，能捕捉到在苦难中站立起来的中华民族那不甘沉沦、勇于反抗的精神面貌，并从歌曲中受到伟大而崇高的美的感悟。

歌曲的音乐是基于歌词创造的，在音调、节奏、结构、风格等方面都是和歌词有着紧密难分的关系，这种关系是其他音乐所没有的。歌曲音乐最主要的特征是旋律。这种基本歌词的艺术创造，并不单是为歌词配音的旋律，往往能使歌词内容得到美化和升华，因此歌曲音乐有一种“锦上添花”的功能。由于歌曲是歌唱的艺术，因此，歌曲音乐的旋律必须具有歌唱性的特点。不管是单旋律的歌曲，还是多声部的重唱、合唱歌曲，旋律始终是最主要的表现手段。这是区别于器乐独奏音乐之所在。又由于歌曲是歌唱的艺术，它的又一特点要适于歌唱。人的音域一般在十四度之内，因此，歌曲音乐要大都在这个范围之中。歌曲的节奏不适宜运用比 32 分音符更短促更快的节奏。歌曲节拍的选择也不宜像器乐作品那么复杂，常用的有二、三、四拍子，而且一首歌中基本上以一种拍子为主。歌曲旋律要求流畅连贯。乐句的长度一般也要充分考虑到换气等因素，使歌唱者呼吸自如，达到易唱动听的目的。

歌曲依照创作方式，有民歌和创作歌曲之分。一般认为，民歌是劳动人民的集体口头创造、在民间广泛传唱的艺术；创作歌曲是由词、曲作者创作的歌曲。

民歌是人类歌唱历史中最悠久，数量最多的一类歌曲，它是创作歌曲的重要基础。民歌之美在于直抒胸臆、质朴纯真。优秀的民歌是真情实感的流露，毫无娇揉造作。像四川民歌《跑马溜溜的山上》，音乐结构简短，语言精炼质朴，表达男女青年相爱的真挚情意。这类作品在中国、在国外比比皆是。民歌之美还在于鲜明的色彩和迥异的艺术风格。世界各国、各民族人民创造的民歌，都具有鲜明的民族个性和地方色彩。优美清新的《樱花》，采用日本民间特有的“都节调式”写成，让人一听，便可辨明这是一首反映日本人民在阳春之际观赏樱花的日本民歌。波兰多声部民歌《小杜鹃》，采用波兰民间舞蹈玛祖卡的节奏型，歌中模仿杜鹃啼鸣，运用生动活泼的衬词，充满了波兰民间风情和谐谑的情趣。同一民族的民歌，有时也会呈现不同的地方色彩。以我国汉族民歌为例，东北民歌开阔爽朗，西北民歌高亢激越，江南民歌缠绵婉转，而华南民歌则清甜秀气。

如果说民歌之美在于天然质朴，那么创作歌曲之美则在于创造、雕琢，追求精致、隽永。创作歌曲的音乐是作曲家根据歌词，调动生活积累，组织音响，诉诸乐谱，以抽象的声音形式来表现具体的文学内容的复杂创造物。创作歌曲的艺术表现力比起质朴的民歌，要显得更加丰富多样。如蒙族民歌《牧歌》两句成篇，相当简练。它以舒缓悠扬的旋律，在高低两个音区飘逸地进行，活脱脱地勾勒出千里草原辽阔明朗的景色。而瞿希贤以此曲改编的无伴奏合唱曲《牧歌》，则调动了合唱艺术的各种技巧，把简朴的民歌改编成具有强烈艺术感染力的声乐作品。十分精致动人。合唱曲《牧歌》开头以轻声哼鸣，展现辽远安谧的草原，接着以男声哼鸣，同时响起女声的歌唱，继而是男女声多个旋律的交织，好似牧人们载歌载舞。全曲在渐弱的哼鸣中结束，真是余音袅袅，令人回味无穷。

抒情歌曲，以抒发人的思想感情为主的歌曲，它的旋律性很强，富于歌唱性，音乐刻画感情十分细腻。由于表达感情的多样性，抒情歌曲的形式、结构、表现手法也是多种多样的。有些音乐作品感情真挚，跌宕起伏，情感波动大而浓重，如《我爱你，中国》，《那就是我》等。有些抒情歌曲则较轻松活泼、甜美开朗，如《我的祖国》、《在那桃花盛开的地方》等。还有一些是情绪低回，起伏不大，但很细腻委婉，如《大海一样的深情》、《十五的月亮》等。

进行曲，是以鲜明的行进风格、突出的节奏因素为其主要特征的歌曲。这类歌曲

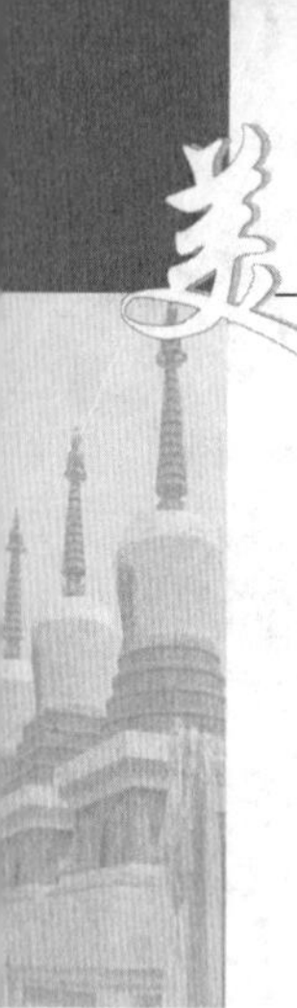

气势宏大，充满活力和力量，如《我们走在大路上》，法国的《马赛曲》等。

叙事歌曲，是一种旋律与口语紧密结合的以叙述一个故事为主的歌曲。这类作品大多具有说唱风格，篇幅稍长而娓娓动人，如《歌唱二小放牛郎》、《丈夫当兵去》等。

诙谐歌曲中，有一类是揭露社会阴暗面或批评错误的作品，让人们在笑声中醒悟、奋起，如《跳蚤之歌》等。有一类是友善态度，乐观风趣的描人绘画，充满了幽默感，如匈牙利作曲家柯达伊根据民歌创作的《娶个什么样的新娘》等。

2. 歌唱的欣赏

音乐是表演的艺术，音乐的声音特点和诉诸听觉的特征只有在表演中才能体现出来。没有演员的歌唱，任何声乐作品都只能停留在乐谱上，这种没有声音的歌词和乐曲，是没有什么音乐意义的。

歌唱是一种用人的声带所发出的声音来再现音乐的艺术创作。歌唱演员以他们对声乐作品的正确理解，用优美的声音、丰富的感情和清晰的吐字，给人以美的享受。目前，我国声乐歌唱艺术主要有以下三种唱法：

民歌唱法，也叫中国民歌唱法。大体上可以分为两种类型：一种是自然大本嗓唱法，如河北、河南、山东、东北、安徽等地的民歌唱法。新疆、西藏、内蒙的民歌虽语言有些特殊，但基本上也属于这一种。另一种是嘹亮的真假声结合的唱法，如青海、甘肃、湖南、包括内蒙的长调等。这种唱法音域比较宽广，有的可达两个八度半音域。民歌是民间自生的歌唱艺术，在演唱方法上比较自然，唱法比较质朴，一般群众都能唱。这种唱法自古到 20 世纪 50 年代是自流的，没有总结出一套完整的演唱体系，也没有专门培养民歌的的艺术学校，完全靠后人模仿前辈，代代相传下来。从 60 年代起，民歌歌手才有机会进入专门的音乐学校，在演唱技巧上、声乐修养上得到提高和深造。

美声唱法，是从欧洲传入我国的一种歌唱方法。美声唱法产生于 17 世纪初的意大利。当时那种用精致的对位法（基于旋律的交织）作曲的声乐形式，被认为已经达到极为复杂的顶峰，歌词的作用被忽视了。作曲家卡齐尼面对这种矫揉造作的多声部音乐，提出了挑战，对那些在歌词与旋律之间缺乏任何情感的作品进行了批评。他发展了一种独唱风格，即后来的“美声学派”。美声唱法被人们认为是一种流利而令人感到愉快的歌唱，它要求声音圆润丰满，发声自如，音乐优美。它讲究从低到高整个音阶声音的匀谐、音调的准确、分句和结束的完整性、母音的清纯、华彩和装饰唱法要运用熟练灵活，但因忽视词意表达上的细致深刻，因此，美声唱法也常表现出追求声音效果，炫耀技巧和程式化的倾向。现在，我国的一些优秀声乐教育家和美声唱法的歌唱

世界三大男高音歌唱家：多明戈、卡雷拉斯、帕瓦罗蒂

家，都比较注意学习欧洲美声唱法的长处，把它作为一种歌唱基础，同时又结合我国民族音乐和语言的特点，努力使美声唱法民族化。他们在探索一种新的声乐体系方面，积累了大量的实际经验，作出了令人可喜的成绩。

通俗唱法，是指与电声相结合的唱法。这种唱法在产生民歌的历史条件下是不可能出现的，它只有在工业社会电子传播设备广泛应用之后，才会应运而生。通俗唱法的特点是，声音自然，音量不大，音域不宽，演唱者不一定受过多少声乐训练也能演唱。歌唱时要求语言吐字清晰，手持话筒，稍带表演，给听众以一种亲近感。但通俗唱法歌手，声音显得单薄，如果作为音乐会的演唱没有威力，声音穿透力差，要想声音灌满全场，必须与“麦克风”相结合，因此，通俗唱法又有麦克风唱法之称。过去我们对通俗唱法贬多褒少，现在人们开始对这种唱法从声乐艺术的角度进行研究，重视了通俗唱法具有较广的听众面的特点，使这种有别于我国民歌唱法、美声唱法和中国传统戏曲唱法的通俗唱法，得到健康的发展。

在歌唱领域中，人们通常根据歌唱者的声音音质和音域，把人声分成男高音、女高

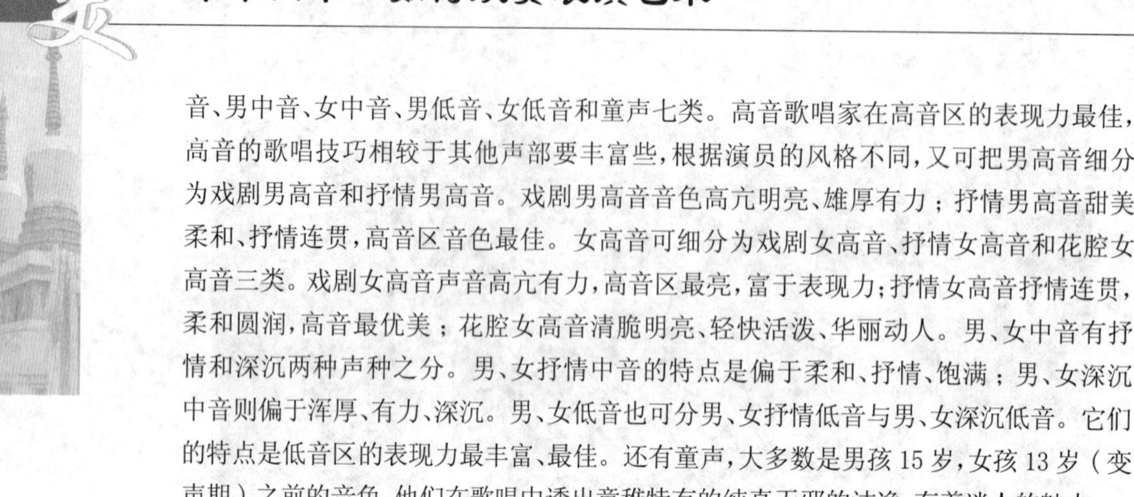

音、男中音、女中音、男低音、女低音和童声七类。高音歌唱家在高音区的表现力最佳，高音的歌唱技巧相较于其他声部要丰富些，根据演员的风格不同，又可把男高音细分为戏剧男高音和抒情男高音。戏剧男高音音色高亢明亮、雄厚有力；抒情男高音甜美柔和、抒情连贯，高音区音色最佳。女高音可细分为戏剧女高音、抒情女高音和花腔女高音三类。戏剧女高音声音高亢有力，高音区最亮，富于表现力；抒情女高音抒情连贯，柔和圆润，高音最优美；花腔女高音清脆明亮、轻快活泼、华丽动人。男、女中音有抒情和深沉两种声种之分。男、女抒情中音的特点是偏于柔和、抒情、饱满；男、女深沉中音则偏于浑厚、有力、深沉。男、女低音也可分男、女抒情低音与男、女深沉低音。它们的特点是低音区的表现力最丰富、最佳。还有童声，大多数是男孩 15 岁，女孩 13 岁（变声期）之前的音色，他们在歌唱中透出童稚特有的纯真无邪的洁净，有着迷人的魅力。

男、女、童声的各种不同组合就形成了多样的歌唱形式和相应的各种歌曲。这些歌曲的演唱方式可归纳成八种，主要的有独唱、齐唱、重唱和合唱。与这四种结合而很少单独使用的有领唱、轮唱、对唱、伴唱。

独唱歌曲最重旋律的创造，它以单旋律作为演唱的唯一表现手段，音乐变化比齐唱要自由得多，但演唱难度也大得多。齐唱的歌曲是众人异口同声演唱的单旋律歌曲，起伏较小，进行曲味浓，比独唱曲易唱且通俗。重唱是两个声部结合而成的。按声部的多少可分二重唱、三重唱、四重唱等形式。按声音色彩可分同声重唱和混声重唱两类。重唱歌曲有多个声部，有和声效果和多个旋律的交织，还有声部间的变化对比，因此表现力要比单旋律来得丰富，演唱时也更讲配合默契，以求得和谐的声音层次间的协调。合唱歌曲是歌唱艺术中表现力最丰富、也最动人的形式。合唱的组成形式也有二部合唱（男声二部、女声二部、混声二部、童声二部）、三部合唱（女声三部、男声三部）、四部合唱（男声四部、混声四部）之分。合唱大多有器乐伴奏，没有伴奏的合唱叫无伴奏合唱，是合唱艺术中最充分地体现人声艺术表现力的一种。在合唱中，音乐对歌词的依赖也主要在其所创造的意境、格调、思想或情绪的倾向等方面，因此，合唱艺术代表着歌唱艺术的最高水平。

3. 民族器乐的欣赏

民族器乐，指的是用在我国产生并长期流传的乐器演奏的音乐。我国是历史悠久的多民族的国家，民族乐器有五六百种之多，用各种民族乐器演奏的器乐曲更是浩如烟海，我国的民族器乐优美动听，与外国器乐以及交响乐相比，有它独特的美的品格。

中国民族管弦乐队，是以汉民族乐器为主的乐队，一般由吹管乐器组、弓弦乐器

民族乐队

组、弹拨乐器组和打击乐器组组成。吹管乐器主要是由竹管制成，常见的有梆笛、曲笛、横箫、管、笙、唢呐等。弓弦乐器和弹拨乐器主要由丝做成。弓弦乐器有高音乐器高胡、二胡、板胡，中音乐器有中胡，低音乐器有大胡、低胡、低音革胡等。弹拨乐器音色丰富、奏法多样，极富民族色彩。柳琴是高音乐器，琵琶是中高音乐器，中阮及三弦是中音乐器，大阮是低音乐器。其他如筝、扬琴，音域都较宽广。这组乐器综合音域很宽阔，力度的伸展幅度很大，演奏技巧较高，它是民乐队中最有表现力的一个乐器组。打击乐器由金属、动物皮、木料等制成，主要有板、鼓、钗、锣等，它主要用以加强乐队音响的色彩，在节奏上强化乐队的音响。此外，我国民间常见的乐队，有以打击乐为主，以丝竹为辅的“锣鼓乐队”，以管乐为主，辅以弦乐、打击乐的“吹歌乐队”；以打击乐、管乐为主，弦乐为辅的“鼓吹乐队”以及以丝竹为主，打击乐为辅盛行于江南的“丝竹乐队”等。

我国的民族器乐作品大多讲究意境，崇尚和谐，追求深、广、大的艺术境界，强调人与自然、情与理、形式与内容的高度统一和谐。一些优秀的传世之作，我们在欣赏时，都可以体味出一种空灵而又美感的艺术氛围，一种创造幽远深邃的意境为最高境界的

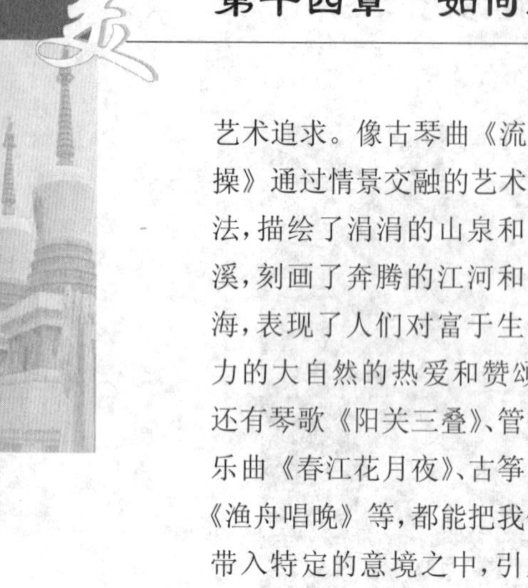

艺术追求。像古琴曲《流水操》通过情景交融的艺术手法，描绘了涓涓的山泉和小溪，刻画了奔腾的江河和大海，表现了人们对富于生命力的大自然的热爱和赞颂。还有琴歌《阳关三叠》、管弦乐曲《春江花月夜》、古筝曲《渔舟唱晚》等，都能把我们带入特定的意境之中，引发我们的艺术想象，从而获得美的享受。在我们的民族器乐作品中，有相当部分是表现人的精神与自然的融合、默契，而很少有西方交响音乐中那种人与自然的冲击、人与命运的搏斗的题材，像《凤凰展翅》中对美丽、高尚、幸福的凤凰的咏赞，还有对万物复苏、一片生机的春天的赞美的《阳春白雪》，都是表现出一种和谐之美。

民乐家 彭修文

4. 交响音乐的欣赏

什么是交响音乐？一般认为有两种比较明显的含义：一是交响音乐指为大型交响乐队所谱写的大型音乐作品，这其中包括交响曲、交响组曲、交响序曲、交响诗、交响音画、协奏曲等。二是交响音乐也指大型音乐作品的交响性。比如，交响音乐有多少章的结构，强调主题之间的对比，有着丰富多变的音色，宏大而多层次的音响效果等。因此，交响音乐的表现力特别强，它既能反映一定时代的重大题材，也能描绘大自然的美丽风光，它还适宜刻画和叙述细致而复杂的人的思想感情，甚至连深邃的哲学思想也可以表达出来。总之，交响音乐的欣赏是音乐欣赏中的最高点，如果我们具备了欣赏交响乐的能力，那么其他形式的音乐作品的欣赏就迎刃而解了。

交响乐队，我们根据演奏方式的不同以及乐器的性能和表现力的差异，可分成四个组。用弓拉的是弦乐器组，用嘴吹的是管乐器组，管乐器组又因乐器材料构造不同而分为木管乐器组和铜管乐器组，还有一个是用手来敲打的打击乐器组。

弦乐器组在数量上占绝对优势，它拥有宽广的音域，可以通过不同的运弓方法来获得各种色彩和力度的变化，它不必像管乐器要经常换气而可以不间断地奏出悠缓的长音，弦乐器还具备格外温暖和富有表情的音色，最适于表达人的复杂情感和内心体验。因此，弦乐器组自然就成为整个交响乐队的基础。弦乐器组包括小提琴、中提琴、大提琴和低音提琴四种乐器，每种乐器都有一位首席演奏者。

木管乐器组由长笛、双簧管、单簧管和大管组成。这四件乐器又有它们各自的变形乐器：短笛、英国管、低音单簧管和低音大管。木管乐器的声音不如弦乐器那么饱满，力度也不如弦乐器灵活，但它音色多样、音域宽广，可以激化弦乐器的音响效果，也可以使铜管乐器的音响得到缓和，在整个乐队中能起到更加融合统一的特殊作用。木管乐器组中的每一件乐器多半可以单独演奏，并能充分发挥其惊人的灵巧，而不是像弦乐器组那样，主要是集体表演。

铜管乐器组包括法国号、小号、长号和大号以及它们的一部分变形乐器——短号、低音长号等。铜管乐器在乐队中作用很突出，尽管它在技巧的灵活性和表现力方面都不及弦乐器组和木管乐器组，但是铜管乐器组的威力之大，却是其他乐器组所不可企及的。在有力的全奏中，铜管乐器是乐队的支柱。它的音响饱满而有光辉，具有震撼人心的力量；若在弱奏时，它又会显得温厚而亲切。

打击乐器组在交响乐队中没有独立的意义，它除了一般用来增加乐队音响的光辉和华彩或作声音模仿外，主要是从节奏上强化乐队的音响，在这一点上，乐队中其他乐器都无法与它媲美。打击乐器组有可以调整音准的定音鼓、木琴、排钟、钢片琴等，有不能调整音准的三角铁、铃鼓、响板、钗、小鼓、大鼓、锣等。

交响乐队除了上述四组乐器外，还时常用一两个竖琴。根据作品需要，有些具有民族特色和地方特色的乐器有时也会加入到交响乐队中来，如曼陀林、吉他、管风琴、萨克管等。

交响音乐自出现以来，一直不断地发展着，出现了许多形式。了解这些作品形式，也有助于我们欣赏好音乐。下面我们简要地介绍几种：

交响曲　交响曲的产生，与17、18世纪法国、意大利歌剧的序曲，以及当时流行于各国的管弦乐组曲、大型协奏曲等体裁有直接的关系。交响曲是音乐中最大的管弦乐套曲。

交响曲的结构，按规范的标准有四个乐章。第一乐章，快板、活泼，奏鸣曲式结构，表现人们的斗争和创造性的活动，充满了戏剧性。全部音乐是建立在两个性格不同的主题对比和发展之上。第二乐章，曲调缓慢、如歌抒情，采用二部曲式、三部曲式或变奏曲式，其内容往往描写生活体验、深刻的内心感受以及哲理的思考。第三乐章，中速，常以小步舞曲或谐谑曲为基础，大多采用复三部曲式，描绘人们的闲暇、娱乐、游戏等日常生活景象。第四乐章，多为非常快速，表现出人们生活的明朗和乐观情绪，展示人们的生活、风俗的场面和喜庆节日的图画。这一乐章大多采用回旋曲式、回旋奏鸣曲式或奏鸣曲式结构。交响曲的乐章和形式，不是固定不变的，它是根据作曲家的创作要求和作品的内容来定的。如德沃夏克的《自新大陆》是四个乐章，贝多芬的《田园交响曲》便是五个乐章，而舒伯特的《未完成交响曲》只有两个乐章。

交响组曲　19世纪下半叶，作曲家们根据文学题材构思，或根据戏剧、歌剧和电影的音乐选编，发展而写成的标题性交响组曲。如比才的《阿莱城姑娘》、柴可夫斯基的《天鹅湖组曲》、中国李焕之的《春节组曲》等。

交响诗　是李斯特于1850年首创的一种单乐章的管弦乐曲，它具有描写性、叙事性、抒情性和戏剧性的特征。其题材大多取自文学、戏剧、绘画及历史传说，内容富有诗意，乐曲形式相当自由，不拘一格。如李斯特的《塔索》、斯美塔那的《沃尔塔瓦河》、中国辛沪光的《嘎达梅林》等。

交响序曲　原指歌剧和清唱剧等作品的开场音乐。从贝多芬开始，作曲家常采用这种体裁写成独立的器乐曲，其结构大多为奏鸣曲式并有标题。如贝多芬的《科里奥兰序曲》等。

交响音画　交响音画不是一种单纯地摹拟自然音响的乐曲体裁。它有着描绘各种自然景色和人物肖像的特点，主要表现作曲家的内心感受，使大自然的“景”与作曲家的“情”交融在一起。著名的作品有鲍罗廷的《在中亚细亚草原上》。

交响协奏曲　这是一种独奏乐器和管弦乐队协同演奏的技术要求很高的大型乐曲，其形式和结构为莫扎特所确立。协奏曲通常分三个乐章：第一乐章快板、奏鸣曲式，常插以华彩段；第二乐章慢板、三部曲式，富有抒情性；第三乐章急板，常以回旋曲式，有节庆的载歌载舞气氛。如柴可夫斯基的《降b小调第一钢琴协奏曲》，中国的何占豪、陈钢合作的《梁山伯与

指挥家卡拉扬

祝英台》等。协奏曲还有以人声和乐队协同演出的声乐协奏曲,也有单乐章的协奏曲。

交响音乐是最高级、最复杂、最完备、最富有表现力和戏剧性的一种器乐形式。交响音乐作品虽然规模大小不一,风格特点相殊,但一般都具有结构形式严谨,表现手法丰富细腻,能表达十分复杂深刻的思想和情绪,能深含哲理地概括时代精神,间接而又巧妙地描绘自然美景等特点,从而深深地打动听众的心。我们欣赏交响音乐,可以从领略交响音乐的结构美、音色美、音乐内容美三个方面入门。交响音乐的结构美,表现在它在结构上具有规范的形式,乐曲内部结构严谨而有数理特性。如奏鸣曲的结构由呈示部、展开部、再现部三个部分组成。交响曲的这种严密的逻辑性使其结构形式异常严谨完整,具有独特的结构美感。交响音乐的音色美,主要体现在各种乐器演奏时,表现出的一种无比复杂丰富的音色之美。交响乐队可以把一般乐音的“高、低、大、小”概全。短笛可发出最高音,低音大提琴可发出最低音。大至金鼓齐鸣,小至两三声笛鸣、轻轻的弦乐弱奏,交响乐队的音色美真是千变万化,气象万千：各种和弦不断组合、变化、进行的和声之美；各种曲调相互对比、交融、呼应的复调之美；不同的乐器的独奏、重奏、轮奏、齐奏或合奏的配器之美,都会使人沉浸在无限愉悦的音响织体之中。交响音乐的情思美——内容美,是交响音乐美的核心。交响乐中的一些登峰造极之作,其最迷人之处往往不在于结构之精密、音色之美妙,而在于以强烈的概括的情思美撼动了听众的内心世界。只有当交响音乐的结构美和音色美等形式美和适当的内容美结合起来,才能形成一种独特的艺术魅力。如贝多芬的交响乐作品,之所以能跨越时空,激动人心,就是因为这些作品洋溢着作曲家对于丑恶势力不屈不挠的斗争精神以及他那种追求自由、光明、平等的思想,使千百万欣赏者感到贝多芬高尚的人格,巍然屹立在他的音乐之中。

第二节 舞蹈

一、什么是舞蹈

舞蹈是艺术的一种。它是以经过提炼、组织和艺术加工的人体动作为主要表现手段,表达人们的思想感情,表现社会生活的一种形象化艺术。舞蹈的形象主要是人物形象。舞蹈主要依靠舞蹈语汇来表现人物的行为、思想、性格和喜怒哀乐的情绪变化,以及故事情节和主题思想。即使是以动物、植物为题材的舞蹈,其动物、植物形象也经

过了艺术创造，成了一种拟人化的形象，借以抒发人的思想感情，表达人们对它的审美态度。

舞蹈按其品种分，有民族舞、民间舞、宫廷舞、社交舞、古典舞、现代舞等；按体裁分有独舞、双人舞、三人舞、群舞、舞剧等；舞剧按规模大小又可分独幕舞剧、小舞剧、中型舞剧和大型舞剧等。

二、舞蹈艺术的特征

抒情性 舞蹈长于抒情，拙于叙事。舞蹈是人类内心感情的外化，是感情发展的强烈而集中的体现。舞蹈动作在表现思想概念的清晰程度和明确方面，比起语言来有一定的局限性，但它在表达人类丰富、细腻、复杂的情感方面，却有着独到之处。由这一点决定，舞蹈内在本质属性是一种抒情性的艺术。随着舞蹈艺术表现生活领域的不断扩大，随着舞蹈手段的不断丰富，人类各种情绪和情感在许多不同的作品中都有生动鲜明的展现。如中国古典舞《春江花月夜》中古代少女的温情，《西班牙舞》吉卜赛姑娘的激情，虽是两种截然不同的抒情手法，但都会使观众沉浸在抒情的美的享受之中。

动作性 舞蹈是一种人体动作的艺术，没有动作，便没有舞蹈。舞蹈动作大致分为表现性动作、说明性动作和装饰性动作三类。表现性动作，是描绘人物思想感情和性格特征的动作，具有一定的概括性和类型性特点。中国古典舞通过长袖折腰、连翩飘举的柔婉动作以及碎步圆场的舞步，让人们看到我国古代女子“体如轻风动流波”的美姿。新疆舞那特有的热烈奔放的情感，是通过鼓弦声声，左旋右转，下腰闪胸和踢踏起舞的动作表达出来的。说明性动作，是展示人们行动的动作，具有更多的虚拟性和再现性的特点。芭蕾的立足尖和保持两腿外开的姿势，在生活中是不自然的，但人们却欣赏它的虚拟性。舞蹈中的骑马喂鸡、坐船行舟等动作，都采用夸张的虚拟和生动的再现相结合的手法，也完全符合人们的审美习惯。

节奏性 舞蹈都是在一定的节奏中进行的，且不谈有音乐伴奏的舞蹈，就是有些完全不同乐器伴奏的舞蹈，也丝毫离开不了节奏。如女子独舞《无声的歌》，它用许多自然音响作为表达人物内心的感情节奏，用演员双足蹬地、踢踏打点来伴舞，使整个作品都让人感到节奏的存在。舞蹈的节奏还表现为动作力度的强弱、速度的快慢和能量的大小。相同的动作由于节奏变化了，就可以表现出不同的情绪和情感，体现出不同的内容。如小孩的行动敏捷，老人便步履迟缓。人们欢快时，节奏轻快；情绪低落时，

舞剧《牡丹亭》

节奏就会减慢。

综合性　舞蹈要塑造完美的艺术形象，还须与其他姊妹艺术作有机的综合。舞蹈与音乐、文学、美术、戏剧都有不同程度的联系。舞蹈离不开音乐旋律的伴奏，优美的舞蹈音乐——舞曲，往往与作品构思融合成一个完美的结晶体。因此，“音乐是舞蹈的灵魂”。舞蹈需要文学台本，诗和歌词也常常成为舞蹈表情达意的一种辅助手段。舞蹈作为舞台表演艺术，它本身的造型、调度和构图，就与绘画、雕塑相关。舞蹈的造型，不仅是人物形象的静态造型，更主要的是动态造型，是和人体动作相结合的造型美。舞蹈的构图，十分讲究舞蹈画面的美感，它要求符合作品表现的思想内容，能准确地反映出与人物情绪相适应的舞台调度，才能创造出特定的舞蹈画面，用以展现意境、烘托氛围。舞蹈的服装、布景、道具、灯光等都借鉴于戏剧的因素，成为塑造艺术形象、说明剧情、表达情感和渲染气氛所不可缺少的组成部分。所以，人们又把舞蹈称为“综合性的表演艺术”。

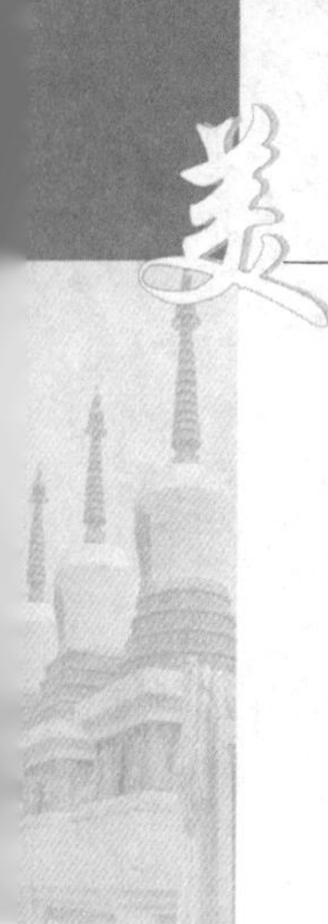

三、怎样欣赏舞蹈艺术

1. 中国舞蹈的欣赏

我国的舞蹈作品很多，如果从社会作用这个角度出发，舞蹈可以分为自娱性舞蹈和表演性舞蹈两大类。自娱性舞蹈包括现代舞厅舞、广场集体舞和各种自发的民间舞蹈等，这些舞蹈不受场地的限制，人们可以自由参加。其动作简单，形式自然，并有一定的规律性，没有经过专门训练的人也较容易学会。表演性舞蹈就不同了，它是经过舞蹈工作者直接创作的或改编整理的具有舞台表演的艺术作品。这类舞蹈要有鲜明的主题思想和内容，要有栩栩如生的艺术形象，或托物言志，或缘事抒情，动作也较复杂规范，通过组合以表达出一定的思想感情，具有一定的内在含义。这里我们所谈的舞蹈艺术的欣赏，即指的是这类作品的欣赏。

建国以来，舞蹈工作者深入生活，创作出了一大批具有鲜明时代特点和民族特色的、形式多样、风格多种的优秀舞蹈作品。根据这些舞蹈的风格特点，我们把中国的舞蹈分为民间舞、古典舞和现代舞三大类。按照这个分法，我们把深受人们喜爱的、具有

舞剧《野斑马》

一定代表性的作品，作一些介绍。

民间舞　是历代劳动人们不断创造的，在民间有广泛基础的舞蹈形式，它与人们的生活、斗争最密切。也因为我国是个多民族的国家、各地区人民的生活、历史、风俗习惯、自然条件有差异，因此形成了不同的地方特色和民族风格。民间舞着重于内容，大多有一定的情节，形象鲜明，歌舞结合。如人们非常熟悉的《洗衣歌》，有歌，有舞，有情节，以舞为主。作品具有浓郁的生活气息和藏族歌舞艺术的特点，反映出军民鱼水情深的思想主题，内容和形式的完美，深为几代观众所喜欢。还有三人舞《担鲜藕》，这是一个用民间舞蹈形式来表现新生活的作品，编导生动而准确地塑造了一位当代农村姑娘的艺术形象，在舞蹈形式美的创造上和舞蹈语言的出新上都迈出了可喜的一步。那拟人化的鲜藕与赶集姑娘的欢快舞步，展现出当今农村新的气象，其鲜明的时代气息和浓郁的江苏地方特色，给人以一股清新而强烈的艺术感染力量。我国的民间舞作品，还比较多地运用道具。如花伞、花扇、花灯、手帕、长绸、手鼓等。男子群舞《观灯》中那变化多端的草帽，群舞《红绸舞》中那翻飞舞动的红绸，这些道具都大大增强了艺术表现力，使舞蹈动作更加优美多姿，生动有趣。

古典舞　是在民间舞蹈的基础上，经过舞蹈家们提炼、加工和创造的，具有严谨的程式、规范的动作、较高的技巧的一种舞蹈，并被认为是具备了典型意义和古典风格的舞蹈作品。我国的古典舞大多保存于戏曲艺术之中，现在创作的古典舞也都借鉴于戏曲舞蹈，讲究手、眼、身、法、步的完美结合。古典舞的动作要有明确的目的性，每个姿态都要有雕塑般的美感，能形象地描绘出所要表现的人物性格和情绪变化。如三人舞《金山战鼓》的舞蹈语汇是以传统戏曲舞蹈为基础的，但编导又加以发展创新。梁红玉矫健挺拔的舞姿，既吸收了戏曲中刀马旦刚健和柔

独舞《雀之灵》

美的舞蹈特点和气概，又把动作、造型、节奏等按舞蹈艺术的表现规律加以融合变化，使这个古典舞作品别开生面，引人入胜。还有女子群舞《小溪·江河·大海》，通过24位身穿白纱裙的少女的队形和步法变化，表现出滴水成河，江河汇海的哲理内容。编导运用古典舞的“跑圆场”，对“拧、倾、曲、圆”这些古典舞蹈元素精雕细刻，使它成为立意精高、别出心裁而又不脱离古典风格的优秀作品。此外，我国极为丰富的古代绘画、雕塑艺术中的舞蹈形象资料，也为我们今后复活、创造古典舞，提供了依据。舞剧《丝路花雨》、女子独舞《敦煌彩塑》都是受莫高窟壁画、彩塑艺术的启发而创作出来的具有浓郁民族风格的古典舞精品。

现代舞　在表现形式和艺术风格上都与过去的舞蹈作品迥然不同。它摒弃了以往单纯的叙事和抒情的手法，从舞蹈艺术本身的规律出发，去挖掘人物的内心世界，着重展现人物内心世界的矛盾、冲突。舞蹈家力图使意志、感觉、想象、欲望、梦境、幻想、潜意识甚至错觉，用新颖的舞蹈语汇给以外化，将芭蕾舞、古典舞、民间舞乃至艺术体操、杂技等熔为一炉，在舞蹈上创造出具有现代意识和现代气息的新的舞蹈形式。如男子独舞《希望》，这个作品没有具体情节，人物也是一个既抽象又具体的人。演员光膊光脚，只穿一条三角裤进行表演。作品完全靠演员形体的翻滚腾越、左回右旋、放松收紧和颤动肌肉，利用动作的力度和幅度的变化，把人的痛苦、压抑、挣扎、企盼、追求以及获得希望后的喜悦、欢愉等复杂的情感，非常凝炼地、有层次地表现了出来。我们在欣赏这个作品时，时时能感到演员充分发挥了人体塑造形象的功能，每个动作都充满了感情的语言。还有双人舞《公民》，展现的是群体意义上的公民形象，人物没有具体的典型性格，情节也不连贯典型。舞台上的一男一女两个公民是被编导抽象出来的不具个性，只有共性的艺术形象。作品以战争一打响，公民所产生的复杂多变的心理活动为表演线索，服装、灯光、道具也都蕴有多义

现代舞《图腾》

性，和过去的表现内容和表现手法全然不同。编导苦心追求的是一种崭新的艺术创造和欣赏的氛围：《公民》要给欣赏者以更多的艺术想象的天地，《公民》希望欣赏者与编导、演员一起共同参与作品的艺术再创造。难怪演员每演一次，都有一种新鲜感，都是一次新的艺术创造；观众也觉得，每看一回《公民》，也总有新的发现、新的启迪和新的感慨。

2. 芭蕾舞剧的欣赏

一提到芭蕾舞，人们便想到那种立足尖的舞蹈。其实，早期的芭蕾舞是不立足尖的，那时候还没有什么“足尖鞋”。大约到了18世纪，法国著名的舞蹈家卡玛戈发明了无后跟的硬舞鞋，并且改拖地的长舞裙为紧身裤，这使人体的线条美得到了充分的展示，双脚和腿部的动作也得到了足够的强调。卡玛戈的这一变革，不仅为芭蕾舞技巧的发展开拓了新的发展前景，同时也使舞姿更为优美动人。到了19世纪20年代，意大利有位名叫勃拉齐斯的舞蹈家，对舞鞋又进行了大胆的革新，制成经过充填和加厚的“足尖鞋”。女演员穿上这种舞鞋，腿部的线条被放长了许多，体态也更为苗条轻盈。舞台上当演员用足尖站定时，便顿生一种亭亭玉立、飘然若仙的风韵。当翩翩起舞时，婀娜多姿、美不胜收。在作旋转的动作时，足尖鞋加速了人体的运转，真叫人目不暇接、惊叹不已。因此，足尖鞋的出现，对芭蕾舞艺术的发展创新起了积极的推动作用。芭蕾也从此被称为“足尖舞”。

芭蕾舞剧《罗密欧与朱丽叶》

芭蕾舞根据其不同的时代和不同的特点，通常分为“古典芭蕾舞”、“浪漫派芭蕾舞”和“现代芭蕾舞”。

古典芭蕾舞　主要指早期在宫廷里为节庆而演出的舞蹈。演员都由男性担任，表演时带上假面具，伴舞的音乐也都是自选的乐曲。古典芭蕾舞的动作有严格的程式，在舞剧中往往是为了阐明情节而设计的。比如，用右手腕在自己的脸部绕上一圈，这个动作含有“漂亮”、“美丽”之意；如果演员双手举过头顶，并作绕动手臂的动作，这是“跳舞”的意思；当右手的中指和食指并指在左手的无名指上，便表示“相爱”、“婚姻”等。这些具有哑剧性的动作，在古典芭蕾舞中，主要起着传递人物思想感情、交待剧情内容的作用，在后来的浪漫派芭蕾舞中，还经常被采用。

浪漫派芭蕾舞　在走出宫廷，进入剧场，对芭蕾舞艺术的普及方面，浪漫派芭蕾舞有着重大的贡献。从此，广大群众才有了接触和欣赏芭蕾舞这门高雅艺术的机会。浪漫派芭蕾舞不仅把超自然的精灵、罗曼蒂克的传说搬上舞台，大大扩大了芭蕾舞剧的题材，而且运用充分显露演员才化的足尖技巧，大大丰富了芭蕾舞的舞蹈语汇。这时，舞剧有了专门的音乐伴奏，作曲家用音乐来烘托气氛，交待剧情和刻画剧中人物的性格特征，成为舞蹈的灵魂。舞蹈家也随着芭蕾舞的音乐，做出一系列动作和技巧，塑造鲜明生动的艺术形象。浪漫派芭蕾舞的这种“专曲专用”，一变过去由演员自选乐曲的做法，使得舞剧与音乐珠联璧合，从而开创了浪漫派芭蕾舞的艺术新天地。

现代芭蕾舞　诞生于19世纪末期，在题材和内容上，它不像古典芭蕾舞只表现宫廷中的王子、公主的生活，也不像浪漫派芭蕾舞以神话中的仙女、幽灵为题材，而是主要反映现实生活，以现代人的思想、情感和生活为内容。现代芭蕾舞在形式上也不同于过去的古典芭蕾舞、浪漫派芭蕾舞，它们大多采用写实手法，通过对故事情节具体而细致的描述，来表现主题，塑造人物形象。现代芭蕾舞不注重情节，强调用芭蕾动作来表现一种思想或一种情绪，有时，甚至用人体的肌肉运动来作为舞蹈语言。现代芭蕾舞往往用一种写意的手法，去表现一种意境，让观众随着自己的感受去丰富自己的想象，以期经过欣赏者的思考、联想，来产生理解和共鸣。虽然现代芭蕾舞也穿足尖鞋，动作姿态也以古典芭蕾舞为基础，但它打破了固有的程式化，崇尚抽象，追求无规律，因此这种舞蹈也就显得更为自由奔放。

我们在了解芭蕾舞艺术发展的基础上，要进一步学会对具体剧目的欣赏，这里简要地介绍一下基本的、具体的欣赏方法。

首先，要了解剧情。我们可以借助说明书，来了解舞剧的内容、剧中人物和演员阵容。这样，我们在观看演出时，可以集中精力，通过演员的外型美来理解人物，也可以按照剧情来欣赏舞台上的演出，看看演员的舞蹈、场景、氛围是否出色地体现了作品的本来内容。比如，我们欣赏《天鹅湖》时，如果知道了剧情主要是叙述了王子齐格弗里德和被恶魔罗特巴尔特的魔法变成天鹅的公主奥杰塔的爱情故事，如果知道了该剧善良战胜邪恶的主题是通过王子与公主的忠贞爱情降伏恶魔妖法来体现的，那么我们对舞剧中的人物性格也就有了基本的把握，同时对剧中舞蹈的编排，也就比较容易理解。当我们在欣赏第二幕和第四幕天鹅姑娘们悲伤的群舞伴随着奥杰塔的独舞，以及王子与奥杰塔的双人舞时，就能感受到奥杰塔与王子内心的苦痛，对施展妖法的恶魔的憎恨。当我们欣赏到扮演奥杰塔的演员伸出好似天鹅双翅的手臂，作出如泣如诉的动作、表情时，便会真切地感受到善良纯洁的奥杰塔此时此刻的心情。如果你了解《天鹅湖》剧情，看到这里，也一定会心中荡漾起情感的波澜，一边欣赏，一边为之动容。

其次，要了解舞剧中各种舞蹈的功能和程序。一般来说，一出大型的芭蕾舞剧总是由独舞、双人舞、群舞等舞蹈和美化了的哑剧动作、舞蹈造型结合而成的。舞剧中的独舞是不可缺少的，它一般为表现主要人物的性格、情绪而精心设计的。像现代芭蕾舞剧《红色娘子军》中吴琼华逃出虎口时的一段独舞，它用一系列的急速奔跑、凌空大跳的“倒踢紫金冠”等动作，把吴琼华那种再也忍受不了南霸天的欺压和冲出虎口报仇雪恨的心绪，淋漓尽致地表现出来。双人舞，是芭蕾舞剧中最有表现力的舞

芭蕾舞剧《红色娘子军》

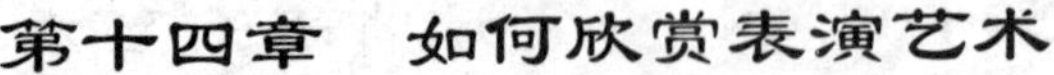

蹈，它在传达剧情、发展剧情、表露人物感情等方面，有独特的艺术表现力。双人舞中托、举、推、拉、扶、转等技巧动作，难度都很高。我们在欣赏时，评判其质量的高低标准是：托起时要轻快，高举时要稳定，推动时要凌空跳，拉动时要默契，扶助时要讲究雕塑美，旋转时要讲究速度快。双人舞要表现出演员娴熟的技巧，如《天鹅湖》中奥杰塔的 32 个单腿原地旋转，有的男演员在进行复杂多变的空中托举时，还要不断更替舞姿等高难度技巧，都是安排在双人舞中表现的。双人舞在经典芭蕾舞剧中，有一定的表演程序。一般先是缓慢的情深意长的对白体舞蹈，舞姿的舒展、脚尖站立的稳定感和动作的流畅性，在这个段落中要求极严。这段由男演员扶助女演员的抒情舞蹈一结束，接着是双人舞变奏。它是由男、女演员各自跳起符合人物性格的、又能充分显露自己技巧才华的独舞组成，其中有许多高难度的技巧动作，如凌空的腾跳、急速的快转等。一般要求男子的独舞要轻松如燕，女子的独舞要尽情发挥其卓越的技巧。最后是一段以男演员为主，女演员加入的情绪欢快热烈的双人尾声舞。总之，精彩的双人舞犹如抒情对话一般，把人物间情感的交织通过托举动作达到升华，使欣赏者产生一种美学意义上的愉悦感。群舞，通常是用来反映舞剧的时代背景和特定环境的。群舞的要求不在于技巧的高难，而在于整齐划一，动作姿态优美。群舞一般采用从民间舞演变过来的舞段。现代芭蕾舞剧《白毛女》中村民“送红枣舞”就是从我国北方民间舞蹈中汲取营养的。《红色娘子军》中的“五寸钢刀舞”和“斗笠舞”都具有鲜明的海南岛黎族舞蹈特色，从而也反映出娘子军活动的地点背景。

再次，还应当懂得舞剧音乐。一种优秀的芭蕾舞剧，总有鲜明准确的音乐形象，优美动听的旋律。舞剧的音乐构思也往往与戏剧构思融合成一个完美的结晶体。一般来说，一部舞剧都有贯穿全部的主题音乐，人物也有特定的主题音乐，还有描写场景的音乐，与各种舞段相配的舞曲等，这些音乐都是构成一部芭蕾舞剧的重要因素。因此，有人说：“音乐是舞蹈的灵魂”，这是不无道理的。所以我们通过音乐去理解舞蹈艺术，也是欣赏芭蕾舞剧的一个途径。

第十五章

如何欣赏造型艺术

造型艺术在这里专指绘画、雕塑、建筑、摄影四个艺术样式。造型艺术需要借助一定的物质材料，如颜料、布、纸、木、石、金属材料、建筑材料、摄影器材等，通过塑造有形可存的静态的艺术形象，以反映社会生活，传达创作者的思想感情。造型艺术的直观性很强，具有较强的艺术感染力。由于这类艺术空间造型性的功能十分显著，其美学意义上的再现性功能便为人们所注重。在众多的文学艺术样式中，造型艺术一直占据着重要地位。从18世纪德国美学家莱辛开始使用这一名词后，便一直沿用至今。

第一节 绘画

一、什么是绘画

绘画是“造型艺术”中的一种。它用笔、刀等工具，墨、颜料等物质材料，在纸、木板、纺织品或墙壁等平面上，通过构图、造型和设色等表现手段，创造可视的艺术形象。根据使用的材料、工具和技术不同，绘画可分为帛画、水墨画、壁画、油画、版画、水彩画、粉笔画以及素描等；绘画根据题材和内容不同，又可以分成肖像画、风景画、宗教画、历史画、战争画、风俗画、装饰画、静物画、动物画、宣传画和年画、漫画等；绘画根据画面形式不一，还可以分为单幅画、组画、插画和连环画等。

二、绘画的几种表现手段

线条　线条是构成物体视觉形象最基本的要素，是表现物体最直接、最明确、也是最富有概括力的艺术手段。即使用明暗调子表现体积，仍需要一定界限的线才能成形。线可以同明暗结合起来运用。所以线条作为一种表现手段，是非常自由和稳定的。线

条主要有三种功能：分割面积、制造面积和表达感情。中国画的造型技巧主要是用线条。西方现代派绘画吸收了东方绘画的特点，也有不少是以线条为绘画语言的作品。那些纯粹由色块组成的的抽象画中，我们也可把色块的边缘看作是独立的线条。毕加索、马蒂斯、米罗等现代西方绘画大师，都是运用线条与色彩的高手。

色彩　色彩是构成绘画的重要因素之一。各种物体因吸收和反射光量的程度不同，而呈现出复杂的色彩现象。色彩在绘画中具有表情性，如红、橙、黄往往给人以温暖、热烈的感觉（称为暖色），青、蓝、紫则有寒冷、冷静之感（称为冷色）。色彩在具体运用上，也是有规律可循的，色彩之间会通过相互联系而起作用。诸如，色相对比、明暗对比、冷暖对比、补色对比、同类对比、色度对比、面积对比以及透明对比等。色彩还具环境性和画家个人的感觉差异性。在中国传统绘画中，有些纯粹的线条画作，当线条出现粗细变化时，我们也视之为已有了色彩的性质。

构图　在中国传统绘画中也叫“章法”或“布局”。它是艺术家为表现作品主题思想和审美效果，在两维的画面上虚拟的三维空间里，有机地安排和处理人、物的关系和位置，把个别或局部的形象组成艺术的整体。均衡和变化是构图的主要法则。排列性因素、组合性因素和隶属性因素是构图分成的三类性质。线条、形状、明暗、色彩等都是组成构图形式的因素，会直接影响构图的艺术效果。一般常见的构图法有：金字塔式、放射式、对角线式、S形式、螺旋形式、圆式、V字形式、半月形式等。

透视法　透视法是绘画者将立体空间的人物、景物的形状，表现在平面的画纸或画布上，给欣赏者以平面上产生立体空间感的一种绘画方法。一般来说，透视法有两类，一是焦点透视，二是散点透视。焦点透视法可以分为形体透视和空气透视。形

中国画：春雨江南（李可染）

体透视也叫几何形透视，它是根据光学和数学的原则，在平面上用线条来图示物体的空间位置、轮廓和光暗投影的科学。按照焦点的不同，通常有平行透视和成角透视等分法。平行透视，就是有一个面与画面成平行的正方形或长方形物体的透视，这种透视具有稳定、平展的感觉。成角透视，也叫余角透视，它是任何一个面都不与画面平行的正方形或长方形物体的透视。在成角透视中，构图往往给人以生动、活泼、富于变化之感。空气透视，又有“色彩透视”之称，它主要研究和表现空间距离对于物体的色彩及明显度所起的作用。中国传统绘画与西洋画的透视观念不同。中国民族传统绘画讲究散点透视，即中国传统画论中所谓的“步步移、面面观”、“以大见小”、“小中见大”等。散点透视在构图上可以不受视域的限制，将不同位置看到的景物有机地组织到画面中去，使画面内容更加丰富、壮观。近代装饰性的绘画、壁画等，也常不受焦点透视原理的限制，而往往都采用散点透视的方法。

形象与形体　绘画在创造形象时，总要凭借某些基本形体，如原始艺术中的波浪形、中国绘画中流畅的曲线、西方绘画中的几何图形。在西方绘画中，尤其重视形体，它几乎被认为与形象是一回事。无论是注重外观写实的近代作品，还是注重心理表现的现代绘画，都是以“形”为根本的。因此有人认为，古希腊、罗马及欧洲文艺复兴后的绘画，基本上追求“真实地再现”自然界和人类生活的原型，它意味着尽可能逼真地、细腻地再现原型的外观；而中国及其他地区的绘画则追求尽可能“透彻地表现”原型的精神气质和运动轨迹。即前者追求“乱真”，后者追求“传神”。

三、怎样欣赏绘画艺术

1. 中国画的欣赏

世界画坛上，很少以国家名称来命名一个画种的，一般都以工具和材料命名，如油画、水彩画、版画等。而中国画就是一个特殊。无论从物质材料上、表现技巧上，还是表达内容上，中国画都是独树一帜、自成体系的。只有用“中国画”相称，才能道出它的实质真貌。

中国画，从形式上分，可分成壁画与卷轴画两大类；从表现特点上分，可分成工笔画、写意画和兼工带写三种；从题材上分，还可分成人物画、山水画、花鸟画等。

中国画和西洋画在表现形式上是各有特点的，这和作画用的工具、材料有关。文房四宝：笔、墨、纸、砚，是中国画主要的作画工具和材料。

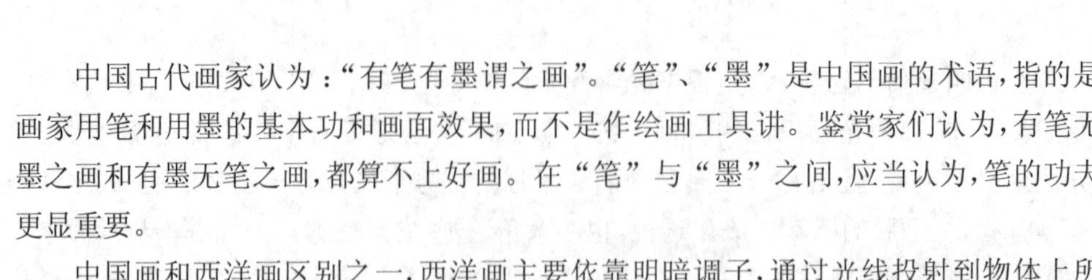

中国古代画家认为:“有笔有墨谓之画”。“笔”、“墨”是中国画的术语,指的是画家用笔和用墨的基本功和画面效果,而不是作绘画工具讲。鉴赏家们认为,有笔无墨之画和有墨无笔之画,都算不上好画。在“笔”与“墨”之间,应当认为,笔的功夫更显重要。

中国画和西洋画区别之一,西洋画主要依靠明暗调子,通过光线投射到物体上所产生的明暗变化来造型,而中国画主要依靠线条来造型。通常来说,线条就是用笔。中国画家们不仅要用线条去画轮廓,而且也要用线条去表现质感、明暗。光是线条的变化,就有粗、细、曲、直,轻、重、缓、急、刚、柔、肥、瘦等种种区别。古代画人物衣服的褶纹,也有“十八描”之多,这说明中国画的线描技巧是相当丰富的。走笔速度快,线条刚挺有急疾趋势;走笔速度慢,线条厚实则凝重圆浑;用中锋走笔,线条灵活富有弹性,像杨柳枝条;用侧峰挫笔,线条干涩留出飞白,似松柏裂痕;线条走成波形曲线,给人以优柔连绵之感;线条走折成方刚短浅,造成一种坚挺硬朗之势……因此,中国画的线条不仅有描景状物的功能,而且还具有表情达意的审美特效。

线条在中国画技法中进一步发展,则成了皴法。皴法常用于山水画,皴法有人认为有16种,也有人认为远不止16种。皴法在表现山石树木的质感方面有很大的灵活性。若干平行的线条或穿插错接的线条组成的披麻皴,延绵层叠、疏密相间,有清爽自如、浑然和谐之感。由粗壮的侧锋短线组成的斧劈皴,运动迅疾、粗糙厚实,甚至锋芒逼人,如削似砍,大有奇倔之风神。

中国画:鹰(潘天寿)

如果要概括一下中国画中线条的特征,那么有工与拙两种。凡工者,线条多用中锋画出,圆润透发,排列紧密,以整体之势体现出优美;而拙者,线条尚偏尚侧,走笔颤抖顿挫,留出飞白甚至破损。许多中国画大师都喜拙弃工,他们

荷花图（张大千）

认为拙中含雅，拙中更见画家个性。

再谈谈用墨。用墨是包括用色在内的，它的主要目的，是要表现物体的色彩、明暗等。墨虽然是黑色的，但在中国画中，"墨分五彩"。墨经过水的调节，可以出现焦、浓、淡、重、清等五彩。加上宣纸本身的洁白，就成了六彩。中国画有的用颜色的，叫"设色"，如工笔重彩卷轴人物画《韩熙载夜宴图》等；不用颜色的，就主要依靠墨的深浅、浓淡、干湿的变化，使人产生有色彩的感觉。中国画对画笔含水蘸墨技法的运用，如同用线条造型一样丰富，这里介绍几种特殊的技法。

破墨法　画家破墨之法很多。若先用淡墨画，然后在上面用浓墨来破，这是以浓破淡；若先画浓，再用淡来破，谓之以淡破浓；若先干后湿，即以湿破干法；若先润后焦，即以焦破润法。破，就是让水墨一层一层地丰富滋润起来，达到一种特殊的艺术效果。

泼墨法　就是画家用豪放的笔势，用大量的水墨如同泼在纸上，任水墨在纸上浑化成各种状态，然后发挥想象力，随着墨色的诱发，使形象清晰起来，再略加勾勒点染即成。泼墨法避免了构思上的俗套，虽有诸多偶然因素，但成功的作品大都富有出奇的新意。

渲染法　就是用水墨或颜料来烘染物象，使物象更加鲜明突出。渲染有七法，渲、罩、烘、衬、刷、铺、镇。渲，以墨和水色渲开浓淡，不露笔痕，一般用来分清明暗调子。罩，以水色覆盖，基本上是一涂，透露出底色。烘，以它色从旁衬托，使重点更为突出、鲜明。衬，在纸绢背面托色，使描绘的形象更见厚重。刷，通常以排笔涂上大面积色块，来画天和水。铺，以墨、石青、朱等重色或金银满铺作地，加强装饰效果。填，留出描线，以不透明的粉质颜料来充填。

上述这些用墨的技巧，都是为了加强表现对象的气势和韵味。中国画是非常讲究笔墨的。我们评论一幅中国画，也主要看作者的笔墨功夫。一般说来，笔墨大胆雄健、流畅自然，给人以一种力的感觉，就是好的，是上乘之作。反之，笔墨轻羸困弱，滞而凝

之，是不好的。中国画讲究笔墨，目的是为了传神，这就是要求作者尽可能地把所绘对象的形和神能活灵活现地表现出来。中国画既提倡有笔有墨，又要求“画无笔迹”。这就是说我们欣赏一幅中国画时，首先应当是画中的形象深深地吸引我们，而不是只注意画家用了什么笔墨技法，忘了画中所表达的内容。比如，我们欣赏徐悲鸿的马，刚看时哪管它是什么笔墨，我们首先看到的是呼啸飞奔的骏马。这样的作品，才是真正的好笔墨。

在构图方面中国画在透视方法上，区别十分明显。西洋画一般用焦点透视，中国画用散点透视。西洋画就像照相一样，从一个角度出发，如实“照”来。中国画的立足点，要随画家的感受和需要而移动，他能把见得到与见不到的景物统统描入自己画面。著名的北宋张择端的《清明上河图》就是一个例子。这幅长卷反映了汴梁城内城外丰富复杂的景象。从远郊到市中心，从“虹桥”上行人到桥下行船，从近处楼台到远处河汉，景物比例都是相近的。这是中国画根据内容和艺术表现的需要而创造的独特的透视法则，是不能用西洋画透视观念来批评中国画构图“不科学”的。

中国画的构图还讲究“计白当黑”。西洋画一般把背景涂得满是色彩，而中国画却喜欢在画面中留出一定的空白，且还特别讲究“空白”的安排，因为它能产生“无中生有”，“此处无形胜有形”的特殊的观赏效果。比如，画中的上方悬挂一弯新月，行人手持电筒，白色的背景立刻“变成”了黑夜；若画一只小船，便知满纸皆湖水；画一行南归之雁，便感觉到空白之处是秋高气爽的蓝天。中国画的这种大胆省略背景，实际上也是“虚拟”手法在绘画中的应用。空白处理当否，与整个画面的完美和谐有着微妙的关系。该空的不空，画面则气促而拘束；不该空的空了，画面便松散而气懈，要使画面丰富而又“空灵”，这才是中国画“计白当黑”的最高境界。

中国画：枇杷（齐白石）

此外，中国画的构图还讲究势道，景物安排位置，要能产生具有势顺而气旺的整体效果；讲究虚实，要强化黑白对比，一虚一实相映成趣；讲究奇特，构思要新，能令人遐想不已；讲究险难，要别出心裁，切忌死板僵化，等等。

诗、书、画、印融为一体，这又是中国画的一大特点。

画上作者的签名，叫“落款”。只写作者姓名与作画年月、地点的，叫“单款”，画还写上此画赠送某某人字样，这叫做“双款”。画上题字，是要有文学修养的。题字既要与画面有联系，但又不能重复画面内容。通过题字让人见景生情，或生发开去。一段精辟的画论，一段发人深省的人生哲理，常被认为是题字中的精妙之作。有的画中题诗，充分发挥诗、画各自的艺术特长，起到互相补充、相得益彰的效果。画上题字，不论多少，不能随便就写。用什么字体，也有讲究。一般来说，工笔画不宜用狂草；一幅大写意作品，则不宜用正楷。字体的位置也要恰到好处。总之，要求字与画面要统一，要和谐，以增加画面的形式美。

中国画与中国书法是相通的，即所谓“书画同源”，由于书写和作画工具都是毛笔，因此不少画家通过书法，练就用笔、布局等方面技艺，并运用于画中。书法中的抑扬顿挫、点撇竖捺都能在画中得到体现。书与画不仅笔墨形态上相通，而且风貌亦通。郑板桥的书法，有一种作画般的趣味风格；他的画中，也透露出书法的灵气，两者在神采上极近相同。

画中的印，就是印章。一般说来，姓名章有两枚，白文的刻姓名，朱文的刻号。有一种叫斋馆章，是表示画家的住处的。此外，还有一种闲章，大都刻上一句成语，或画家的主张、格言，这类印章也是五花八门，相当丰富的。至于怎么盖章钤印，这里倒大有学问。盖章要考虑到整幅画的构图、色彩，要能起对比、配合、呼应的作用。印章的大小尺寸，印面形式都要精心选择，钤印时要注意力量的轻重和印泥的浓淡，至于盖在什么地方，也要慎重经营位置，稍有疏忽，便会破坏整幅作品的艺术完美性。因此，“印章虽小压千斤”，盖好了，锦上添花；钤坏了，弄巧成拙。

2. 油画的欣赏

油画是西洋画中一个主要画种。它是用快干油（如亚麻油、核桃油、罂粟油等）调和颜料，在帆布、亚麻布、画板或硬纸板上作的画。它是一种能够充分发挥造型因素，包括色彩、线条、形体、调子、明暗以及空间感、质感、量感等的综合表现的画种。它是擅长于真实地、生动地再现周围世界的视觉印象的艺术，使欣赏者有一种亲临其境之感，具有很大的艺术感染力。如画人体肌肤，生动逼真；画水果秀色，诱人可餐；画玻璃器皿，晶莹透彻……用“栩栩如生”来形容油画擅长表现景物的真实面貌，一点儿也不夸张。

那么，油画的色彩是怎样形成的呢？

首先，它是画家对自然景象观察和感受的结果。在光的作用下，自然界呈现出不同的色彩。阳光通过三棱镜，能分解成红、橙、黄、绿、青、蓝、紫七种色光，任何物体对色光都有吸收和反射的性能。树叶呈绿色，是因为树叶吸收其余六种色光，唯反射出绿光。但是，一般人通常只注意物体的“固有色”，而不大注意色彩之间的相互联系和相互影响。画家不仅是“看”到色彩更重要的是能“感受”到色彩。他们能感受物体之间所形成的“色彩关系”。因此画一片树林，他们不是用一种近似于树叶的绿色来涂抹，而是要用诸多颜料调成冷绿、暖绿、深绿、浅绿等不同的绿，来组成一个绿色的色调，将树林处在空间上、下、远、近的色泽正确地表现出来。画油画的人，要具备这些“色感”。我们欣赏油画的人，也要培养一些感悟色彩的能力。

其次，油画的色彩也是画家基于感受和创作主题的需要而创造的结果。一幅油画，不管它有多少种颜色，其中必定有几种是主要的色彩来控制全幅，以呈现统一中有变化、集中里有丰富的艺术美。这种油画的“调子”，就像一部交响曲，有一个主旋律贯穿始终，构成一个鲜明的主题一样。它也像一首诗，能传递出一定的意境。列宾的《伊凡雷帝杀子》，血红是它的主调；东山魁夷的《月之微光》，

油画：查坡罗什人给土耳其苏丹回信（苏联列宾）

冷色调的蓝是它的主调。不同的色调，表达了作品不同的意境，引起欣赏者不同的情感。

埃克河边的磨坊

总之，我们欣赏油画，要在了解色彩的一般规律和色彩具有表情性的基础上，去培养自己对色彩的感受能力。面对一幅画，不能只会辨别画上用了什么颜色，而要去领略作品中色彩的力量、艺术家的情绪、创作时的心境以及他的用色个性等。

油画起源在什么时候，至今难以定论。但从1430年左右，尼德兰画家杨·凡·埃克改进绘画材料，开创了油画新技法起，至今已有五百多年的历史。这五百多年来，油画经历了三个明显变化的时期，并且出现了不同的艺术特点。下面我们按照古典油画、近代油画和现代油画这三个时期，来简单介绍一下这些时期油画的一些特点。

古典油画 指从15世纪到19世纪初的油画，它反映了意大利文艺复兴到资产阶级革命期间欧洲油画的面目。在内容上主要以宗教故事、神话传说和现实生活为题材。以宗教为题材的作品很多。最典型的有达·芬奇的《最后的晚餐》、米开朗基罗的《最后的审判》等，这些都取材于《圣经》中的人物与故事。在这一类作品中，画中的人和物都“当代化”了，人的服饰、景观都是画家所熟悉的当地人民生活的写照，至于人物的形象、神情，都倾注了画家的爱憎，圣母被人化了，画中人物被世俗化了。这些表达方法，都是画家藐视神威，肯定人的力量，歌颂人、赞美人的人文主义思想的表现。所以，我们今天看这类油画，只要稍稍了解这段历史，还是能看懂的，并能从中感受到艺术家对人的赞美。以神话传说为内容的作品也不少。如波提切利的《春》和《维纳斯的诞生》、提香的《天上的爱和人间的爱》等，都取材于希腊神话。一般来说，宗教故事往往是严酷的、流血的，而神话多半是欢乐的、轻松的，这多少反映了画家对美好事物的向往。同时，创作这类作品，也使画家能少一些束缚，多一点创造自由，能充分发挥自己的艺术想象力，完美的塑造自己心目中最理想的形象。我们在欣赏这类作品时，也能感到当时的人们在宗教肃穆、生活冷酷的氛围里，滋长着的对美好世界的追

求和感受爱的慰藉。古典油画中，还有一类是以现实生活为题材的作品，如达·芬奇的《蒙娜丽莎》、哈尔斯的《吉普赛女郎》、伦勃朗的《夜巡》等。这类作品中有肖像画、风俗画、风景画、历史画、静物画等等。这些作品都直接地描绘了当时人们的各种生活场景，有一股浓郁的生活气息。不少肖像画人物神情逼真，栩栩如生。不少风俗画让人看了感到自然亲切。总之，古典油画叙事性强，理性的多，但也存在着手法欠多样、重造型的严谨性、轻色彩的丰富性的缺点。

近代油画 突出的一点，是画家们追求个性、画派纷呈。在9世纪初到19世纪末，先后出现了法国的浪漫主义画派、巴比松画派、印象主义画派、巡回展览画派等。近代油画画坛之所以出现很大变化，主要是画家过去那种受雇于教会的情况变了，画家们获得了更多的创作自由。浪漫主义画派反对古典绘画一味地唱理想的赞美诗，认为油画不应只画典雅的、甜美的作品，而应描绘现实生活，尤其是战争、贫穷折磨下的人们。从而该派形成了悲剧性的崇高风格。席里柯的《梅杜萨之筏》、德拉克洛瓦的《自由领导着人民》都体现了该派主张，并在色彩的运用上，充分表达了画家们的情感。巴比松画派主要以风景画为样式，一改过去画家从室外获得素材，回到室内来创作的旧习，而直接到郊外去描绘大自然的景色，他们的画作常使人感到自己似乎在和大自然进行亲切的交谈。印象画派极重视瞬间的光彩效果，使人们第一次看到色彩的鲜明，在不依靠形象的情况下，色彩也能给人以美感。俄国的巡回展览派与印象派迥然不同，他们画中的人物都有现实素材的依据。而非夸张幻想。他们通过描绘历史事件，描绘普通的悲惨生活，来唤起观众推翻沙皇统治，进行社会改革的激情。因此，这种风格被后来认为是现实主义绘画。

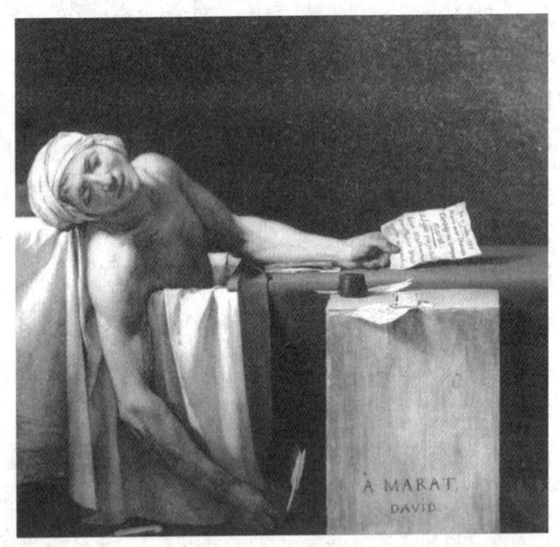

马拉之死

现代油画 现在发展越来越快，风格流派层出不穷。有些画由各种材料拼贴而成，颜料也出现了既能溶于水，也能溶于油的丙烯颜料。但从艺术特征上分析，我们还是可以用“现代油画”这个不太贴切的词来加以概括。现代油画有许多特点，画派更多，但存在时间更短；画家往往注重形式而轻内容；他们讲究表现个性，不喜欢与他人雷同。有些画家运用“变形”手法，抛弃过去古典油画中人物画得维妙维肖的特点；有的画家却把画中人物描绘成巨幅的，汗毛孔都丝毫不差地表现出来。抽象主义在画中只有点、线、面和色彩的构成，用点、线、面来造成一种感情趋向，用色调、色彩来强化这种倾向，把人们的崇高、平衡、不安、热烈、理智等感觉，用抽象的形式表达出来。未来主义画派认为艺术应该表现运动，于是一匹马被画上 24 条腿，小鸟的飞翔轨迹都被描绘出来，因此，这类作品不再是静止的瞬间造型，而变成了运动的形影。总之，欣赏现代西方绘画作品，需要我们了解西方现代文艺思潮，弄清画家的艺术主张和艺术追求。同时，我们也需要改变一下过去的看画习惯，提高自己的审美感受能力。

油画：父亲（罗中立）

第二节 雕塑

一、什么是雕塑

雕塑属于“造型艺术”。它是雕、刻、塑三种制作方法的总称。它以各种可塑的（如粘土等）或可雕可刻的（如金属、石头、木头等）物质为材料，制作出各种具有实在体积的艺术形象。按照雕塑的功能，一般可分为装饰性雕塑和纪念性雕塑两种。装饰性雕塑是指在建筑物上、家具或其他用具上的一种起点缀装饰作用的雕塑。纪念性雕塑是指用来表彰历史人物，纪念重大历史事件或以宗教崇拜偶像为题材的雕塑，它通常被安置在特定环境或纪念性建筑的综合体中，具有庄严、永久的特征。根据雕塑制作方法的不同，一般把雕塑分成两大类：一类是雕刻，即雕去（或刻去）于形象无用的材料，主要有石雕、石刻，木雕、木刻等；另一类是塑，即用手将材料捏塑成形，有时还将作品形象转到模子上，进行翻铸的，主要有泥塑、陶塑、青铜塑等。现代又有以焊接为手段的钢雕和金属雕塑。根据雕塑的不同制作形式，又可分为圆雕、浮雕和透雕三种。圆雕指不附在任何背景上，可以四面欣赏的、完全立体的一种雕塑；浮雕是在平面上雕出凸起的形象的一种雕塑，依表面的凸出的厚度差异，有高浮雕、中浮雕、浅浮雕之分；界于圆雕和浮雕之间的一种雕塑称透雕，它是在浮雕的基础上，镂空背景部分，有的单面雕，有的双面雕。一般有边框的也叫镂空花板。

二、雕塑的几种造型因素

材料的三维性 这是雕塑的基本造型因素。雕塑必须具有体积。雕塑家在改变材料体积的同时，也就改变了材料的形状，创作出作品的艺术形象，并使其具有绘画中也存在的构图、节奏、质感等其他因素。由于雕塑艺术的这一特质，雕塑家还须考虑材料的力学性能、作品的力学结构和作品与周围空间的关系。石雕作品主体不能过于单薄，也不能让其某一侧面份量过多，超过相对的另一侧面，否则会影响作品的坚固程度。雕塑家还要考虑作品与安放的周围环境相协调的问题，否则会造成不和谐的气氛或出现荒诞的效果。

形体与形象 雕塑在相当长的时间里，是以自然界中存在的物体为直接原型的，这一点和绘画一样。雕塑作品无论是被看做原型的另一种存在方式，还是被当做原型的摹仿和升华，这一点也都和绘画一样。雕塑作品的这种再现，可以是非常形象的，如古希腊、罗马和文艺复兴到19世纪末的西方作品，都追求接近原型外观（但不是原封不动的复制）；也可以是十分抽象的，如某些欧洲原始雕塑、某些近代非洲作品和许多现代西方雕塑作品，它们或用简单的几何图形造型，或用高度简练的手法，创造出比标本或写实作品更强烈的抽象作品。当然，雕塑作品的这种再现，还可以介于形象与抽象之间，如古埃及、古印度、古中国和

黄河——母亲（何鄂）

中世纪欧洲的大量作品便是属这一类。

质感　雕塑材料的特殊质地对细腻地、逼真地再现原型的质感（如人体皮肤、毛发等），无疑是一种巨大的困难，但它却也为开拓这些材料本身质感的表现潜力，提供了有利的条件。如造型简练的非洲木雕，在作品中刻上几道有力的纹路，以显示材料的坚硬。

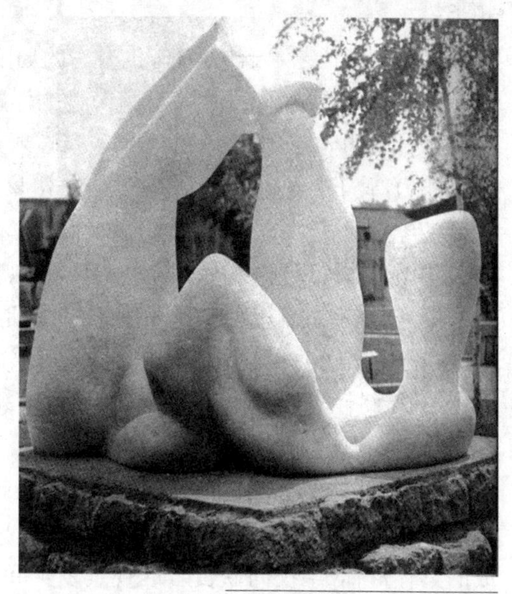

牧歌般的风景（法国阿尔普）

光的构图　雕塑作品是三维的，有明暗凹凸之分。雕塑家在构思作品时必须把光线考虑进去，这种光线明暗的对比与变化，相当于绘画中色彩的作用。当西方绘画中色彩的重要性逐渐超过线条时，西方雕塑中光的作用也被日趋重视。罗丹后期的一些作品中，形体不再由表面光滑的大块局部组成，而由高低起伏的表面代之，光线在它们上面的跳跃变幻，使作品本身的结构感被一种难以捉摸的节奏所代替，这种莫奈的印象派绘画、德彪西的印象派音乐有异曲同工之妙，因此，被人称为“光的舞蹈”。

三、怎样欣赏雕塑艺术

1. 雕塑作品的欣赏

我们欣赏一座雕塑作品，应当从作品本身和作品安置环境两方面来考虑。雕塑材料的三维性决定了雕塑必须具有体积，这和绘画不同。我们欣赏油画，色彩对于唤起欣赏者的美感，起着重要的作用。但是，雕塑一般是单色，或汉白玉、或青铜、或大理石，都是以一种颜色来呈现出单纯中的丰富。雕塑作品虽然是用泥巴、石头、金属等构成，但由于它们以不同的艺术形象传达出不同的情感和风采，所以令人感到作品充满着肌肤的起伏活动感。冷冰冰的泥巴、石头中仿佛注入了生命力，流动着温暖的血液。优秀的雕塑作品，无论是巨型、中型还是微型，无论是头像、全身像还是群像，总是人性和人的精神、气质的结晶。这种具体而生动、富有表现力的形体，是雕塑艺术最重要的表

现手段。

雕塑和其他艺术形式一样,也有它的局限性。雕塑不能像绘画那样直接而仔细地描绘人物活动环境,除一些带有情节性的浮雕外,一般不宜表现事物的发展过程和人物的全部经历。因此,这就要求雕塑家必须具备对现实生活有一种高度集中、高度概括的能力,善于把人物的全部品性、特征凝聚在一个静止的瞬间的形象上。同时,也要求雕塑家能寓丰富的思想内容于单纯的艺术形象之中,以达到单纯和丰富的对立统一。我国著名的现代雕塑《艰苦岁月》,展现的是红军战士的英雄形象,它不用冲锋陷阵的姿态,也没有表现如何克服困难,而只是通过一老一小的红军战士长征途中休息时吹笛子、听笛声这样一个单纯的艺术形象,生动而传神地表现出红军战士纵然千辛万苦,却始终怀着乐观主义精神和对美好未来无限向往的这样一个崇高的主题。显而易见,这座雕塑所表现的思想内容是深刻而丰富的,它并不亚于同类题材中那些规模宏大、人物众多的艺术作品。

选择什么样的雕塑材料,会直接影响作品的艺术效果。雕塑这由一定物质材料构成的具体形体,不仅同欣赏者的视觉发生联系,而且与欣赏者的触觉也会发生联系。这种联系虽然是靠欣赏者的心理因素的联想来架接的,但是触觉和视觉可以使雕塑所用的物质材料也具有审美价值。罗丹在谈论欣赏《米洛的维纳斯》时说:"抚摸这座像时,几乎会觉得是温暖的。"罗丹之所以会产生这种触觉感觉,主要是因为作品本身的美以及他所使用的大理石那洁白如玉的材料特点所致。假如用青铜来制作维纳斯,那一定会产生另一种感觉。我们在美术商店看到的《贝多芬头像》,一种是本色白的石膏制品,另一种是仿青铜效果的制品,其审美效果就不一样。所以,优秀的雕塑家,都是根据作品的内容和他要取得什么样的艺术效果,来决定选用哪一种物质材料,否则,便达不到预期效果。

雕塑在表现力方面,擅长运用对比手法。由于雕塑材料是单色的,雕塑家就很注意在形体上雕凿出粗糙的、光洁的、或有棱角的、或凹凸不平的面积,以加强作品的表现力。米开朗基罗的《大卫》,脚边树桩上粗糙的树皮和光滑的脚部皮肤,《被缚的努力》腿部的肌肉与旁"未经"雕凿的石条,都是对比运用的实例。罗丹的《思》,是一尊大理石头像,那少女略垂着头,双眼安详地注视着什么,从下颔开始就是未雕琢的石块。这样,少女的头部如从顽石中刚刚显露出来。粗糙的石面和光洁的面庞,有棱有角的石料与曲线柔和的五官形成了强烈的对比,令人于朦胧中辨清处于沉思中的精灵,一个正处在多思年华的少女的共性形象很快就被欣赏者接受。有些泥塑作品,还故意留下捏、挤、削、凿的痕迹，有些雕刻作品表面都是“刀触”形成的起伏阴影，其目的也在于加强对比效果。

还有，雕塑的安置环境也很重要，它能影响作品的审美功能。把它摆进展览馆，是独立的造型艺术品；把它置于公园里，成为园林环境的点缀物；把它用于建筑上，便成为“建筑的衣服”，与建筑一起相映生辉。无论中国，还是西方，历来都极重视雕塑安放的环境。北京故宫是高墙厚壁、殿室深深的建筑群，雕塑的目的是为了烘托皇宫建筑的庄严，以显示帝王的权威。宫殿门前置一对石狮子，张目瞪眼、形高态壮，犹如荷矛卫士，以显门庭森严。天安门前的那组由金水桥上的望柱、狮子和华表组成的雕塑，与天安门城楼构成鲜明对比。远看，白色的雕塑衬托着红色墙面的壮丽，那桥上望柱的密匝、低矮反衬得城楼魁伟高耸。近看，华表矗立，也因雄狮盘踞而显示盘龙飞腾的动势。这组雕塑很好地装饰、衬托了天安门的气势和其独特的环境。

艰苦岁月（潘鹤）

至于雕塑作品安放的高低位置，也有讲究。罗丹的《思想者》，放在雕塑群《地狱之门》横楣中央的位置上，以此来默视下面发生的悲剧。南京雨花台的烈士起义群雕，被置于宽广的斜坡上，给人以壮烈、气贯长虹之感。罗丹的《加莱义民》，不放在基座上，是为了让瞻仰者在视觉上造成一种“我与英烈同在”、加莱义民永远生活在市民之中的感觉。

2. 人体作品的欣赏

我们在欣赏西方美术作品时，总会碰到一个相当敏感的问题，即如何看待人体作品。在我们中间，有的人视裸体作品为唯一最美的艺术品，有的人则把它看作是黄色下流的东西，也有些人单纯地从寻找感官刺激去看待作品，这些都是不正确的态度。我们认为，欣赏人体作品要有健康的审美心理。

人体具有美的因素。人体的线条和色彩都十分丰富，刚柔并存，冷暖互在。男性

人体直线条多，体块分明，表现出阳刚的健美；女性人体曲线起伏微妙，肌肤色泽柔嫩透明，体现出舒缓的优美。人体只要一动作，就会由原来躯体的对称美变生出均衡之美。所以，大自然虽然美景描绘不尽，美术家们还是喜欢描绘人。

据说在两万年以前的旧石器时代，就产生过裸体艺术，但出现人体美术的高峰只有古希腊和文艺复兴两个时期。古希腊社会，由于战争频繁、御敌需要，运动事业极为发达，人们习惯于赤身裸体地参加竞赛，以炫耀和显示自己健美的躯体。由于地中海沿岸气候温和，适于户外裸体运动，这就为古希腊人的人体美术发展提供了条件。闻名于世的大理石半裸雕刻《米洛的阿芙洛蒂德》，就是无数维纳斯雕像中最好的一尊。她庄严典雅，体态优美，表情矜持而带智慧，毫无纤巧娇柔、顾影自怜的造作，她的外形美与精神美达到了高度的统一。维纳斯下肢虽为衣裙所遮，但舒展自然的衣褶，增添了丰富的变化和含蓄的美感。尽管她双臂残缺，但仍栩栩如生，给人以完整的美感。不少人曾为她恢复双臂，但个个都显得黯然失色。米隆的全裸雕像《掷铁饼者》，也塑造得极为生动，一种运动员处于竞技状态最关键时刻的造型，一种运动员体内充满生命活力的形象，被淋漓尽致地表现出来，成为古希腊的雕刻名作。

文艺复兴时期，肯定人生的思想被人们认为是人类精神的觉醒。在这样的情况下，人体美术开始复兴。米开朗基罗为美第奇礼拜堂制作的四件裸体雕塑《朝》、《夕》、《昼》、《夜》，在情绪上表现了沉思、哀怨、愠怒、不安的复杂感情和人的痛苦经历，显示出激动人心的力量。例如，《夜》，雕塑家用一个裸体的妇女来象征被蹂躏的意大利民族。从她的形象上，我们可以看到一种忧郁和沉迷不醒的神情，左腋下的假面具象征着梦幻，左腿下的猫头鹰象征着夜的沉默。构图的不稳定性，人体有向下滑坠的倾向，使主题更为鲜明而耐人寻味。这座雕像没有女性的妩媚柔丽的气质，倒是掺杂了男子的刚健之美，充分地蕴藏着生机和力量。她犹如一个正在酣睡的巨人，一旦醒来，将会迸发出不可征服的力量。《夜》实际上体现了米开朗基罗的爱国主义精神，也寄托着他那忧国忧民的感情。

文艺复兴运动之后，许多美术家在直接反映现实生活的同时，继续发展着人体美术。杰出的代表是罗丹。罗丹的《青铜时代》，是一座男性少年的裸体雕像，这件作品高度忠于自然的真实感和蕴含的内在力量，表现了人的觉醒和对未来的希冀，受到人们的好评。罗丹的《思想者》，那深陷的双目，收屈的下肢肌腱，痉挛的脚趾，有力地表现了“他”苦闷、沉思和痛苦的感情。罗丹的另一座雕像《老娼妇》，表达了作者对任人欺凌的妓女在年老色衰后的悲惨处境的深深同情。我们认真欣赏这个作品，一定会感到这是罗丹对他所生活的那个社会发出的震撼人心的控诉。我们观赏罗丹的裸体作品，可以感觉到罗丹作为艺术家，他所追求的不是生理状态的人体美，而是把人体作为一种“艺术的语言”。借人体以“抒情”，借人体以“言志”。还有苏联雕刻家菲万依斯基的《宁死不屈》，也是人体作品。但我们从裸露的躯体联想到英雄们受到法西斯严刑拷打而造成的衣衫破烂、一丝不挂。这种合理的、自然的艺术处理，使人倍添了对革命战士的崇敬。

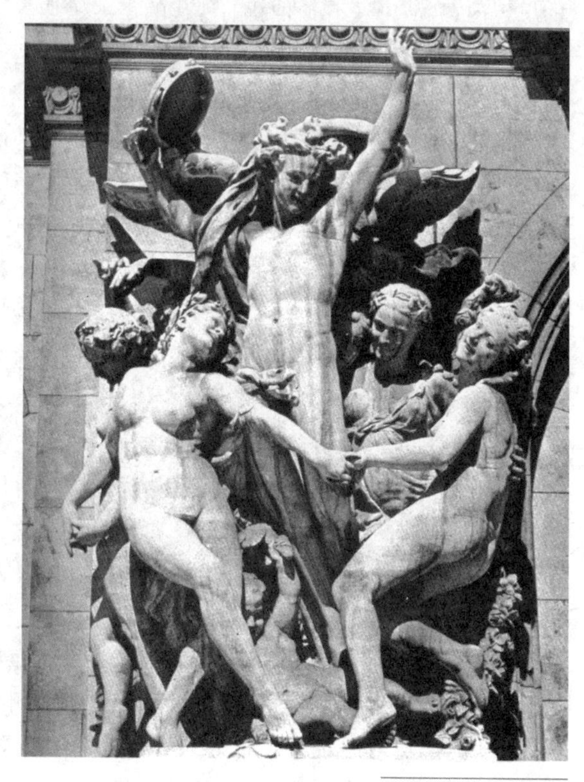

舞蹈（法国卡尔波）

总之，优秀的人体美术作品应该是外形美与内在美的高度统一。应该通过裸体的人像去表达深刻的思想内容。因此，我们在欣赏这类作品时，不要出于好奇心，也不要寻求感官刺激而把眼光停留在外形上，而应该善于通过外形去寻找内在的思想和作者的创作意图，从作品表达的内容中去汲取精神力量，从作者的创作意图上去领会作品的思想主题，那么，我们就一定会在精神上得到滋养，在性情上得到陶冶。

3. 西方现代雕塑的欣赏

从21世纪起，西方雕塑界出现了众多的现代流派，产生了某些流派的代表人物和一批具有现代派气息的作品。现代的雕塑家不再满足于过去那种古典风格、传统的写实手法，制作材料也不仅仅局限于大理石、青铜等，而是用新的艺术观念，标新立异、寻求个性，用新的表现手法，或抽象的、或象征的、或变形的、或夸张的……创作出一批现代雕塑。我们在欣赏这类作品时，也应当用新的审美观念和方法，去探觅作品所反映

的思想内容，从中获得一种新的现代的审美乐趣。

法国的阿尔普创作的《牧歌般的风景》，就是一件杰出的抽象之作。这种作品的形体，是人非人，是物非物，叫人说不清这是件什么玩意儿。当然雕塑家也不想直截了当地告诉你这是什么具体的、明确的形象，而是借助这件作品抽象的形体与自然环境的结合，创造一种气氛、一种情调、一种感受，形成音乐般的艺术效果。我们欣赏这座雕塑，可以看到圆润光滑的体面，排除了过分尖锐生硬的形与线，整块形体错落有致，富有韵律，那流畅多变的线条，光润饱满的体积，传递出一种静谧的、恬然的、抒情诗般的气息。形体上的空洞与环境、空间巧妙地融合在一起，色泽洁白的石料在嫩绿的微微拂动的树叶伴奏下，唱出了一曲和平、宁静的歌，使人看了觉得特别优雅动人。

英国摩尔的《斜卧像》是件半抽象的作品。它那单纯简洁的形体，长达5米的巨大尺寸和石灰岩的特殊石材的质感，特别引人注目。雕像中有两个大空洞，它那多面体的变化和山石般的形象，给人以“形空意连”之感。有人说，摩尔的这座《斜卧像》表现了女性的优美典雅和大山一般的气势；也有人说，它使人想起伟大的母性、古代艺术中的河神和大自然的山川峡谷。

俄国血统的法国雕塑家查德金，应邀为重建鹿特丹市创作了一尊反法西斯战争胜利的纪念碑，采用的就是夸张的手法。在这个名叫《被毁灭的鹿特丹市》的纪念碑的基座上，矗立了一个高举双臂、仰天呼号的人体形象。雕塑家运用加大加长的双臂，大幅度地变化肢体以及面部表情的强调，有力地传达出了法西斯暴行对人性的扭曲和对该城市的破坏。那种受到蹂躏和摧残的人们的痛苦和悲愤，得到了充满激情的表现。因此，这座雕像具有震撼人心的艺术魅力。

西方有些现代派雕塑家还常用变形的手法来制造作品，如人体变形，就有举世公认的杰作——德国勒姆布吕克的石雕《青年立像》和瑞士贾柯迈提的铜雕《伸手指示的人》。《青年立像》是雕塑家故意把人体拉长，细长的双肢构成直线性运动的多棱角结构，沉思默想的神情表现出内省的静态之美，但我们从肌肉绷得紧紧的躯体中，似乎感觉到这位青年内心蕴藏着不可遏制的激情。这件作品也如实地表现了雕刻家那种内心充满矛盾和冲突的精神状态。贾柯迈提的《伸手指示的人》，通过改变人体尺寸比例，简化形象，减缩形体，以特殊的肌理效果和铜锈的表层色彩，成功地表达了西方现代社会中人们内心寂寞孤独的心境。不少人观赏这件作品，起先觉得怪诞滑稽，然细细想来，雕塑家的一番苦心用意，并非浅薄无理。最后还是能够理解这个曾轰动一时的作品的思想真谛。

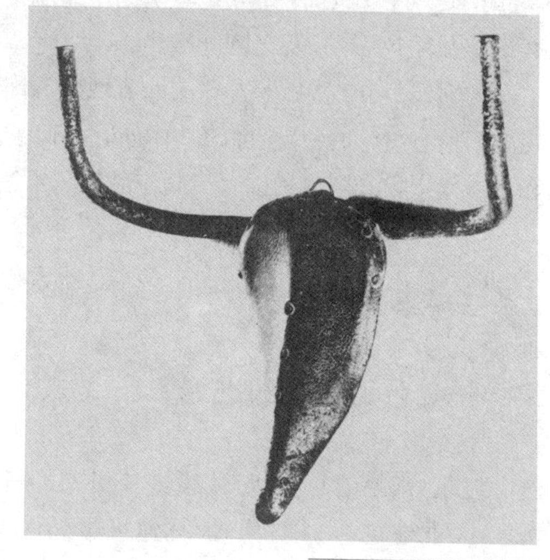

牛头（西班牙毕加索）

20世纪30年代起，现代工业社会大大地扩大和丰富了雕塑材料品种。铜、铁、合金、有机玻璃等纷纷运用于雕塑艺术，焊接、拼装、镶贴也与雕凿为伍了。雕塑家更是挖空心思，标新立异，纷纷寻找过去未曾有过的艺术手法，来炮制一个又一个的现代派雕塑作品。

有的让形体极为简洁抽象，利用具有装饰趣味的几何形体，来创造一种宁静而舒适的气氛。有的让材料保持粗糙感，体块尖锐、棱角分明，象征着原始的野性和力量。有的用塑料薄膜充气成不规则形体，随气体胀缩，不断变化，让人常看常新。有的在展览厅里树起巨大的钢架，让观者产生受机械压迫之感，以隐喻现代化工业社会里人是机器的奴隶。也有人干脆把一排排同形的合金物件，列成长队展览，以暗示那个社会冷漠无情。

与这种抽象风格完全相反的是“超级现实主义”，它们极端写实。雕塑家直接从活人身上翻制石膏，配上实物，构成有情节的造型。如美国雕塑家杜安·汉森在1970年用混合材料创作的《旅游者》，就是用翻模的方法，在活人身上一段一段地翻制人体，然后涂以与真人皮肤一样的颜色，让他们穿上真的衣服，配上旅游用具和饰物，连毛发都制作得可以乱真。这样的作品还被随意地放在展览大厅的过道上，使参观的人难辨是真人还是雕塑作品。

如果说，上述提到的流派都是创作静态作品的话，那么还有一种叫活动雕塑，追求作品的活动性。有的雕塑家用电动装置，使体态不断变化，产生丰富的空间感。有的用活动的灯光照射在形体上，以产生变幻无穷的运动感。美国考尔德的活动雕塑《螺旋》，靠风力驱动，那金属叶片一节节升向高处，每节都可活动，衔接装置相当灵敏，尖端的叶片远离基座，各个部位都会随风力的大小起各种不同的连锁反应，真像一个活的生命，喜怒哀乐反复无常。这个作品高明之处，还在于它不是一个单纯的机械装置，它表现的内涵要比它本身要多。它以奇特的方式向人们暗示生命的存在，也可能象征

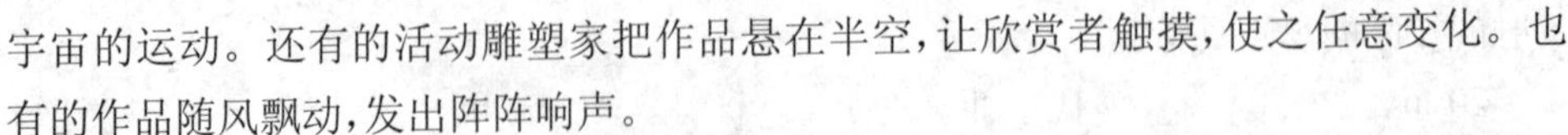

宇宙的运动。还有的活动雕塑家把作品悬在半空，让欣赏者触摸，使之任意变化。也有的作品随风飘动，发出阵阵响声。

面对缭乱缤纷、良莠并存的西方现代派雕塑作品，我们不能采取一概肯定或一概否定的简单态度，而要作全面的具体分析。有些艺术手法对我们今天的艺术创作不无借鉴和启迪作用，当然，也的确有一些作品是艺术糟粕，这就需要我们分析情况，区别对待。

第三节　建筑

一、什么是建筑艺术

建筑，常指建筑物，一般指主要供人们进行生活、生产或其他活动的房屋和场所。例如，工业建筑、民用建筑、园林建筑等。有一门专门从事研究设计和建造建筑物的科学叫“建筑学”。这里所谈的建筑，实际上是谈建筑艺术的一些问题。

建筑与人类社会生活的关系是相当密切的，其程度远远超过其他艺术品种。从最初人们营建防寒御兽、遮风避雨的简居陋所，到今天现代生活中的摩天大楼，建筑的美观因素已逐步地、越来越明显地体现出来。虽然最早的建筑，实用性因素要压倒美观因素，但是随着社会生产力的发展，人们对有形有体的、矗立在城乡土地上的物质结构——建筑物，也就产生了美感上的反应，并且与人们的精神生活也息息相通了。从气势显赫的北京故宫到寻景无限的江南园林，从直插云天的歌特式教堂到千姿百态的现代大厦，无一不是在满足人们生活的实用之外，也同时满足着人们审美上的精神需求。

诚然，建筑具有技术科学和艺术的两重性。但建筑作为艺术的一面，它和其他艺术品种一样，是社会生活的反映，并且是为社会生活服务的。可是，建筑不像绘画、雕塑艺术那样，能直接地表现社会生活，建筑是要通过建筑本身的造型美，来概括反映一定时代、一定社会的精神面貌和人们的审美情趣和理想。所以，作为一门艺术的建筑，它的美尽管带有一定的“抽象”性，但我们还是能够从建筑的内容与形式相统一的风格上，看出它们的时代特征、民族风格以及不同的文化传统等。

二、建筑艺术的特征

建筑的功能　建筑与雕塑都属于三维造型艺术，但它与雕塑不同之处在于实用功能，因此建筑师在设计时既要有艺术构思，又要有技术方面的考虑。但建筑设计首先面临的是功能上的要求，如要造的建筑物派什么用场，为谁服务。不同的地区、气候、文化、时代都会有不同的功能要求。如中国商、周、秦、汉时期，人们起居习惯主要是跪坐，室内主要陈设的是席与榻。汉代之后，垂足坐渐成习惯，出现了高形桌、椅和高屏风，同时房屋的空间加大，窗子可启可闭，目的是为了增强室内采光和内外空间的流通。

建筑的力学结构　实用功能是建筑设计的首要问题，但不能直接决定建筑的面貌。设计方案还须受材料的力学性能，以及由此衍生的基本构筑形式的限制。古埃及、古希腊、古罗马的石结构建筑多采用梁架式、廊柱式；中国古代木结构建筑则多采用厅柱式；罗马人还发明了拱顶式，等等。

建筑的轮廓　在一定的功能要求和力学结构决定之后，审美方面还有很大潜力，这首先体现在建筑物的轮廓上。例如，同样是廊柱式，古希腊就有庄重巍峨的多利克柱式与纤秀柔和的爱沃尼亚柱式之分。在古代中国，无论是宫殿、庙宇，还是普通民宅，大多采用斜坡屋顶，高度有限，给人以重负压顶之感。中国历代的建筑师们都运用了房檐式屋角向上翘起的方法，造成轻巧飞升的感觉，在视觉上起到了平衡和谐的作用。

奥地利小镇

建筑的局部处理与组群的关系　基本轮廓确定之后，所需要解决的审美问题是建筑物的局部处理与组建的布局。建筑物各部分构件的形状和尺寸相当于音乐中的旋律；而这些部分（如门、窗、楼梯、台阶和线角等装饰因素）的重复频率及比例，则相当于音乐中的节奏。怎样使这些比例匀称而不死板，节奏富于变化而不紊乱，这是几千年来建筑设计师们摸索不止的属于建筑局部处理范畴的课题。

在建筑的组群布局上，无论古老的还是近代的西方建筑中，往往很少考虑到某一建筑物与整个建筑群或与周围环境之间的作用与反作用的关系问题。如古罗马的别墅和近代欧洲宫廷，往往呈几何形在平面展开，只照顾前后严整、左右对称，极少考虑到用地势来借景移物，这样的建筑物往往会同周围自然风光格格不入。在中国，组群建筑中十分讲究各部分之间的关系，追求其流动、变化和互相渗透。如苏州园林中一座小桥和圆角高丘上的一座小亭，其意义远远超过了它们在整个建筑群中所实际占有的空间。

独特的抽象意蕴　建筑艺术一方面由于它的实用性要受到功能、材料和构筑方式的约束，另一方面也因不受具象造型的限制而成为造型艺术中抽象构思最自由、最发达的一个门类。同时，一个建筑物质总体结构要牵扯到内与外、前与后、正面与侧面、装饰成分与结构成分、审美因素与实用因素等诸多关系。因此，要理解和欣赏它，还需付出较长的时间，并要充分地运用记忆能力。这些都使建筑艺术较为接近音乐这种时间艺术。因此有人称建筑是“凝固了的音乐”。

三、怎样欣赏建筑艺术

1. 中国建筑艺术欣赏

翻开一部中国建筑发展的历史，我们可以看到，真正能代表一个时期建筑技术和建筑艺术最高成就的，是那些宫殿、祭祀建筑、寺庙祠观、塔幢、园林等。

中国古代建筑是一座极其丰富的文化宝库，它有一套独特的制度体系和传统特色，在整个人类的建筑发展中，它独具风采，另树一帜。中国古代建筑主要类型有宫殿、寺庙、古塔和园林等，它们是我国建筑艺术的精萃，代表着一定时代的建筑文化的最高水平。

宫殿　宫殿建筑在中国古代建筑中占有重要位置。现在保存下来的规模最大、最完整、也最精美的宫殿建筑，首推北京的故宫。

北京故宫是明、清两朝皇帝的宫殿，始建于明代永乐四年（1406），历时 14 年左右

北京故宫

建成。清代沿用时,总体布局基本上没动,只是作了部分的重建和改造。故宫的布局十分严格,它那南北向的中轴线与北京城的中轴线重合,宫殿雄踞于都城正中,象征着皇权的至尊地位。在中轴线上,排列着主要的建筑物,都是严格对称的。故宫建筑群可以分为皇帝处理政务的外朝与皇帝起居的内廷两大部分。故宫中的乾清门是外朝与内廷的分界线。外朝以太和殿、中和殿、保和殿的“三大殿”为主。内廷以乾清宫、交泰宫、坤宁宫的“后三宫”为主,它的两侧是供嫔妃居住的东六宫和西六宫,即人们常说的“三宫六院”。故宫的这种总体布局,体现了封建礼制的“前朝后寝”制度,它的设计思想鲜明地反映了封建帝王的权力和森严的封建等级观念。

建筑是一种时间与空间的持续性艺术,故宫是体现这一点的最好例子。我们从正阳门开始观赏这座建筑群,犹如欣赏一首乐曲,可以感受到三个艺术高潮。进入大明门,是狭长逼仄的千步廊空间。这笔直而纵长的空间,体现了一个“深”字,给人以一种严肃神秘的气氛和深不可测的印象。走完冗长的空间后,出现了横向展开的广场,迎面矗立着高大的天安门城楼,对比效果极为强烈。天安门前的金水桥、华表和石狮等汉白玉材料,鲜明地衬托了暗红的门楼基座,形成第一个感人的高潮。穿过天安门,与端门之间是一方院落,空间较小,顿为收敛。然后走过肃穆的端门,出现一个纵深而封闭的空间。尽端是雄伟的午门,使人想到古有“推出午门斩首”之语,一种冷峻肃

杀之意油然而生。午门的三个洞门是方形的，一变其他宫殿之门采用令人亲切的圆拱形的手法，更增添了此处压抑肃森的气氛，形成了第二个高潮。跨过午门，整个空间突然由长窄转宽广了，太和门前的金水桥院落，使人们的视线舒展而开旷了。太和门的基座开始增高，预示着将要临近“神圣”之地。一踏过太和门，展现在人们面前的是可容纳万人聚集的殿前大广场，这里以“宽”为特点，与广场正北方屹立着的巍峨崇高、凌驾一切的太和殿一起，以庄严宏大的气势，给人以一种精神上的威慑感和震惊感。太和殿是进行帝王即位、举行大典、颁布诏书等重要典礼的地方。它是故宫的中心，体积最大，在纵、横线上位置都是最高，在当年没有高层建筑的都市里，可谓鹤立鸡群般地雄跨于全城之上。这里强调的“高大”，实际上是象征着帝王的至高无上。太和殿由三层雕刻的须弥座为基，每层都有汉白玉石刻栏杆围绕。基座上的排水管道采用蚣蝮（龙生九子之一，音：bā xià）的造型。大雨时群龙吐水，蔚为壮观；晴天时极富装饰，煞是好看。一方举国称道的群龙浮云石雕，作为通向大殿的阶石。左右旁有三层石雕的“御道”，整个基座上汉白玉的晶莹光彩托拥着暗红的墙、柱和黄色的琉璃瓦，使太和殿更显威严无比、气势非凡。这是我们欣赏时的第三个艺术高潮。

第三个高潮过后，缓延渐转。太和殿后的中和、保和两殿，与太和殿相比略为矮些小些，起着陪衬作用。外朝三大殿之后为内廷。内廷各门各殿都装修精美，雍容华贵。御花园内苍松翠柏、名花异卉、怪石虬立、泉水喷珠，是故宫内唯一亲切自然之处，与外朝那森严庄重的气氛，恰好形成对比。故宫的终端是神武门，但从建筑美学的角度来看，与宫殿起着相连作用的景山，才是这个建筑群的最后终结。景山在形体上大小相宜，山上五座凉亭，中间的既大又方，两侧呈角形略小且低，再两侧更小而圆。从方到圆，从直线到曲线，景物慢慢地消融在绿荫之中，犹如一曲终了，余音悠悠远去。

总的来说，故宫的建筑艺术成就是多方面的：它强调中轴线和对称的布局，它突出院落的运用与空间变化，它注重建筑形体尺度的对比，它讲究富丽的色彩和装饰，并且在诸方面都具有一定的象征意义和审美观念。就说故宫的色彩，它那屋顶的黄、墙柱的红和汉白玉的基座在北京全城一片青灰色的建筑群中，无疑特别显眼。在华北平原秋高气爽、万里无云的蔚蓝天空之下，自是一片光辉，色彩效果无比动人。无论近观远察，故宫总是那么富丽堂皇，举世无双。

祭祀建筑和宗教建筑 祭祀建筑是中国封建统治者按照反映封建等级关系和宗法家族思想和宗法礼制而修建的用于祭祀典仪的建筑。如天坛、社稷坛、太庙、孔庙、陵墓等。祭祀建筑的典型作品是现存在北京的天坛。

北京 祈年殿

天坛是皇帝祭天的地方。北京的天坛始建于明代永乐十八年(1420)北京城的南郊,到明代北京加筑外城,才把它包括在外城之内。天坛现在的规模与布局是明代嘉靖年间重修时形成的,但大部分建筑为清代乾隆时遗物。天坛建筑群中,圜丘和祈年殿是主体,它们之间以一条长约400米,宽约30米,高出地面约4米的砖砌大甬道——丹陛桥相联系。圜丘是一座洁白如玉的三层白石圆坛,座落在外方内圆的两重围墙内,附会着古人"天圆地方"之说。又因为古人把天看做阳性,所以圜丘的坛面、台阶、栏杆所用的石块、栏板的尺度和数目均为单数(阳数)。圜丘虽在三层高台上,但实际高度有限,然而高明的设计师在其周围配以矮墙和矮小落木环绕。因此,人站圜丘上,视野宽广辽阔,形成了与天交往的氛围。同圜丘紧挨着的是皇穹宇和"回音壁"。皇穹宇是平日存放"昊天上帝"牌位之所,这座深蓝色琉璃瓦的单层圆形小殿,精致小巧,是乾隆时期的优秀作品之一。皇穹宇外面,有正圆形磨砖对缝砌成的"回音壁",浑圆无接痕为世所罕见。皇穹宇因垣墙圆弧折音有回响效果,虽非原有目的,但却表明了施工的几何精度。祈年殿,三层重檐,层层缩小。呈放射形,它屹立在逐层收缩的三层台基上,蓝色的琉璃瓦、鎏金的宝顶、朱红色的木柱门窗、白色的台基,使这座建筑物显得色调纯净,造型更为庄重典雅。整个天坛建筑群的布局,反映了我国古代建筑师们卓越的空间组织才能。丹陛桥为轴线,把一南一北遥相呼应的皇穹宇与祈年殿贯穿在一起,周围大片柏树林,对天坛所需的肃穆、静谧的环境气氛起了重要作用。天坛的设计也有象征意义。圜丘、皇穹宇和祈年殿的平面均为圆形,代表古代"天圆"的宇宙观。主要建筑物用蓝色琉璃瓦象征着"青天",祈年殿内外三层柱子的数目也和天时有关,内层四根大柱代表一年四季,中层12根柱子象征一年12个月,外层12根柱子则意味着子、丑、寅、卯等12个时辰。

作为宗教建筑的寺庙祠观、塔幢、石窟等,反映出当时的宗教现象。

佛教寺庙中,山西五台山佛光寺为最大的唐代木结构佛寺建筑。五台山是唐代著名的佛教圣地,佛光寺就建于唐大中十一年(857)。全殿面阔七开间,进深八架椽,单檐四顶,突出地表现了唐代建筑的雄丽稳健的风格,在简单的平面里创造出丰富的空间,艺术成就极高。殿内的题词、壁画、佛座佛像,都是唐代原物。

喇嘛教寺院中,西藏的布达拉宫最具代表,它位于拉萨西郊的布达拉山上。相传始建于公元8世纪松赞干布王时期,后毁于兵燹。清代顺治二年(1645)起重建,前后持续300年。这座达赖喇嘛行政和居住的宫殿依山而筑,气势雄伟。红宫是整个建筑群的主体,也是达赖喇嘛接受参拜及其行政机构所在。宫内有经堂、佛殿、图书馆、监狱和喇嘛住宅等。布达拉宫高200余米,外观13层,实际只9层,它没有采用中轴对称等手法,而注重体量,位置上突出红宫和色彩上前后形成对比,以达到主次分明的效果。红宫之上,又建金塔五尊、金殿三座,在阳光下金光灿灿,更显出这组建筑群的重要性。河北承德的"外八庙",模仿了布达拉宫,再加上若干汉族建筑手法,也给人留下雄伟而活泼的印象。

此外,道教祠观中的山西芮城的永乐宫、伊斯兰教礼拜寺中的福建泉州的清真寺也都是我国宗教建筑中很有名声的作品。

布达拉宫

俗话说，有寺便有塔。塔是佛寺不可分割的一部分。塔本是印度佛教徒为保存释迦牟尼的“舍利”（骨灰）的一种半圆形坟墓，印度叫“窣堵坡”。我国的古塔则吸收了“窣堵坡”的建筑形式，在原有的高层楼阁的基础上，创造出具有中国风格的新型建筑物。我国现存的古塔有3000多座，主要分楼阁式，密檐式、喇嘛式和金刚宝座式四种。

楼阁式塔在南北朝时是塔的主流。它较多地保留了我国古代高层建筑成分，结构仿照楼阁，造型多样，一般可登临远眺。最初都用木料，但不易保存，所以现存木塔不多。山西应县佛宫寺木塔是其代表作。该塔建于辽代清宁二年（1056），高近70米，外呈八角形，是世界上现存最高的古代木结构建筑。从外面看，六檐五层；从里看，第二层起每层夹有暗层，因此实为九层。塔形庞大、结构精巧，各层佛像至今保存完好，为其他古建筑所罕见。由于木塔年久易毁，后来人们以砖代之，但形式仍承袭楼阁式，如现存的西安的大雁塔、杭州的六和塔、苏州的虎丘云岩寺塔等。

密檐式塔与楼阁式塔相比，在结构和外形上要简明一些。密檐式的特点有须弥座，塔身底层较高，以上各层较短，没有门、没有窗，有的有些通光小孔，内部大多实心，外呈八角形。这种塔基本上是砖石塔。现存最早的、艺术水准最高的要数河南登封嵩山嵩岳寺塔。这座15层的塔是我国唯一的外呈12角形塔，整体轮廓具有刚柔相济的线条，给人以挺拔秀丽之感。除此，西安的小雁塔、云南大理崇圣寺的千寻塔、南京栖霞寺舍利塔等都是现存的有代表性的密檐式塔。

喇嘛塔，因建在喇嘛寺院中而得名。这种塔下面有一个高大的基座，塔身由圆形的塔肚和刻有许多圆环的长长的塔颈组成，塔顶装有华盖和仰月宝珠等，现存北京的妙应寺白塔是最优美的喇嘛塔。还有北京北海公园里的白塔和扬州瘦西湖畔的白塔都享有盛名。

金刚宝座塔形式很奇特。型体起源于印度的“菩提伽耶塔”，但经“中国化”后，塔基提高了，小塔缩小了，还加了中国特色的琉璃亭。北京大正觉寺金刚宝座塔是这类塔中年龄最老、形状最优美的塔。它的塔座既方又高，上面五个小塔，中间的最高。塔与塔座全用汉白玉营建，造型稳重敦厚，结构紧密和谐，佛龛雕刻精细。具有很高的艺术价值。据说，目前全国仅存六座金刚宝座塔。

园林　园林是中国古代建筑艺术中一个重要组成部分。我国古代园林一般分帝王苑囿和私家园林两类。帝王苑囿现有北京的颐和园、承德的避暑山庄等，私家园林主要集中在江南，江南园林精华荟萃于苏州。因此，前人有所谓“江南园林甲天下，苏

州园林甲江南”之语。苏州市内大小园林星罗棋布，较有名的有15处，最为典型的是拙政园、留园、狮子林、沧浪亭和网狮园。这些园林在布局和造景方面有许多相通之处，下面我们简要地谈一下造园艺术手法。

我国古代园林是融建筑、山池、园艺、绘画、雕刻、诗文等多种艺术的综合体，园景主要摹仿自然。在苏州园林中，除了楼台亭阁、桥廊轩榭建筑物外，大多凿池造山，载种奇花异草，或以山水画为蓝本，参照诗词情调，用人工的力量来建造如诗如画的、仿照自然山水风光的园景。这样做，是为了追求一种身在闹市而仍可享受山林之趣的精神目的。

北京 颐和园

我国的古代园林善于利用有限的空间，表现出无限的园景。苏州的园林是其代表。

苏州的园林极讲究一个“曲”字。径曲、水曲、廊曲、桥曲，曲中藏妙，妙趣无穷。在园林入口处，最忌将园内景观尽收眼底，因此常用假山、漏窗为屏障，挡住观者视线，让观者只隐约见其一角以诱发游兴，然后几经曲折，回旋缓游山水之间。园林中的水，被设计成沿假山、绕花径曲折流动。以形成来去不尽、隐约迷离的效果。若是一泓平池，则将池边砌成不规则的曲状，使静水也产生流动感。园中的小径蜿蜒多变，曲曲弯弯，它把园内全部景观贯穿一线，时而“曲径通幽”，时而“柳暗花明”，无形中增加了园林的空间。园林的游廊多建成曲形，苏州拙政园的游廊曲度和坡度设计得极佳，廊的曲处点缀竹石花木，人们顺廊信步，情趣倍增。园林中的桥，很少用直的。虽然水面仅三五步之遥，却偏要架上三曲的、五曲的乃至九曲之桥，借以产生步移景换的感觉。有的把桥造成高高的弧形，取名“小飞虹”，在人们上桥下桥之间，视点得到了变化，景色也随之变幻多端。

苏州的园林大多利用山水、树木、建筑来划分景区，以增加空间，每个景区都有一定特色。以拙政园为例，全园分东、西、中三个部分，其中全园的精华在中部。水面占全园五分之三，亭榭楼阁大半临水而建，造型活泼轻盈，并且尽可能地四面透空。以便尽收江南水乡的自然景色。园内空间处理，妙在少用围墙，多借山、池、树、榭，所以园

苏州 拙政园

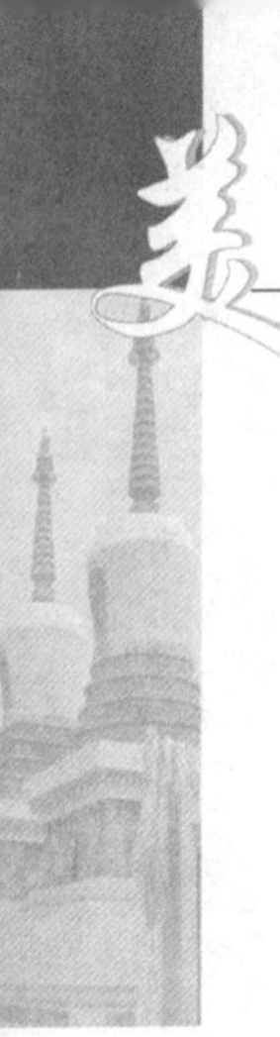

内空间处处沟通，相互穿插，形成丰富的层次，让人美不胜收。

“借景”更是中国古代园林突破空间局限，丰富园林景观的传统手法。苏州沧浪亭的重要特色之一便是善于借景，它把园林外的风景巧妙地“借”过来，成为园林的一部分。沧浪亭园外有一弯清水绕园而过，设计师就在沿河一面不建园墙，配以有漏窗的复廊和亭阁，使河水之景“借”入园内。北京的颐和园把附近的玉泉山和较远的西山“借”入园内，使昆明湖与西山的峰峦，两堤的桃柳、玉泉山的塔影，自然结合一起，园内景物不仅更加丰富了，而且空间也在无形中扩大了许多。这种借景手法，《园冶》一书曾总结为五法，即“远借、邻借、仰借、俯借、应时而借”。这就是说，园外之景可借，园内邻景也可互借生趣；仰借可有碧空白云，星月天象；俯借可见湖光倒影，临轩可观鱼游荷间；应时而借则更丰富，无论是什么自然条件，都可以借，春日花草，夏日绿荫，秋日红叶，冬日雪景，朝霞旭日的早晨，夕阳余晖的傍晚……都会使园林中的一草一木，一山一水，个个生情，处处含意。

我国古代园林还特别善于利用建筑物来增添情趣，创造诗意。具有民族风格的亭、台、楼、阁、轩、榭、廊、馆、舫、桥等。配合自然的山、水、石、木、花、草、鸟、鱼，组织成一幅幅情趣盎然、优美动人的画卷。如造型多姿的亭，在园林中起着既是景观点又是观景点的双重作用。苏州拙政园的“别有洞天”半亭、西园的湖心亭以及北京北海公园的五龙亭都很具特色。廊既是引导游人观景的路线，又有分割空间、组合景物的作用。人们散布在拙政园那婉约轻盈的水廊上，宛如凌波漫游，怡趣十足。花墙上那不同图案的漏窗，是我国古代建筑师的一个杰出创造。它把原来单调枯燥的墙面，变成了一幅幅精美的装饰图案。窗外之景隐约可见，使园林景色更为灵巧动人，妙趣横生。苏州的园林几乎都有漏窗装点，怡园里的复廊就是运用这种装有漏窗的花墙，使园内景色产生了一种似隔非隔，似界非界，景中有景，变幻莫测的艺术境界，游人见之，无不赞叹不已，诗意陡增。

苏州园林的花窗

此外，江南的园林大多追求清新淡雅的风格，建筑务求轻巧，翼角起翘，玲珑精致，其色彩也力求清爽洒脱，与北方皇家园林的金碧辉煌迥然不同。栗色、墨绿、蛋青与白色，产生出透逸天成的水墨画效果。不少园林中的景致和建筑，都有很好的命名，历代文人的楹联的墨迹，也构成了园林欣赏的内容。

2. 外国建筑艺术欣赏

我们如果要将西方建筑大致分类的话，可以分为宗教的和世俗的两大类。宗教建筑的成就主要体现在古代，世俗建筑成就斐然的是近、现代。

埃及金字塔 埃及的金字塔是古代埃及人创造的人类历史上最古老最宏伟的建筑物。它是最高统治者的陵墓，建于尼罗河西崖沙漠上。其外部形象高大神圣，仿佛是人工堆垒的山岩。这样的艺术构思反映着埃及人相信原始拜物教和皇帝是自然神的观念，高山、大漠、长河的形象就成了皇权的象征。埃及的金字塔群与尼罗河三角洲的风格十分协调，大漠孤烟，长河落日，何其壮阔。

古希腊建筑 与古埃及相异，生活在地中海中部的古希腊人以乐观明朗的态度对待神明。雅典卫城体现着古希腊建筑的庄重平稳的风格，在和谐比例中显示出一种自然的生命之美。希腊的神庙采用柱廊式，外面四周均用柱子，内室宽敞，光线充足，与外界空间畅通，有一种明朗开阔之感。希腊建筑师对柱子十分讲究："多里克"式浑厚单纯，刚健有力，体现出男性之美；"爱奥尼亚"式轻快柔和，精巧别致，显现出女性之美；还有"科林斯"式和"人像柱"也各展风姿，大放异彩。

古罗马建筑 券拱是罗马人的发明，天然混凝土的开发利用，使券拱结构更为稳固，罗马大角斗场就是其代表作。这个圆形剧场布局合理，使主次、虚实、明暗、方圆对比十分丰富，使这个雄伟完整的庞然大物更显出开朗明快的节奏感。

哥特式教堂 中世纪基督教盛行。"政教合一"使教堂成为宗教和社会其他生活的中心。哥特式教堂的"高"，追求一种向上的动势，是教会弃绝尘寰，接近上帝的思想反映，它那灵巧的垂直线条统治全身，扶壁、墙垣和塔都是越往上越细尖，最高处还有一个直插苍穹的小尖顶。因此，哥特式教堂的外表从整体到细部都充满了向上的冲动力，这种向上升腾的动势，夏尔特尔教堂最为典型。歌特式教堂在窗子的玻璃配备上也特有讲究。巨大的窗子射进灿烂的阳光，神学家说，明朗教堂像天堂，阳光从天上射下来，象征着"神启"进入了信徒的心灵。有的教堂则配上五颜六色的玻璃，以造成一种扑朔迷离、五彩缤纷的天国氛围。

现代建筑 现代建筑是个万花筒。摩天大楼，大跨度建筑，各种新颖的建筑材料、结

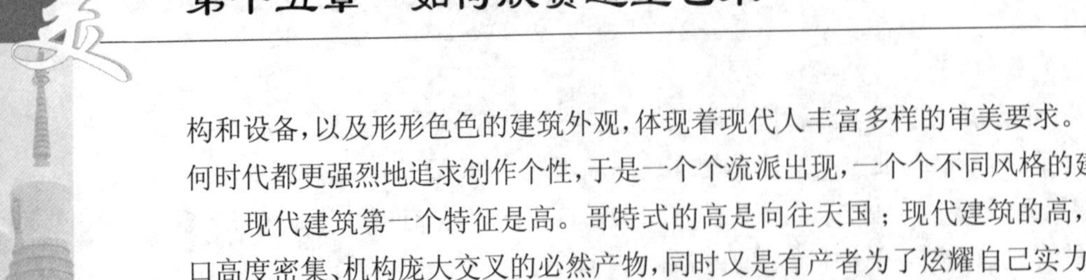

构和设备，以及形形色色的建筑外观，体现着现代人丰富多样的审美要求。建筑师比任何时代都更强烈地追求创作个性，于是一个个流派出现，一个个不同风格的建筑诞生了。

现代建筑第一个特征是高。哥特式的高是向往天国；现代建筑的高，既是城市人口高度密集、机构庞大交叉的必然产物，同时又是有产者为了炫耀自己实力和取得广告效果的途径。著名的高层建筑有：1889 年建的高达 328 米的巴黎埃菲尔铁塔；1974 年加拿大多伦多市的国家电视塔，高达 584 米。著名的高层大厦有：美国纽约的联合国秘书处大厦、利华大厦、西格拉姆大厦、以及在“911”事件中被毁的世界贸易中心大厦等。有些摩天大楼采用玻璃装饰表面，使街景和天空都反射出来，形成丰富的画面。

现代建筑的第二个特征是跨度大。为适应广泛的社会活动的需要，展览馆、体育馆、飞机场、候机厅等公共建筑，顶部采用大跨度屋面，大大增加了建筑物的美观。罗马小体育馆的屋顶采用网络穹窿形状，远远望去，像一个巨大的乌龟壳。有的建筑物外观像半个圆球，有的像赏心悦目的抛物线，有的像帆船，有的像喇叭，真可谓五花八门，光怪陆离。

现代建筑的第三个特征是追求新奇怪诞。1976 年建在巴黎的蓬皮杜国家艺术与文化中心，其外表像一个化工厂，它把内部的钢铁构架，安装水、电的通道，电梯都暴露在外面，以至于人们为这个建筑物是否对得起它的名字、“有无艺术性”而争吵不休。

此外还有柯布西耶设计的朗香教堂、丹麦设计师伍重设计的悉尼歌剧院等都是举世闻名的富于想象力的现代派杰作。

3. 建筑的艺术处理

我们在评价一个建筑作品时，除了以它的功能是否适用、合理作为评价的首要问题外，还要考虑到建筑与环境、建筑外部形体和建筑立面处理等几个艺术问题。我们进行建筑艺术的欣赏活动时，也应该了解这方面的基本知识。

威尼斯 圣马可广场

建筑与环境 任何建筑物在建造时，都有一个具体的环境。建筑师在构思设计时，要充分考虑建筑的环境因素。我们评价一个建筑美不美时，不能只着眼于建筑物单体本身，还要看其与周围环境处理得如何，是否协调。处理得好，锦上添花，相得益彰，使建筑物更具艺术表现力。反之，设计得再好，也难达到预期效果。歌特式教堂设计在狭窄曲折的街巷尽处，使人产生腾飞之感，能表达出它的宗教情绪，如果把它置于纽约的摩天大楼之中，顿时变成小玩意儿。南京中山陵音乐台，是建筑与环境结合的佳例。音乐台的设计者利用原有的自然坡地，加以整修，铺植草皮，观众可席地而坐，观赏舞台上的演出。音乐台的外围设计成扇形环廊花架，与四周郁郁葱葱的树林，形成绿色的大背景，使建筑与自然环境融为一体。

建筑的形体 人们在观赏一个建筑物时，往往由远及近，首先得到整体印象，走近之后，才看清局部和细部。当进入建筑内部时，才体察到建筑物的功能、布置及室内空间组织等。因此，建筑物质外形必须具有引人注目的整体形象。建筑的外部形体不是建筑师凭空想象、随意构思即得的，它是建筑内部空间的反映。比如，影剧院，一般由门厅、观众厅及舞台三大部分组成，这三个不同功能的特点反映到外部形体上，就成了

澳大利亚 悉尼歌剧院

影剧院建筑富有个性的外部形象。优秀的建筑设计师往往将内部空间与外部形体结合得相当完美。建筑形体处理要注意两点：统一与均衡、建筑比例。建筑形体的组合一般有对称和不对称两种组合方式。中国传统形式的建筑，大都采用对称的形式，有明确的中轴线，中央部分较两翼部分突出，成为建筑的主体和重心。北京的中国美术馆便采用这一形式。有些建筑物因功能和地基地形等因素的限制，不宜用对称形式时，通常便采用不对称形式。但这种不对称的建筑形体的主从关系仍应当明确，左右虽不对称，体量上还是需要均衡的。建筑的比例，是建筑构图的重要手段。在建筑设计过程中，建筑师总是仔细推敲其体量组合的各部分的长、宽、高的比例关系，甚至最后还要处理好建筑立面上每个细部的比例关系。一个建筑物只有具备从整体到细部良好的比例关系，才能获得统一和谐的艺术效果。如北京天安门广场上的人民英雄纪念碑，在设计时，对纪念碑周围空间尺度，纪念碑本身的基座、碑身、题字大小等都经过精心推敲才定型。因此，视觉效果良好。

建筑的立面　建筑的立面有主次之分，一般以朝向主要街道、广场的立面为主，这要重点加以处理。立面设计一般要注意虚实凹凸处理、窗的组织和色彩处理。建筑物质虚，指立面上的墙洞，视线能透过它而看到建筑物内部。西方有些高层大厦突出虚的处理，当夜晚灯光通明时，整个建筑物宛如水晶宫。建筑物的实，指立面上的墙体、柱子等，它是房屋结构必须的构件。一般来说，建筑立面上的虚实缺一不可，只是按设计要求，有比重多寡之分。有些建筑物在功能上不宜大面积开窗，如美术馆的展室、剧院的观众厅、墙面以实为主便成了这类建筑的特征。住宅建筑的立面，为避免过于单调，往往利用阳台、凹廊来取得虚实凹凸的变化。这种手法处理得当，在阳光照耀下会产生光影效果，增强立体感和层次感，构成美妙的动人的建筑立面。窗的组织也很重要。一幢建筑的立面设计得是否成功，很大程度上取决于窗子的组织。南京长江大桥的桥头堡，墙面以实为主，又结合内部楼梯空间的特点，立面上窗子的排列采用三条纵向构图形式，化整为零，模糊了内部空间的分层，并具有一定的韵律感，艺术效果不错。色彩的处理，近年来为人们所重视。但是有些人不懂得立面的色彩处理与建筑材料有十分密切的关系，不是尽可能地利用材料的固有色彩，而是在立面上滥贴瓷砖，色彩花哨，俗不可耐。有的甚至用白色马赛克把整个建筑物包上一层，这实属浪费，艺术效果也不理想。

总之，建筑的艺术处理是一个比较复杂的问题，它涉及建筑美学、人们的审美观念等方面的因素。不过，了解一点这方面的知识对于我们欣赏建筑艺术来说，还是有启发和帮助的。

第四节 摄影

一、什么是摄影艺术

摄影是现代科学技术发展的产物。它用照相机或电影摄影机摄取景物影像。在感光片上曝光，经显影和定影等化学处理成底片，再使感光纸（或正片）通过底片感光，再经显影、定影等化学处理，而得到明暗程度、色彩与被摄影物一致的正像，即照片（或透明正片）。摄影术广泛应用于现代社会生活的各个领域，已成为宣传报道、科学技术研究和艺术创作的重要手段。

当摄影用来作为创造艺术形象的手段，用来表现现实生活，表达人们对生活的见解和感受，抒发思想感情，给人以美的享受时，便产生了一门新的艺术——摄影艺术。摄影艺术属造型艺术。它是摄影者根据艺术创作构思，运用摄影的造型技巧，经过暗房制作的工艺程序，做成有艺术感染力的照片。摄影艺术通过构图、光线、影调或色调三种主要造型手段来表现主题，并求得其艺术形式。在体裁和技术上，有多种划分。如新闻摄影、肖像摄影、建筑摄影、风光摄影、静物摄影、舞台摄影、体育摄影、航空摄影、宏观摄影、微观摄影、立体摄影和全息摄影等。

张艺谋 中国姑娘

二、摄影艺术的特征

摄影科技手段的特性给摄影艺术带来了显著的特点。光学镜头、感光材料对再现形象有它严格的科学规律,不满足它的条件是不可能获得画面形象的。正是由于这种制约和局限,形成了摄影艺术的重要特点,即特定的空间性和特定的时间性。

空间性 摄影者必须在形象实际存在的同一空间中,被摄对象必须处于镜头之前,包括在镜头看得见的视野之中。离开了形象实际存在的空间,就不能获得摄影艺术形象。即使有的用摆布、拼接、虚焦点、后期加工等手段,来获得某种形象的特殊视觉效果,但其基础必须是将形象置于镜头之前的拍摄过程。离开这一特定的空间性,就不成其为摄影艺术。由于镜头成像的原因,固定在画面上的影像还直接与镜头和被摄对象之间所形成的空间角度有关,角度稍一变化,影像就会变化。所以摄影者创作时,不但要考虑同一空间性,还须注意空间角度的调移,这是与绘画、雕塑等其他造型艺术的不同之处。

时间性 摄影机的机械性能和胶片的光学反应,都与瞬间状态有关。一幅摄影画面,不可能反映运动的全过程,它只能记录事物运动的某一瞬间。即使现在使用连续闪光灯,多次曝光,在画面上记录运动的过程,但它实际上仍是运动过程中不同瞬间的相加,并未改变其画面形象的瞬间性。摄影艺术的瞬间性,不仅体现在画面形象上,也体现在创作中,这也是与其他造型艺术相异所在。因此,一个摄影者如果错过了机会,抓不住那一瞬间,形象就会改变,有的甚至一去不复返,而成永远的憾事。

《高原的云》(遥骏)

摄影艺术创作的特定的空间性和特定的时间性,给摄影艺术带来了鲜明的特点,即摄影画面形象是现实生活中的对象在实际存在的空间和实际有过的瞬间中所呈现的形象,这就使摄影艺术具有纪实性和可信性的特质,给人以自然的亲切感。它的艺术价值常和史料价值紧密地结合在一起。形成了摄影艺术独特的生命力和感染力。

三、摄影的一般知识

我们都知道，搞摄影艺术创作离不开它那最基本的摄影工具——照相机。照相机都是由镜头、光圈、快门、取景器、测距器和机身等部件组成。我们对这些部件的性能也应当有所了解。除此之外，我们为了得到一幅令人满意的摄影作品（无论是黑白的，还是彩色的摄影作品），还需要我们在不同的场合（或室内或室外）对不同的被摄体进行不同的曝光量的选择。这里简单扼要地介绍一下摄影方面的知识。

镜头　镜头是由一片或多片透镜组成，焦距和有效口径是其两个重要的性能指标。“f”是焦距的符号，表示透镜至焦点的距离。“f=50mm”表示这只镜头的焦距是50毫米，对于标准镜头来说，它的焦距接近于所拍摄胶片的对角线长度。所以f=50mm的照相机，都是用来拍摄135胶卷的。有效口径是镜头的口径（前镜的光束直径）和焦距之比。最大相对口径的数字越小，则镜头的口径越大，通过的光线就越多，它可以用较快的速度或在较暗的光线下拍摄。

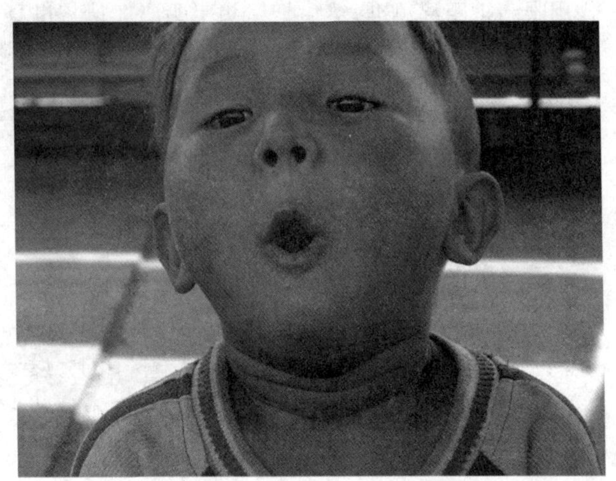

《哦》（遥骏）

光圈　光圈用于控制胶片的感光量。光圈的大小用光圈系数来表示，标刻在镜头圈上。其相邻的两个系数的进光量相差一倍，也称一级。我国生产的照相机，常用的排列顺序是1、1.4、2、2.8、4、5.6、11、16、22、32。系数的数字越大，进光量越少。

光圈还与景深有关联。摄影的远近景物在底片上重现的清晰度有一定的范围，这个范围叫做景深。用小光圈时景深长，用大光圈时景深短。景深的掌握，有助于摄影者对未来作品影像的清晰深浅度的安排。一般来说，为了突出主题，采用大光圈，使主题以外的背景显得模糊些。

快门 快门是从时间上来控制胶片的曝光量的。快门开的时间长，曝光量就多；反之亦然。用快门和光圈配合，就能适应各种摄影情况，使胶片得到最恰当的曝光量。

快门速度的指数按时间相差一倍的序列递减，即 1、1/2、1/4、1/8、1/16、1/32、1/64、1/128、1/256、1/512、1/1024 秒，为使标值简明，相机上只标出 1、2、4、8、15、30、60、125、250、500、1000 等数值。相邻两挡快门间的曝光量相差一倍。

此外，还有两个手控时间的标记，即"T"门或"B"门。"T"门——按下按钮时快门打开，放开按钮时快门不关闭，再按一次按钮，快门才关闭。"B"门——按下按钮时快门打开，放开按钮时快门关闭。这两挡快门，主要是用于长时间曝光的。

测距器 测距器是测准相机与被摄体之间距离的装置。没有自动测距器的相机，需用眼睛把距离测准，然后把镜头上距离标记与机身上的距离刻度标尺对准即可；装有自动测距器的相机，测距更方便，只要将调距旋钮转至取景框中的双重影重合为一个单影，或在取景毛玻璃上看到十分清晰的景物即可。

胶卷的感光速度 胶卷的感光速度有GB24°、GB21°和GB17°等之分。度数越大，感光速度越快。每相差 3°，其曝光量就相差一级。

季节变化 以春秋季为标准，夏季曝光量要减少一级，冬季要增加一级。

天气变化 天气大致可以分为晴天、薄云遮日、阴晴天气、阴天、阴暗天气等五种情况。光线亮度依次各相差约一倍。如以晴天为标准，顺次应各增加一级曝光量。此外，一天之中，早、中、晚光线亮度差别很大，中午的亮度要比早、晚高好几倍，这也应注意。

室内摄影对曝光量的掌握要求更高，它不仅要考虑到光源（白天自然光、普通电灯、日光灯、自然光加灯光等）、被摄体与灯光距离，还要注意室内墙壁、背景的明暗等情况，随机应变地作出正确的曝光估计。

闪光灯有一次闪光灯与万次闪光灯之分。一次闪光灯的闪光时间约为 1/60 秒，不宜用于拍摄运动速度过高的物体。万次闪光灯的发光极强，闪光时间很短，可以达到 1/1000 秒以上，可以用来拍摄运动速度很高的物体。在摄影时，闪光灯和照相机的快门联动，使闪光灯的发光最高点与快门开启的时间吻合，胶卷就能得到最充分的感光。

彩色摄影 彩色胶片与黑白胶片的感光指数基本一样，但彩色负片的感光要稍微慢一些，一般可增加半挡至一挡曝光量。彩色胶卷一般有两种，即彩色负片与彩色反转片。

彩色负片 在经过拍摄和冲洗之后，在胶片上得到的是与被摄景物互为补色的负像,用这张负片印像或放大,可以取到彩色照片。

彩色反转片 拍摄后,通过反转的印洗方法。可以直接得到与被摄影物相一致的彩色正像。它不能用来印放彩色照片,只能作幻灯片或印刷制版之用 。

四、怎样欣赏摄影艺术

1. 风光摄影作品的欣赏

我国幅员辽阔,河山锦绣,气象万千,风光迷人。人们大都热爱自然,喜欢观赏大自然的美景。因此,风光摄影作品很受人们欢迎。家中挂上一幅自制的风光作品,不仅表明主人的一种艺术爱好,而且也显示出主人高雅不俗的审美情趣。

风光摄影作品,主要指反映大自然风光特色的摄影作品,也包括以人类对大自然的改造成果为题材的作品。所以,除了自然风光之外,都市风光、乡村风光也都属于风光摄影的对象。一幅优秀的风光作品,既要展现大自然之美,更重要的是,又要表现出人对自然美的感受。因此,好的风光作品,实际上也反映出作者鲜明的审美观念和强烈的感情色彩。作品中的大自然景观,已是人化了的自然,说的也就是这个道理。

《九寨沟——诺日朗之秋》(遥骏)

风光摄影作品，一般分为表现秀美、表现壮美和表现意境美三大类作品。

表现秀美的作品，着重于表现大自然平衡、宁静、和谐的神韵。一桥一亭、一楼一阁、一条曲径小道，一处湖边倒影，都以它具体景物的线条造型，显示出一种清新幽雅的审美情致。风光摄影中的园林、小景，大体属于这一类。如《春到太湖》，在桃花盛开的树枝下，太湖碧波万顷，远处的湖中小岛朦朦胧胧，一只游船游弋湖面，好一派春到太湖的妩媚动人的景色。还有《漓江晨晖》，以一山一水，运用逆光，表现出清晨桂林山水静谧的一处，使人看了好像也吸到了一口新鲜的空气。天空中那一抹淡淡的晨曦，给画面添上了活泼的一笔，也使宁静清新的漓江充满了勃勃的生机。

重在表现壮美的作品，常常从大处落墨，气势磅礴。以辽阔深远、曲折起伏的大自然的线条造型，或大河奔流，或山川起伏，给人以力量。壮美的风光作品突出写实，把山河的辽远、雄浑的气势反映出来，以内容、题材本身来感染人。如《泰山》，以十八盘道为主要线条，两边耸立的高山与之形成鲜明对比，十八盘曲曲折折，一路向上伸延，更显示出山势的雄伟壮观。巍峨的南天门也成了画面中的一点，泰山便给人以山势垒积，坡度陡峭、气度非凡的壮美之感。还有以万里长城为题材的佳作，不管是顺光、逆光下的长城，还是四季更替中的长城，大都拍得非常壮美，群山起伏，长城盘踞，有的像金龙狂舞，有的像银蛇游移。独具慧眼、另辟蹊径者在人们司空见惯的地方，找到了美景，拍出了新意。

还有一些风光作品，是重在表现意境美的。虽然风光作品的画面都要有意境，但这类作品则主要以创造某种意境为目的。它不像表现壮美的作品特别注意求实，而是常常舍弃景物中的清晰形象，也不讲究质感和立体感，单单突出强调的是气氛。这类作品常常捕捉大自然中的一些突发性的变幻和流动因素，如雾的朦胧、云彩的变幻、天空的深邃、光影的参差，以此来作为画面的主要语言，来表现某种情绪和渲染某种气氛。如《黄山玉屏楼》，简直像神话世界中的仙山琼阁。画中的主体是玉屏楼，占的面积很小，画面大部分让位给玉屏楼周围的景观，四周陡峭的悬崖绝壁，上下缭绕着团团白云，玉屏楼那高耸入云的气势表现得近于夸张，但作品的主体玉屏楼又显得十分委婉含蓄。据说，作者为了拍摄这幅作品，等了好多时日，才捕捉到这突发性的一瞬。还有一幅表现农民夏日扬麦劳动场面的作品，农民的身影在画面只占五分之一，只能看见农民动作的一个轮廓，其余的都让天空那一块块火烧云布满了。这样的构图处理，实际上渲染的是农民辛勤劳作，不畏赤日的可贵精神。你只要一看见这火烧云和农民的身影，创作者所追求的意境，便不言而喻了。

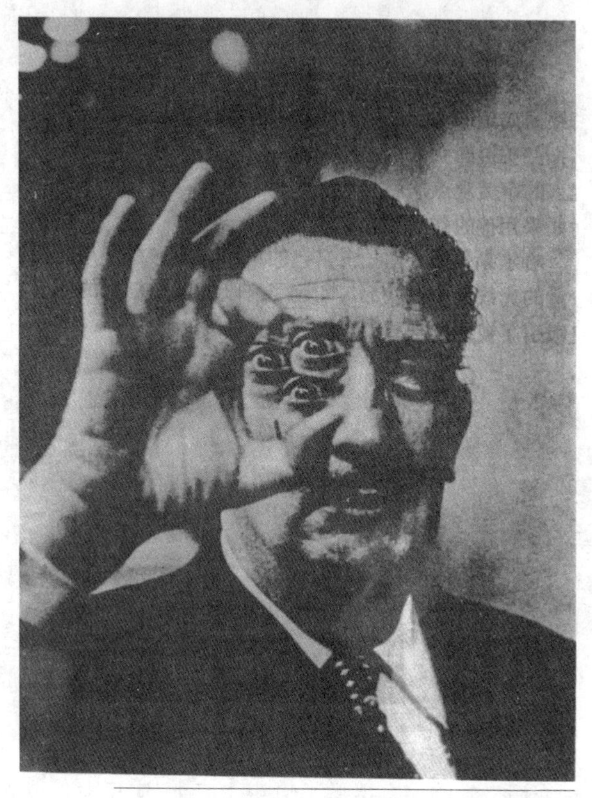
《超现实主义画家达利》(法国 哈尔斯曼)

美国有一位驰名环宇的风光摄影大师，叫安塞尔·亚当斯。他一生拍下了大量的风光作品，而且以拍约塞密提的风光最著名。作品大多诗意盎然，意境融彻。《望庐湖》中，亚当斯把完全受光的明亮的枯树置为前景，让它凸现在神秘而深邃的湖面上。这样的处理，使每个欣赏者都会产生一种奇妙的遐想。《明月高挂半圆山》，以严谨的构图，深远的空间，庄严的影调和清晰逼人的山岩纹理，富有情感地描绘黄昏时分月亮初升的动人景象。亚当斯的《约塞密提山谷的雷暴雨》，天空浓密的云层，使人有一场暴风雨即将来临的强烈感受。那中景上层的山岗，深谷里茂密的森林，以及一挂挂如注的瀑布，实在让人心驰神往。最妙的是受光部分和阴影部分的层层递进，加强了暴风雨前的浓厚气氛。近景上一抹灿烂的阳光，照射到那棵棵巨大的杉树上，形成了画面中引人注目的景色，把欣赏者悄悄地带入神奇的境界，具有强烈的艺术感染力。亚当斯的风光作品都是黑白摄影作品，但丰富的层次，和谐的影调配置，使作品同样展现出一个五光十色的色彩世界。亚当斯以他那独具艺术魅力的风光作品，证明了他的宣言“摄影是真正的艺术。”

2. 肖像摄影作品的欣赏

肖像摄影作品，贵在传神。一幅优秀的肖像作品，要通过被拍摄者外在的、可见的形体艺术，来传达出那不可见的内心感情和精神气质，让欣赏者走进人物的内心世界。优秀的肖像摄影师往往十分重视抓拍人物的神态表现、手势动作、姿势造型、环境烘托，有的还十分留心抓一些人物的细节表现。

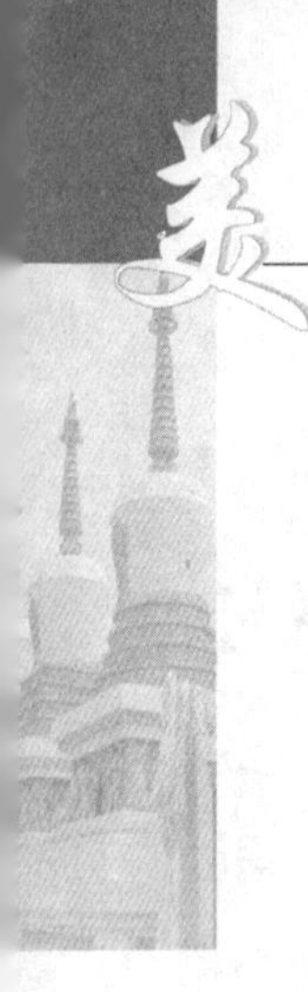

先说说神态表现。神态首先是眼睛。人们常说："眼睛是心灵的窗户"。的确，人的眼睛能反映出人的内心世界。喜是一种神态，悲又是一种神态，即使是一个十分内向和善于隐蔽自己感情的人，他的种种心理活动，或怒、或乐，也都会从他的眼睛中传递出信息来。眼睛的一盼一顾，一凝一动，都有一定的内心韵律作为依据。所以，肖像摄影作品，要讲究抓取人物那流露内心感情的眼神，让肖像的眼睛中闪耀出人物性格的光辉来。一般来说，人物的眼神表现各种情绪，也是有规律可循的。如人物视线伸向远方，视点较高的瞬间，容易表露出一种喜悦、振奋、乐观向上的情绪，人物性格也显得活泼开朗；眼光朝下，则容易给人以思索、考虑、深沉的形象。如果双睫微合，视而不见的眼神，那是一种陷入复杂的内心斗争的情绪之中的表现；如果低头而眼神微微向上，那是一种羞羞答答的心情的外露……在肖像近景作品中，除眼神外，面部的其他各种器官都可以表达人物的各种神态。嘴巴、眉梢的起伏开合，头部的转向，发型的选择。都与神态有密切的关系。欣赏者往往是通过这些可见的外在的形体因素，来窥测到人物的复杂丰富的内心世界。如郑景康的《齐白石老人》，那清澈的双眸，直视观者的目光，将这位艺术大师对生活明察秋毫、体验入微的特征表现得栩栩如生。加拿大摄影师尤素福·卡休，有一幅饮誉全球的肖像佳作《丘吉尔》。拍摄前，卡休对丘吉尔这个人的性格和脾气有所了解。拍摄时，他让丘吉尔坐到他摆好灯光和照相机的地方。丘吉尔总是叼着烟，露出一种悠闲劲儿，与他理想的丘吉尔不一样。于是，他走到丘吉尔跟前，把丘吉尔嘴上的雪茄扯了下来。丘吉尔正要发怒，卡休按下快门，把丘吉尔那种充满怒气的面容摄进了镜头。后来，连丘吉尔也称赞这幅肖像符合他的性格。从这幅世界名作中，我们可以看到一个政治家独特的视觉形象：丘吉尔左手叉在腰间，西装上衣被撩开一半，那咄咄逼人的眼神，微微合起的嘴巴，紧皱的双眉，好像丘吉尔刚刚与人进行过一场激烈的政治辩论，其架势、其神态决不是一般人能表现出来的。同时，丘吉尔那种自信和善辩的性格，也被活灵活现地表现在卡休的作品里。

再谈谈手势。手势是肖像作品的一种形象语言，如果是中景的肖像作品，手势几乎与神态一样重要。手势不仅能帮助表达人物的职业特征和性格特征，而且也能微妙地传达出人物的某种特定情绪。如上面提到的《丘吉尔》，其手势表现出一个政治家不凡的风采，成为这个作品不可忽视的一个形体因素。还有卡休拍的《国家米罗》，人物在自己独具风格的绘画作品前，双手托腮，呈现出一幅轻松得意的表情。卡休用光线突出了他聪慧的眼神和一双经常作画的手，使作品也带有米罗的画作中常见的乐观情趣。卡休的《爱因斯坦》也一样，重点突出科学家一双炯炯有神的眼睛和一双富有表现力的手，至于满头的银发、脸上的皱纹也都给予充分的表现。于是，一个爱因斯坦天才、智慧和可亲可敬的形象就呈现在欣赏者的面前。当然，这幅作品采用了主光、辅光、背景光和修饰光等多种光线，光线的照明度和投射角安排得井井有条，有主有次，这也充分表现了卡休严谨而高超的布光技巧。还应当提醒一点的是，手势在作品中，也有形式美的讲究。若双手下垂，不但显得呆板，而且双臂的线条与竖边平行，有割裂画面之感。如果是双臂弯曲富有动作性的手势，则会给画面带来一种活泼流动的感觉。

《抓痒的乐趣》（美国杰·沃森）

姿态造型，在中景和全景表现人物时，也是一种重要的形象语言。一个人的姿态，能表现出这个人的风度、气质。美国著名的摄影师纽曼的《舞蹈家格瑞姆》，选取排练场的一角，白墙做背景，墙上一根木扶手横贯于画面，主人公身着黑色衣裳，成为整体中唯一的黑色大块，画面极其简洁。那舞蹈家站立的姿态，静中寓动，表现了女演员柔中带刚的气度。作品中的舞蹈家像雕塑一般，稳稳地站立在观赏者的面前，人们从她静止的神态和体态中，不难联想到舞蹈家即将翩翩起舞，焕发出强烈的激情、动作、节奏和旋律来。法国著名的纪实派大师布勒松的《替爸爸买啤酒》，就是通过少年走路的姿势，抱酒瓶的动作，微微昂起的头，得意洋洋的神气，来表现男孩天真顽皮的性格。即使在左邻右舍女孩子的注视下，甚至在取笑他，男孩仍然昂首阔步，充满了对生活的无限乐趣。我们在欣赏这幅作品时，不禁被摄影家那种高超的抓拍技巧所折服。

环境烘托，也是一种刻画人物性格的艺术手法。把人物放在一定的环境里，也容易表现出一个人的精神风貌。知识分子在书房里、运动员在运动场上、农民在田间、工人在车间……这不单可以说明人物的职业特征，而且也有利于体现人物的气质。因此，不少摄影师都极重视选择典型环境。

细节表现，包括服饰、劳动工具、生活用品等的表现。细节表现得当，也有助于人物形象的传神。有一幅名叫《草原牧民》的近景作品，画面上虽不见茫茫的大草原，但观赏者可以从人物的毡帽、放牧的鞭子想象到作品所反映的地点场合。尤其是那根衔在嘴里的青草，把草原气息和牧民热爱生活的特征，表现得相当动人。这幅作品的

成功，与作者注意细节表现，用细节来刻画人物，有很大的关系。

3. 生活摄影作品的欣赏

生活摄影作品与风光摄影作品、光像摄影作品不同。生活摄影大多以人物为主体，但拍的不是肖像，更多的是人物处在一定的环境和情节之中。生活摄影虽和风光摄影有一定的联系，但风光景致在这里是起陪衬作用的，主要是为了衬托人的精神面貌，或与人物交融在一起。生活摄影作品包括的范围是很广的，主要的可以分两大类：一是在报刊杂志上、摄影展览会上大量出现的反映社会生活的作品；另一类则在家庭影集和个人收藏中的所谓“生活照”。由于社会、个人生活都需要艺术性地体现在照片上，因此，生活摄影作品又被人称为富有生活情趣的“艺术摄影”。

社会生活题材的作品，应当具有鲜明的时代特点、浓郁的生活气息，有的作品还须突出民族特色、地方特色和各种人物的不同性情。《农家乐》是一幅优秀的生活摄影之作。作品中的情节，把艺术的韵味和生活的情趣、氛围较好地统一起来了，显得相当生动有味。一位上了年纪的农民和两头小牛犊在树下休息，小牛犊亲昵地依偎在老农的身边，老农也望着牛犊喜笑颜开。这幅作品生动地体现了今天的农民对生活充满了新的希望和憧憬。还有一幅反映“端午节”生活风情的佳作《龙舟竞渡》。画面上出现的是划船健儿群情激昂，浪遏飞舟和你追我赶的紧张场面，激烈跳荡的水花使人物的身影处在模糊与清晰的变化之间，静止的画面里呈现出强烈的运动感。反映龙舟竞渡的作品我们见过不少，大都能把那种团结、力量和意志体现出来。然而这幅独特之作给人留下特别深刻的印象，与作品强烈的动态线条造型和清晰模糊的形象巧妙结合是分不开的。

反映体育运动和运动员生活的摄影作品，很受人们喜爱。因为体育运动所表现出来的人的体型美和意志美，常常让人惊叹不已。赛船、冲浪的惊险，足球临门一脚的精彩，平衡木上凌空大跳，百米线上的跨栏动作，都能给人以力量的振奋和美的陶冶。特别是那些以情见长、以景点情的体育摄影作品，更能拨动欣赏者的心弦。那幅表现中国女排队员首次获得世界冠军时，抱成一团，喜泪横流的照片；那个李宁获得奥运会体操冠军，在冉冉升起的五星红旗下，微微闭目的镜头，使多少人心中翻涌起情感的波澜，发出声声的敬叹。还有一幅取名为《文佳，你真美》的作品，是拍自第十二届世界大学生运动会，在平衡木比赛结束后的领奖台上，亚军的中国运动员文佳正接受获第三名的加拿大运动员友好的祝贺敬礼，一个东方姑娘的“腼腆”，一个西方少女的“奔放”，在亲吻的一瞬间，形成了一个令人迷醉的造型。欣赏者在任何时候看到它，都会

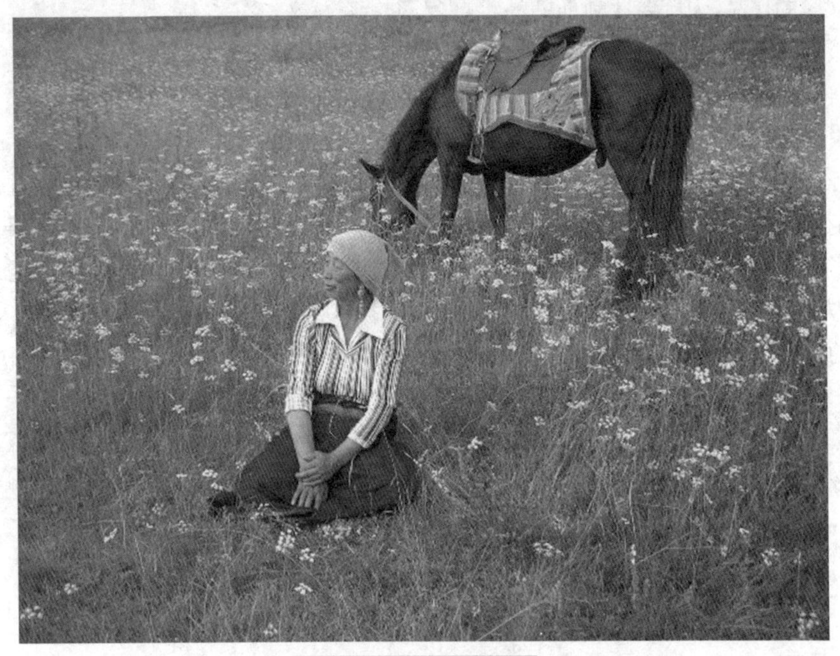

藏族阿妈和她的爱马

被那种真挚的情感和永恒的爱所吸引，同时也为摄影师那恰到好处的、眼明手快的抓拍能力，而发出由衷的赞叹。

反映个人生活的“生活照”在生活摄影中是最大量的。外出旅游观光，游览名胜古迹，漫步公园庭院，甚至选择室内一角，人们都喜欢拍上几张小照，作为以后追忆回味的有形有象的资料。可是，我们看到不少的“生活照”缺少艺术性，或见人不见景，或见景忽视人，也有见人见景不见艺术的。有些作品，看得出来，拍摄者只顾人物的表情、动作，不注意画面的构图、透视角度、光线趣味等艺术因素。有些人到南京中山陵拍照，在大牌坊下一站，后面是熙熙攘攘的游客队伍，犹如集市般的热闹景观全都摄入镜头，这样的作品突出不了个性，缺乏情调，也不能把中山陵艺术地留下来。有的人在公园的花圃里拍摘花的姿态，连同那块“禁止摘花”的木牌也包括在画面之中。也有的人在寺庙古刹前，拍下自己骑在石狮子上得意洋洋的“英姿”。这些不文明的举动，不仅照片毫无艺术性可言，而且也显得主人无知、缺乏修养。而拍一张在古代遗址前驻足沉思的照片，则会显出主人公对已成为一片荒芜的遗址的思考和对这段历史的理解。这样的作品，无疑要比前面的高雅得多，也更有意义。

摄影艺术水平的高低与摄影器材的优劣是分不开的。我们谈到优秀作品的艺术性时，也不能忽视摄影器材的作用。随着现代科技的发展和摄影器材的进步，摄影艺术的表现力也不断得到扩大。

普通的摄影是用标准镜头，拍出的作品所容的视界与我们人的双眼固定方向所见到的范围几乎一样。广角镜头，使作品展示了宽广的视界，呈现出新的空间效果。高速摄影，能拍下人眼难以细察的瞬间，使观赏者可以细细品味作品。微观摄影、宏观摄影，把人们又带到了一个全新的艺术天地。暗房技术也是摄影艺术生命力的重要因素。优秀的摄影家都十分重视暗房技术。一张普通的底片，可以制作出新颖独特的作品。有的已成废物的作品，又可以经暗房技术处理，起死回生，重新获得艺术的青春。

总之，角度、速度的变化和暗房技术的革新，带来了现代摄影崭新的艺术风貌。新颖、变幻，大大扩展了美的表现力；变形、深度和节奏感，使摄影艺术显示出新的魅力。我们只有深入生活，大胆创新，才能创作出具有深刻的思想内容和完美的艺术形式相统一的摄影作品来。

第十六章

如何欣赏综合艺术

综合艺术主要指戏剧、电影、电视剧等艺术样式。综合艺术的界定,主要依据其完成艺术传达的媒介物质的综合性。如戏剧和影视艺术需要综合语言、绘画、音乐、舞蹈、建筑等多种物化手段,以此来塑造作用于欣赏者视觉和听觉的真切的艺术形象,在较广的背景中反映社会生活,表达创作者对生活的感受和审美评价。

艺术样式的发展像任何事物一样,总是由简单到复杂、由低级向高级。先有单一的艺术样式的出现、发展,然后才有综合的基础。因此,综合艺术是较晚才出现的,尤其是电影、电视。由于综合艺术具有吸取其他艺术样式之所长,获得多手段、多方式的表现力的特点,因而,它的艺术感染力量是其他任何一种单一艺术样式所难以企及的。综合艺术正日益显示出它强大的生命力。

第一节 戏剧

一、什么是戏剧

戏剧是一种综合艺术,它熔文学、美术、表演、音乐、舞蹈等多种艺术于一炉,由语言、动作、场景、道具等组合成为表现手段。通过编剧、导演、演员的共同创造,把生活中的矛盾冲突,十分尖锐、强烈集中地再现于舞台之上,使观众犹如亲眼目睹或亲身经历戏剧中发生的事件一样,从而获得具体生动的艺术感受。戏剧的表现过程通常分三个阶段:编剧创作戏剧剧本阶段、导演指挥排练阶段、演员台上表演阶段。剧本是戏剧中的文学成分,是戏剧表演的基础。剧本是一剧之本,导演和演员的创造都要在剧本规定的基础上进行。好的剧本给导演和演员提供了再创造的广阔天地。

戏剧在中国,是戏曲、话剧、歌剧等的总称,有时也专指话剧。在欧洲,戏剧(Drama)即指话剧。戏曲是我国传统的戏剧形式。戏曲既具有戏剧的共同特征,又因表现手段

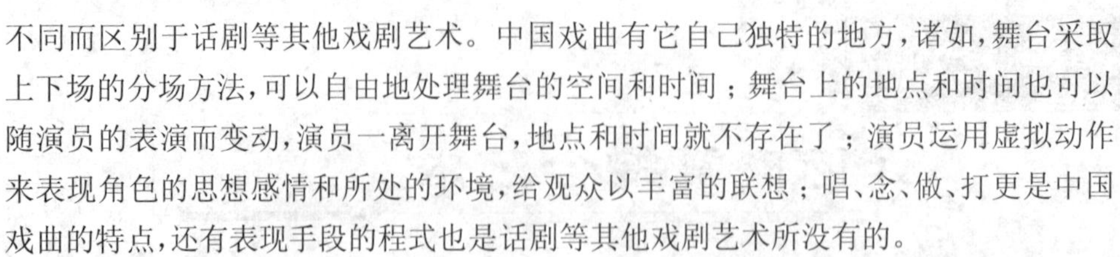

不同而区别于话剧等其他戏剧艺术。中国戏曲有它自己独特的地方，诸如，舞台采取上下场的分场方法，可以自由地处理舞台的空间和时间；舞台上的地点和时间也可以随演员的表演而变动，演员一离开舞台，地点和时间就不存在了；演员运用虚拟动作来表现角色的思想感情和所处的环境，给观众以丰富的联想；唱、念、做、打更是中国戏曲的特点，还有表现手段的程式也是话剧等其他戏剧艺术所没有的。

戏剧的分类，根据表现手段的不同，可分为话剧、歌剧、轻歌剧、戏曲、诗剧、舞剧、哑剧等形式；按作品反映的矛盾冲突的性质和意义的不同，又可分为正剧、悲剧、喜剧、悲喜剧四种类型；根据作品容量大小，有多幕剧和独幕剧之分；按题材不同，分为历史剧、现代剧、儿童剧、童话剧等；按照表演形式不一，还可分街头剧、活报剧、广播剧等；按地方色彩，还有许多地方剧种，如京剧、川剧、粤剧、湘剧、豫剧、越剧、沪剧、锡剧、花鼓、秦腔、梆子、评剧、黄梅戏等。在我国又习惯把木偶、皮影也列入戏剧之类。在西方，还有问题剧、假面剧、宗教剧、情节剧、田园剧、佳构剧等品种。

二、戏剧艺术的特征

集中性　戏剧是表现客观生活的，但它要受到时间、空间和场地的限制，因此必须做到高度的集中。戏剧的集中，主要包括情节的集中、人物的集中、矛盾的集中和场景的集中等。戏剧的情节，一般是突出主干，单线发展，情节复线发展的剧作不多。只有这样，才能在有限的时间里，将剧情内容清楚地表现出来。像《雷雨》，剧作者巧妙地将周家几十年的罪恶史，用鲁侍萍来到周公馆找女儿一天内发生的事表现了出来，通过对话使人物关系明朗化，使戏剧故事完整化，从而体现了深刻的戏剧主题。人物的集中，可使笔力不至于分散而影响刻画人物的性格。人物众多，会给观众浮光掠景的印象。越剧《红楼梦》主要突出宝、黛、钗三人，删去了原小说中大量的人物，戏倒反而生动集中了。矛盾的集中，是为了防止喧宾夺主，淡化主要矛盾。不少由小说改编

话剧《霓虹灯下的哨兵》

成戏剧的作品都大刀阔斧地删去次要矛盾，抓住最尖锐、最紧张、最激烈的事件来写。由于舞台演出的限制，场景不能过多，否则对制景、换景和表演都会带来麻烦。欧洲古典主义戏剧创作，强调遵循“三一律”（即剧情发展要集中在一个地方，时间不超过一天，一个剧只能有一个情节），这虽然近乎机械刻板，但对戏剧的集中，倒也有合理之处。当然戏剧的集中性不止这四点，还有主题的集中、语言和动作的集中等，这些集中性在戏剧中的表现是不能截然分开的，而应是密切相联、不可分割的。

冲突性　戏剧要在有限的时间里表现丰富的社会生活，就需要抓住生活事件中的主要矛盾，加以典型化，形成激烈的戏剧冲突，并在冲突中展示情节和塑造人物。戏剧和其他文学作品或表演艺术一个鲜明的不同之处，就在于后者可以不表现矛盾冲突，而戏剧则必须表现矛盾冲突，而且要以矛盾冲突作为情节发展的主要线索。因此，从这个意义上说，没有冲突，便没有戏剧。当然，戏剧冲突也不是可以随意安排的，它要符合人物性格发展的逻辑，又能充分展示人物性格，还要为表现戏剧的主题服务。所以，戏剧冲突，也有人认为是戏剧艺术的规律。

扮演性　戏剧要通过演员扮演角色，用语言和动作的方式来表现生活。演员要将自身化为剧中的人物，并以这个人的的身份和面貌去思想、去行动，去创造出一种与演员自身毫不相干的“剧中人生活”。戏剧表演艺术的创造者（演员）、创造材料（剧中人）和创造结果（艺术形象）是三位一体的；戏剧表演的创造过程与观众的欣赏过程是同步进行的；戏剧的表演是以动作和语言（即对话）为其表现手段的。在演员扮演角色的过程中，人物的动作是最基本的，没有动作是建造不起戏剧艺术的大厦的。动作在戏剧里是表达戏剧情节和人物思想、感情、行为的基本手段，演员就是通过他自身的动作（包括语言），把剧作者的思想意图传达给观众。因此，动作是扮演角色的戏剧艺术所不可缺少的构成因素。

综合性　戏剧艺术发展到今天，已经成为一门独特的综合艺术。一出戏，不仅要有剧本、演员、布景、灯光、服装、道具，而且还往往有音乐串现其间。这里就包含了文字、表演、舞蹈、美术、音乐乃至武术、杂技等各种艺术因素。因此，戏剧艺术需要各类艺术家们的通力合作，也需要由具备组织、指挥才能的导演来完成整台戏剧演出的创造过程。

戏剧的特征，除了上述四条外，还应该包括戏剧的四大要素，即剧本、演员、观众和剧场。这四者缺一不可，否则戏剧便无法开排演出。

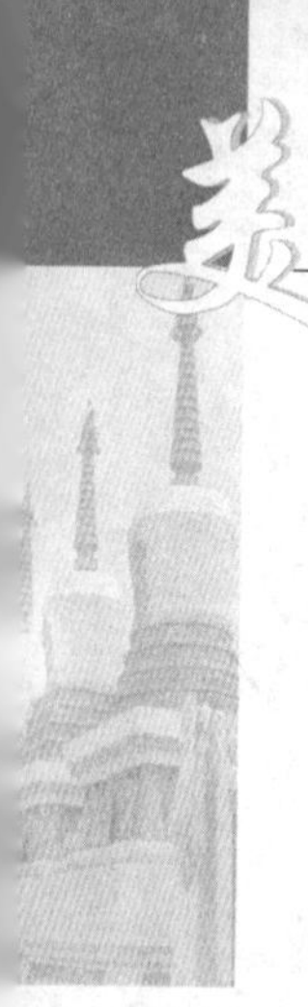

三、怎样欣赏戏剧艺术

1. 戏剧的结构、动作、手法与其他

有人说，一篇小说只要情节动人，人物性格鲜明，语言生动，结构上差一点，仍不失为一部好的作品；而一部戏剧，若结构差点，便会全盘失败。我们认为，这种说法是有一定道理的。因为结构在戏剧中的作用要比其他文艺作品来得更为重要、更为突出，所以，中外著名戏剧家都极为重视戏剧的结构。

戏剧结构的类型，一般有开放式、锁闭式和横剖面式等分法。

开放式　是把戏剧情节从头至尾以及因果关系都原原本本地在舞台上直接呈现出来，基本上不用追求和回忆的手法。这种结构，时间拉得长，地点拉得开，易于表现人物活动的广阔背景和丰富多彩的生活场景。故事有头有尾，容易看懂，人物性格的变化发展过程也易表现，情节也易写得曲折多变、引人入胜。我国传统戏曲和莎士比亚的绝大部分作品属于这一类型，现代京剧《智取威虎山》和曹禺的话剧《家》也属此类。

锁闭式　戏一开始就展现各种矛盾已经酝酿成熟和一触即发的态势，过去的事通过剧中人物以回顾的方式断断续续地交待出来。这些回顾的情节作为一种潜在的力量与舞台上展开的情节结合在一起，推动剧情的发展。这种结构，情节集中紧凑，场面不多，容易刻画人物性格和内心世界。由于进戏快，往往一开场就能引起观念兴趣。易卜生的《玩偶之家》如不采取这种结构，而采用开放式，可以想象其面貌就会完全两样，剧场效果也会大打折扣。曹禺的《雷雨》和《原野》也采用锁闭式，往事回顾穿插得自然得体，人物的内心矛盾揭示得十分深刻。因此，一部戏剧的成功与否，与剧作者选择什么样的结构形式有很重要的关系。

话剧《茶馆》

横剖面式　这种结构的特点是人物多，事件多，情节线索也很多。一般没有一个贯穿始终的中心事件，也没有贯穿到底的戏剧冲突。剧作家用主题，或突出一两个人物和少数几个场景，把一些互不相关的人和事串在一起，以反映社会生活的一个横断面。这

种结构也叫“人物展览式”。老舍的《茶馆》、曹禺的《日出》和高尔基的《在底层》就属这类结构。横剖面式，可以通过人物群像的描绘，在反映社会风貌和本质的规模上更为广阔；也可以通过人物内心活动的多层次揭示，来刻画人物独特而多重的性格；在情节的安排上，还要求更接近于生活。所以，一个剧作家如果没有丰富的生活经验，没有成熟的戏剧艺术功力，是难以驾驭这一形式的。

除上述三种常见的戏剧结构类型外，随着生活的变化和戏剧艺术的发展，戏剧家们还会创造出新的形式。沙叶新的话剧《陈毅市长》，采用的是作者自称的“冰糖葫芦”式，十段各自独立的戏剧片断，由陈毅这个人物把他们串联起来。话剧《原子与爱情》，吸收了电影的蒙太奇手法，把舞台分割成几个表演区，以表现同一时间内不同地点所发生的事情。该剧在场次上也作了新的尝试，全剧共有三十多场。还有《魔方》，它以“一条思索人生的脊梁骨，一副多彩多姿的血肉躯，一股交流对话的精神气”，作为“组合”九段情趣迥异、风格杂乱的戏剧小品的内在依据，使之成为一台完整的戏剧演出，这又新又奇的结构形式在当前的戏剧舞台上不多见。

话剧《于无声处》

戏剧是以表演为中心的。剧中的人物、情节和场面都要由演员当众表演出来，而人物的性格、思想和目的也要靠动作得以体现。因此，剧本必须具有鲜明的、强烈的动作性，演员才能依此设计出符合剧情需要和人物性格的戏剧动作。动作不仅指演员表演时举手投足之类的可见性动作，有些揭示人物内心隐秘的，如眼神、表情、停顿等也是动作。有时人受到巨大刺激，往往会无言无语，这种戏剧表演中出现的沉默、静止，也是一种无声的动作。甚至像旁白、独白能传递人物的内心活动，我们也把它视作为一种动作形式。人物的语言也属于动作，语言的动作性鲜明地体现在，它不仅是人物行为的重要组成部分，而且这些语言又能影响剧中的其他人的言行，从而推动剧情发展。由此可见，戏剧动作所指范畴是很广的。我们不能狭隘地理解为仅是角色的外部动作。

角色的动作是千姿百态的，也是千变万化的，但戏剧动作都应具有一定的目的性和明确的统一性。那些说明戏剧的时间、地点、环境、人物身份、心理状态以及人物关系等内容的动作，一般都采用明显易见的外部动作形式。这种说明性动作不表现情节进展和矛盾冲突，也不表现人物性格，如“走路”、“擦汗”和表现喜、怒、哀、乐的动作。它虽没有什么“戏剧性”，但却是戏剧中不可少的。在我国传统戏曲中，这类动作用得相当广泛。有些动作具有性格化，它能表现出人物的各种性格特征。戏剧动作可以是外部动作或内部动作，也可以是语言。比如，《雷雨》中的鲁贵，他在主人面前总是弯腰躬身，点头称“是”，可一到家中，便摆出威风，手里拿着破扇子，挥着，舞着，指着，迷腾腾的眼睛在各人身上扫来扫去。这一系列的动作，活灵活现地把鲁贵的奴才性格表现了出来。还有些动作有预示剧情和推动剧情的功能。这种剧情性动作有时由连串的动作来组合，有时却只有一个简单的动作或一句简单的台词来完成。比如，莎士比亚的《罗密欧与朱丽叶》中，出现的几次斗剑场面和罗密欧、朱丽叶两人在墓穴中先后自杀的动作，对预示剧情和推动剧情起了重要的作用。总之，优秀的戏剧家和表演艺术家是极为重视戏剧动作的设计的，一个成功的戏剧动作不仅是构成剧情发展的有机部分，也可以表现出人物的内心活动，还能为人物性格的揭示添上画龙点睛的一笔。

话剧《暗恋桃花源》海报

戏剧家为了使剧本的主题思想表现得更鲜明，人物形象刻画得更生动，情节安排得更紧凑，也为了让观众看懂、看好，看得很有兴趣，常常要运用一些艺术手法，如悬念、惊奇、延宕、渲染、强调、突转、预示和发现等。这里介绍几种常用的戏剧艺术手法。

悬念　这是戏剧结构中的一种重要的艺术手法。所谓悬念,就是以“悬”而未决的问题,使观众的兴趣不断提高,并产生一种“欲知后事如何”的急切心情,让观众饶有兴趣地看完一出戏。如有一出话剧叫《最后的一幕》,一开场就制造了一个悬念:幕一拉开,一个青年男子紧张地跑出来,一个中年男子提着枪追了上来。“砰”的一声枪响,把那个青年男子打倒在地。紧接着,一个女人哭叫着跑了出来,伏在负伤的青年身上,指着开枪者大叫:“你打死的是你的儿子。”那中年男子一下给怔住了。这是怎么回事呢?观众急于想知道下文,这就是悬念。有的戏不只有一个悬念,而是一个接一个。有的戏则在总悬念之外,还附着一些小悬念。但设置悬念的目的只有一个,为了让观众看得有滋有味。

惊奇　指戏剧情节的发展或一个动作的突然出现,出乎观众的意料之外,使人感到大吃一惊,制造这种效果的手法叫惊奇。现代京剧《红灯记》中有这样一个让人虚惊的场面:李铁梅为追寻磨刀师傅转交密电码,从里屋钻墙洞经邻居家外出了,家中只剩李奶奶一个人。这时,在门口监视的皮匠特务进来借火,他一见铁梅不在,便问哪

话剧《立秋》

里去了。李奶奶谎称病了，在里屋躺着呢。特务不信，便出门叫两个特务上门来查户口，还要进里屋查看。李奶奶阻拦不住。眼看特务掀起门帘举步将进的时候，突然里屋传来“奶奶，谁呀？”的姑娘的喊声。特务见状，以为铁梅在里屋，只得悻悻而下，正当李奶奶与观众们大惑不解之际，邻居家的慧莲掀帘而出，原来是她顶替了李铁梅。惊奇很有戏剧性，它的出其不意，不仅要瞒过观众，还得瞒过在场的其他角色（如李奶奶）。不如此，观众就紧张不起来，戏剧也就达不到预期的强烈的艺术效果。

延宕　也叫拖延或抑制。它与悬念有密切关系，它可以使剧情的发展和矛盾冲突的展开，发生起伏，使之迂回曲折，引人入胜。如《罗密欧与朱丽叶》中，当朱丽叶急着要听乳媪得知的罗密欧对婚事的态度时，这个叽哩咕噜的婆娘一边装出累得上气不接下气的样子，一边叨叨不休地说自己骨头痛和头痛，说罗密欧的脸、脚、手长得如何好看。朱丽叶求她先回答一个字，这消息是好还是坏，乳媪就是避而不答，一直等到她缠够了，才向朱丽叶说出：“你快到劳伦斯神父的寺院里去，有一个丈夫在那边等着你去做他的妻子”这句要紧的话来，朱丽叶一听，马上向乳媪道了声“再见”，便匆匆赶去了。为了让乳媪说出这句话，莎士比亚为此写了整整一场戏。这种“急惊风偏遇慢郎中”的手法，造成的矛盾、差异和对比，常能给观众带来极大的审美愉悦。

渲染　一件大事将要发生，一个高潮即将而至，一个突出表现的主题或人物性格的场面就要出现，有的剧作家便以“泼墨如云”的气魄，为求淋漓尽致的艺术效果，常用大书特书，铺垫渲染的手法。《窦娥冤》第三折的中心事件是斩窦娥。关汉卿在这场戏中倾注了足够的笔墨。窦娥未出场时，先有监斩官、公人和刽子手为她出场作铺垫。窦娥一出场，又有两段从容不迫的清唱，充分表达她心中的冤屈、怨愤和抗争。再有她与婆婆的生离死别，渲染婆媳的深情和窦娥的至孝至善，借以激起观众对窦娥的深切同情。最后，关汉卿“翻空出奇”，写出三桩誓愿——当场应验的情节，把剧情的进展和窦娥的反抗性格同时推向高潮，产生了一种揪人心肠、紧张激烈的悲剧效果。

我们欣赏戏剧艺术，不能仅仅满足于欣赏演员的表演技巧，也不能单纯地只是为了知道一个故事内容，而是应当多层次地、全方位式地来领略戏剧的艺术之美。因为戏剧是一种综合性的艺术，它是由剧本、导演、表演、音乐和舞台美术等艺术成分综合而成的，所以我们欣赏的视点或角度，也应当多一些。

先谈谈剧本。剧本应当具有戏剧性和文学性这“两重性”。剧本应当为舞台实践提供二度创作的可能性。有的剧本读起来很好，文字也优美动人，激情饱满，故事生动，景物和人物都使人感到自然亲切。但是一拿到舞台上，一切光彩顿失，任导演、演员怎样努力挖掘，结果也无济于事。这是什么原因呢？原来剧本缺少的是上演的特质——动作。因此，动作性是一个剧本的生命。剧本文学一向被人认为是最难驾驭的文学样式，原因也就在这里。优秀的剧作家极重视剧本的动作性，使剧中的人物、语言和情节都具有丰富的运作性。一个剧本只有具备了供舞台演出的条件，才算是真正的戏剧文学作品。一个优秀的剧本，还要求戏剧语言要通俗易懂，力避拗口结舌，台词应尽可能的诗化，使台词具有意境美、节奏美和韵律美，使剧本具有较高的文学价值。

导演是全剧的“三军之帅”。导演要根据剧本所提供的蓝图作出完整的、统一的、具体的舞台构思，并指导剧院各个艺术部门将这种构思付诸实施。因此，导演不仅要有较深的艺术修养，还应具备较高的艺术组织能力和管理才华。

演员是剧本内容的直接体现者。剧本提供的故事情节和人物形象，要通过演员的表演，才能在舞台上活动起来，以创造出一个与本人截然不同的人物形象。因此，演员还需过一种“剧中人的生活”。根据戏剧表演理论，有所谓“体验派”、“表现派”和“匠艺”表演的说法。“体验派”要求演员在表演中始终过一种角色的生活，忘掉“自我”；“表现派”只要求演员在准备阶段过角色生活，而在演出中把对角色的“体验”准确而理智地表现出来；“匠艺”则要求演员从准备到演出都不过角色生活，用程式化的动作来表现人物的思想、性格。不管用什么戏剧表演理论，不管演技有怎样的不同，都要求演员创造的人物不再是演员本人，而是一个具有审美价值的艺术典型，它也是演员创作目标的最后体现。所以，可以这样认为，演员的全部演技和创作激情都凝聚在这个形象上了，它是演员创造成功与失败的客观尺度。

戏剧的音乐，主要指戏曲的唱腔设计和话剧的音乐效果等，它们的主要目的也是为了烘托人物的思想感情、渲染舞台气氛，以增强戏剧对观众的感染力量。

音乐剧《猫王》

舞台美术，包括布景、灯光、服装、化妆、效果、道具等。其主要作用也在于要为剧中人物活动创造出典型的环境。

总之，一部戏剧演出的成功，要靠各个艺术部门的精诚合作。戏剧的综合性，不仅要求剧本创作要充分发挥各种艺术成分的

能动作用，而且又要注意到戏剧以表演为中心的特点，从而使全剧保持和谐统一的艺术风格。

2. 中国传统戏剧的欣赏

我国的传统戏剧有一个特别的称谓："戏曲"，它在中华民族文化艺术史上，有着独树一帜的光彩。它与古希腊的悲喜剧、印度的梵剧一起，成为世界上三大古老的戏剧文化，在人类的艺术宝库中，占有独特的地位。

我国的传统戏剧相当丰富，地方戏剧种类之多，可谓世界之最。古今剧目，数以万计，真叫人为之惊叹。至今仍在演出的360多个剧种中，享有最高荣誉的，拥有观众面最广的，演出团体最多的是京剧。早在30年代，京剧就有"国剧"之称。京剧的许多表现手法影响着不少的地方戏剧剧种，在地方戏曲的演出中，我们也时时能感到京剧艺术的影子。因此，我们如果具备了欣赏京剧艺术的能力，那么，就算基本掌握了欣赏中国戏曲艺术的钥匙。

京剧里的角色体制，也叫行当分工，有一个历史发展的过程。到今天，基本上分为生、旦、净、丑等四大类专业行当。生、净、丑都扮演男性人物，旦行扮演女性人物。由于演员所扮演的具体角色的身份、年龄、性别、地位、性格、扮相以及唱、念、做、打的不同，于是，每一大行中，又有了比较细微的分工。

生行，又可细分老生、武生、小生、娃娃生等。老生也称须生，多扮演中年或老年男子。老生中还有唱工老生（如《二进宫》中的杨波）和做工老生（如《四进士》中的宋士祥）等分法。武生大部分扮演擅长武艺的青壮年男子。武生中有长靠武生（如《一箭仇》中的林冲）与短打武生（如《武松打虎》中武松）之分。小生主要扮演青少年男子。小生中有扇子生、雉尾生、武小生、唱工小生、穷生等称号。娃娃生主要扮演少年儿童。

京剧《贵妃醉酒》

旦行，可细分为青衣、花旦、武旦、刀马旦、老旦、彩旦、玩笑旦和泼辣旦等等。青衣大多扮演青年和中年妇女，在表演上侧重唱工，如《望江亭》里的谭记儿。花旦大多扮演青少年女子，表演上侧重做工和念白，如《拾玉镯》里的孙玉姣。武旦主要扮演勇武的妇女，侧重武打和翻跳，如《盗仙草》里的白素贞。刀马旦扮演擅长武艺的青壮年妇女，武打大都表现马战，如《两狼关》里的梁红玉，在表演上唱、做、武打、舞蹈兼重。老旦专门扮演老年妇女，如《杨门女将》里的佘太君，表演上以唱、做为主。此外，还有玩笑旦，如《打樱桃》里的平儿；泼辣旦，如《双钉计》里的白金莲等等。

净，俗称花脸，大都扮演性格、品质、相貌上有特异之处的男子。一般可细分为铜锤花脸、架子花脸和武花脸等。铜锤花脸表演上侧重于唱和念，如《将相和》中的廉颇。架子花脸在表演上侧重工架、念白和做工，如《芦花荡》中的张飞。武花脸在表演上侧重武打，如《竹林记》中的余洪。此外，还有红净，如《水淹七军》中的关公等。

丑，俗称小花脸，大多扮演语言幽默、行动滑稽的人物，一般分文丑与武丑两类。文丑在表演上侧重念白和做功，如《徐九经》中的徐九经。武丑在表演上侧重武打和翻跳，如《挡马》中的焦光普。丑角，不一定是坏人，徐九经就是一位外表丑而心灵美的人；武丑中也有足智多谋、侠豪义气的人物，如时迁等。扮演丑角时，必须京白爽脆、会说多种方言，还要求演员博学多能，懂得各行角色的表演，会摹仿各行角色的行为，并加以夸张漫画化。由此可见，丑角在剧中的地位不是可有可无的，而是很重要的。

中国戏曲中的行当分工与表演艺术有密切的关系。京剧的演，主要运用“唱、念、做、打”四种艺术手段。一个戏曲演员，不仅要会歌唱，而且还要用手足、全身的动作加以表演，因此，中国戏曲有“载歌载舞”的明显特征。“歌”可以指“唱”和“念”，“舞”可以包括“做”和“打”。难怪有些外国人称我国的戏曲艺术为“中国的歌舞剧”。

所谓“唱”就是角色通过各种唱腔来叙述事物，抒发人物的内心情感。京剧的唱腔主要包括西皮、二黄、昆腔、吹腔及一些曲牌和杂腔小调。京剧的唱词，是一种诗体的文学，它必须具有可听性，无须视觉，是光凭听觉就能听懂的口头诗。好的唱词，都是文学性与通俗性结合得完美的。

所谓“念”，是指角色所念的道白。这种道白就是对话，是诗化了的对话，实际上也是一种朗诵体的诗。我国戏曲界有句行话：“千斤念白四两唱”，由此可见，“念”功在戏曲表现中的地位。念白不仅应具有诗歌性，而且还应注意与唱腔的协调性。正如有位戏曲表演艺术家所说：“唱是有伴奏音乐的念白，念白是无伴奏音乐的歌唱”。

至于“唱、念、做、打”中的“做”，是指演员在舞台上表演的各种形体动作，也包括戏中的各种舞蹈动作。戏曲中的舞蹈动作，不是随便乱舞乱动的，它必须“趋合规矩”，“步中圆方”。戏中脚步，讲究方正，一步一步，都要踩得踏实。转弯回身的时候，脚也有准尺寸和准方向，不得一丝含混。可是跨腿弯的时候，又要圆活。不但脚步如此，一切身段也须如此。手一伸、足一抬，眼一看，身一转，无论何种身段，均要做到家。比如，旦角，用双手指的时候，无论左指右指，由于初动时到手指定止，其间必须练一圆圈式，就是一点小的曲折，也是圆活。从指定的时候，手要指到确定的方位，头部、眼神、肩、腰、腿、足，都要与手随同动作，一丝不得先，一毫不得后。这就叫做圆处要圆，方处要方。所以，中国戏曲对演员的动作有一句行话，叫“手、眼、身、法、步”。意思是，手怎么动，眼怎么看，身段如何表演，台步怎么走法，都是有一定的规矩的。

所谓“打”，是指演员在舞台上表演的各种扑翻武打。中国戏曲中的一些武戏和有武打场面的戏，主要吸收融化了杂技和武术等特技，使之进一步戏剧化。因此，一个戏曲演员如果没有一定的形体训练基础和武功底子，即使是文戏，也难塑造出生动感人的艺术形象。

下面，我们简明扼要地介绍一些有关戏曲表演中的水袖、髯口、翎子等身段程式。

什么叫身段？身段是演员在舞台上表演的各种舞蹈化的形体动作的统称。如坐卧行走、上马下马、捋须甩袖、亮相等。这些动作大都是从日常生活的基础上，经过艺术加工，逐渐提炼出来的具有一定规范性的程式动作。

中国戏曲中的水袖艺术，在表演中起着重要作用。水袖配合身段可以表演各类人物的喜、怒、哀、乐。水袖的姿式很多，名目不少，约有三四十种。每个水袖动作，都有一定的含义，但可以灵活运用。如抖袖，表示整理衣服、掸去灰尘的意思，投袖表示盛怒之下有决心，挥袖表示让人离开，招袖表示招呼人前进，扬袖表示招呼让人远看，摆袖表示一种飘洒自如的意思等。

髯口功夫，又叫做胡须的艺术。我国古代的人，以须长为贵，有美髯之说，所以戏曲里的老生、净、丑都带长须。演员要利用髯口，表演出许多优美的身段，借以塑造人物形象、表现人物各种复杂的感情。如果髯口功夫做不到家，便会破坏艺术形象。演武戏时，胡须一乱，会闹出笑话来的，演文戏时，也要倍加注意。在做各种程式动作时，巧妙地运用髯口，做到恰到好处不是一件易事。它不但要求合情合理，而且还要做得姿态美观，与唱、念、做、打合拍，所以对老生演员来讲，髯口功夫相当重要。捋须表示整理的意思；半捋须表示思索；双手捋须表示郑重。端须表示自己看自己或让别人看自己的动作，推须用于回头看的动作，挡须表示害羞，吹须表示恼怒，揉须表示忧愁，摊须表示决断等。我国老一辈的戏曲表演艺术家都极为重视髯口功夫。周信芳在演《宋士杰》时，在公堂上挨完板子站起来，将雪白髯口耍成波浪形，既形象，又美观，而且更突出地刻画了这个正义、刚强而不屈的老人性格，这样的艺术表演和处理，可以说是绝妙精美的。

翎子功的名目也不少。翎子，即冠上插的两根雉尾。演员利用翎子程式，对塑造人物形象、丰富表演技巧都有很大帮助。

此外，还有手的表演程式、眼的表演程式、步法的表演程式都结合身段程式，表现出丰富多彩的舞蹈化动作，给人以艺术美的享受，只是由于篇幅所限，这儿只能提一下了。

诚然，程式性是中国戏曲艺术的一大特征。戏曲的程式不仅仅指上面我们所提到角色行当的程式化和表演身段的程式化，它也包括剧本形式、音乐唱腔、化妆、服装等各个方面带有规范性的表现形式。程式的普遍运用，形成了中国戏曲既表演生活，又高于生活；既取材于生活，又比生活更夸张、更美的独特色彩。离开了程式，中国戏曲艺术鲜明的节奏性和歌舞性就会减色，艺术个性也会模糊。当然，程式也不是一成不变的。它在戏曲艺术中有着规范性和灵活性的两大特点，所以戏曲艺术又被恰当地称为有规则的自由动作的艺术。

虚拟性，是中国戏曲艺术的又一特征。中国戏曲的表演是在生活真实的基础上夸张变形的，动作大都是虚拟的。两个演员上场，一前一后，前者作撑篙状，后者作掌舵状，随着演员摇摇晃晃的身段，我们相信他们在水上前进，浪里行船。有时，舞台上空无一物，一个演员手持马鞭上场，跑了一个圆场，我们便感到他在跃马扬鞭，驰骋沙场。中国戏曲中的舞台美术也采用虚拟手法，舞台只有天幕一块，这种对山岳河流等地理环境的虚拟，对刮风下雨等自然现象的虚拟，给表演艺术家带来了表演动作的虚拟，达到一种在空旷的舞台上表现出异彩纷呈的生活场景的艺术境界，构成了中国戏曲独特的美学体系。

总之，我们了解一点有关中国传统戏剧艺术中行当分工的角色体制、唱念做打的艺术手段和程式性、虚拟性的艺术特点，对于我们欣赏中国传统的戏剧艺术是有帮助的。现在，不少青年人对戏曲艺术不感兴趣，除了接触不多是个原因外，恐怕对戏曲艺术的基本知识了解甚少也是一个问题。因此，我们认为，作为一个年轻人，应当对自己国家的传统艺术要有所知晓，应当逐步培养这方面的欣赏能力，并从欣赏中获得一种独特的美的享受，以丰富自己的生活，陶冶自己的情操。

第二节 电影

一、什么是电影

电影是活动照相术结合幻灯放映发展起来的一门现代艺术。用电影摄影机以每秒摄取若干格画幅的运转速度，将被摄体的运动过程拍摄在条状胶片上；然后将在不同场景用不同的距离、角度拍成的许多段这样的胶片衔接起来，经过一定的工艺流程，制成画面静止的影片；通过放影机以同样的运转速度被连续的投映于银幕时，由于人类视觉具有瞬间保留印象的特性，观众便可以从银幕上看到放大了的活动影像。

电影艺术的特性包括七个方面：①电影是一门获得“新特质”的综合艺术。这个“新特质”表现在电影剧本不同于戏剧剧本，它既包括舞台剧本的成分，又包含在电影的时空环境下所展示的艺术散文的成分。情节仅通过对白，而且十分强调通过没有对白，没有语言的造型动作来表达。动作的蒙太奇结构不同于舞台动作结构，声音和画面的合成和分立，可造成戏剧无法做到的特殊的音响和视觉结合的艺术形象，绘画和建筑在电影中获得了动态。音乐已不再是单纯的演奏或演唱。电影是现代科学技术和艺术的综合，它能把几乎所有艺术手段都吸收过来，并水乳交融在一起。②电影具有广泛的群众性。③电影的具体性和逼真性。④电影主要是视觉艺术。⑤电影具有造型表现力。⑥蒙太奇。⑦电影的音响和音乐。上述七个特征就是电影艺术区别于其他艺术样式的实质所在。

根据电题的不同题材、不同内容、不同风格等，我们通常把影片的样式分为历史片、故事片、喜剧片、音乐片、惊险片、儿童片、侦探片、打斗片、科幻片、灾难片、“西部片”、色情片、系列片、戏曲片、新闻纪录片、科教片以及翻译片等。

二、电影的一般知识

1. 电影的时间、长度和景别

时间 一部故事片放映时间通常在100分钟左右，这不仅有一个经济因素，而且也有个美学因素。它较符合人类用眼的生理卫生。国际标准也大致如此。

长度　摄影机内胶片正常转动的速度每秒钟24格画面。其长度约0.45米，每分钟合27.36米，影片放映速度与此相同。如果一部电影放映时间为100分钟～110分钟，那么这部影片的长度为2700米～3000米。

远景　指拍摄全身人像及人物周围广阔的天空、环境、自然景色或广大群众的活动场面。它主要用于交待环境和气氛。

大远景　表现更为广阔的场面、浩茫的自然景色和大范围的背景。它在特定情况下是刻画人物心理的一种巧妙手段。

半远景　一般拍摄人物全身活动以及相当于这个范围的背景。画面要留有上下空间。

全景　拍摄人物及其周围环境或拍摄自然景色，专用于表现一定范围的情景。它表现一个景的全部，相当于舞台框内的那种景别。

中景　表现人物膝部以上的活动情景。它能给人物表演以自由活动的空间与周围环境、动作地点相联系。

半近景　表现人物的半身活动的情形，比近景稍远些。

《偷自行车的人》（意大利）

近景　表现人物胸部以上活动的情形和面部表情，它在强调人物表情时运用得很多。

特写　指两肩以上的头部，或突出所要强调的“物”，使之占满银幕。特写是获得电影艺术效果强有力的手段。

大特写 指人的脸部或拍摄对象的某一局部，将它拍得很大很突出。大特写又称细部特写。

2. 电影镜头的划分及其功能

镜头 从电影摄影机开机起到停机为止的这一段胶片算做一个镜头。其间不管拍摄对象走动或变化，以及拍摄机作什么样的运动，只要摄影机不停，都算一个镜头。

摇镜头 指摄影机放在固定的位置，在原地转动，摇摄全景，或跟着摄影对象的移动而进行摇摄（跟摇）。摇镜头通常用于介绍环境或突出人物行动的意义和目的。摇镜头一般有左右平摇、慢摇之分。

拉镜头 是指人物的位置不动，镜头从特写或别的景位拉向远处成全景、或别的景，以表现人物将进行的活动，或表现拍摄对象与其他人物、环境的关系。拉镜头能使人产生宽广舒展的感觉。

《这里的黎明静悄悄》（苏联）

推镜头 指人物位置不动，镜头从全景或别的景位向前逐渐推成人物近景或特写镜头。它可以引导观众深入地感受人物的内心活动，加强情绪和气氛的烘托。

横移镜头 可以把行动着的人物交织在一起，它可以产生强烈的动态感和节奏感。

升降镜头 上升镜头，指摄影机从平摄慢慢升起，形成俯视拍摄，以显示广阔的空间。它可以从局部展示整体。下降镜头与上升镜头正好相反，其引起的效果也相反。

主观镜头 把摄影机的镜头当作剧中人的眼睛，直接“目击”生活中其他人物或事物活动的情景。它是基于剧中人的视线和心理感受拍摄的画面。这类镜头，最擅长于表现角色在戏剧规定情景中所见实况，并把角色的内心感受巧妙地传递给观念。把观众引入影片规定的情景中是主观镜头的最大优点。

悬空镜头 它是摄影机在物体上空移动拍影的镜头，有时甚至在空中拍摄。在军事题材题片中，常用来展示战场的宏伟场面。

俯仰镜头 俯镜头一般称鸟瞰景，除鸟瞰全景外，在感情色彩上还表示阴郁、压抑的情绪。仰镜头又叫仰瞻景，在感情色彩上往往有舒展开阔、崇高景仰的感觉。

空镜头 指没有人的镜头。它是使电影具有诗情画意的重要手段。有时为了抒发情怀，有时为了表达意境、情绪等。

变焦距镜头 指摄影机位置不变，通过安装在摄影机内的变焦距镜头的焦距变化，使拍摄对象在不改变与摄影机距离的情况下，作急速或匀速的拉远或推近，造成急促的节奏，它为拍摄困难的环境提供了方便。

综合镜头 有时也叫长镜头，即在一个镜头里，将推、拉、升、降、摇、移等镜头综合运用。它为画面造成各种镜头角度，即发现环境的全貌，又为表现某个特定人物的近景、特写以及人物之间的关系提供了可能性。综合镜头往往使一段线的拍摄一气呵成，有助于环境、气氛的渲染和人物情绪的贯穿。

3. 电影的附加技巧

电影的附加技巧是电影语言和文法的主要组成部分，它在处理故事情节、人物行为、时间变化、空间转换时发挥了文章中节、段落、标点符号的作用。

淡入淡出 也叫“渐显渐隐”。它是电影中表现时间和空间转换的一种方法。“淡入”是一个画面从完全黑暗到逐渐显露，直至完全清晰的过程，表明剧情发展一个段落的开始。“淡出”与“淡入”的过程正好完全相反，表示一个段落的结束，运用这种方法，可以使观众产生完整的段落感，和舞台演出的开幕与闭幕相似。

化 在前一个镜头“渐隐”的同时，后一个镜头“渐显”，它是由前后两个镜头通过“溶化”的状态来实现交替的。它突出地加强了影片前后的连贯性。

划 前一个镜头渐渐划去，而在划的同时，空着的地方代之以后一个镜头的画面。这种前后两个镜头交替过程是经过带线条的“划”的状态来实现的。“划”可以使影片产生活泼、明朗的节奏。

甩镜头 是指镜头突然从拍摄对象上甩开，也就是把原来的画面突然甩去。这“甩”的动态，要保留给观众看，具有“爽利性”。

切 是把一个内容与一个镜头紧密相联的镜头，直接衔接上去的手法。它在艺术表现上以干净、利落、进展迅速为特点。

反转画面　指一个画面经过180°的前后翻转，转成另一个画面。它特别适用于表现对比内容的镜头。如新与旧、富与穷、喜与悲等的对比。

倒正画面　将一个倒置的画面上下旋转180°，变成正置画面。

叠印画面　指两个以上画面复制在同一个画面上。它常用来表示回忆、幻想等内容。它能简洁、明晰地表现剧情的内容。

叠化画面　用"毛化"的手法，使前后镜头连接，如小孩的面孔变成年轻人的面孔。它具有叙事的性质，更有对比、象征、讽刺等意味。

蒙太奇　是法语montage的音译，原为装配、构成的意思。电影借以引伸为剪辑和组合。蒙太奇是电影构成形式和构成方法的总称。在电影制作中，按剧本和影片所要表现的主题思想，分别拍成若干镜头。一部故事片往往由五六百乃至上千个镜头构成。这些镜头犹如演员的表演一样，拍摄时前后不连贯，也非依次渐进的。到后期制作时，导演和剪辑师根据分镜头剧本需要，把这些不同内容的镜头，有机地、艺术地组织、剪辑在一起，使之产生连贯、对比、联想、衬托、悬念、有逻辑、有适合剧情需要的节奏。使它成为既能表达一定思想内容，又为广大观众所接受的影片。这种表现方法通常叫"蒙太奇"。

三、怎样欣赏电影艺术

1. 电影导演艺术的欣赏

导演是电影艺术的主要创作者。导演要运用表演、摄影和美工等各种电影的构成成分，在银幕上创作出一部完整的电影艺术作品。当然，导演艺术的内涵也是十分丰富的，它包括导演对生活的认识、美学的追求，以及技巧的运用、个人风格的体现等。

我们欣赏导演艺术，要了解导演对电影最基本的语言——画面的运用。画面，是电影语言的最小构成单位，它与镜头不一样。一个镜头可以是一个画面，也可以是多个画面的组合。有声电影和彩色电影产生后，声音和色彩也成为电影语言的构成要素。电影导演在运用画面时，要力求准确而真实，使之与客观现实相符。像影片《黄土地》的结尾，成百成千的农民光着膀子，顶着赤日，跪拜在荒漠之中，向老天祈雨。这个画面在表现生活上是真实准确的，它展现了我们这个民族曾有过顽固的愚昧落后的悲剧。但导演往往还不满足于准确真实地表现客观生活这一方面，他们还常在画面中寄寓着某种思想含义。同是上一个例子，夹杂在祈雨人群中的憨憨，突然回头看到远处的顾青，便在疯狂的人群中逆流而上，奋力拨开阻挡他的人们，向远处地平线上的顾青奔去。这个画面不仅仅表现憨憨要去告诉顾青姐姐已出走的消息，而且使我们从中强烈地感受到，一种新的意识正在觉醒。所以我们在欣赏电影语言时，既要了解画面的外表形象，还要探究它的内在含义，这样才算真正领会了画面意思。

霸王别姬

蒙太奇是导演的表现手法。在电影作品中，导演主要运用叙述性蒙太奇和表现性蒙太奇来叙述故事，表现思想感情。

叙述性蒙太奇，主要是叙一个情节或讲一个故事，它通常分连续式、颠倒式、平行式、交叉式、复现式和积累式等基本结构形式。

连续式蒙太奇　是一种电影结构上的顺叙。它要表现一个情节线索连续发展的过程。如这样三个镜头：①孩子对妈妈说：“肚子饿了。”②妈妈在厨房做饭菜。③桌边，妈妈对孩子说：“多吃点”。这三个镜头一组接，告诉观众：孩子肚子饿了，妈妈马上做饭给他吃这样一件事。我们并且还能从“多吃点”中，感受到妈妈的一片慈爱之心。

颠倒式蒙太奇　是结构上的一种插叙或倒叙，它打破情节发展的时间顺序。影片《牧马人》采用时空交错结构，把现实与回忆结合起来，就是运用颠倒式蒙太奇来展现男主人公人生道路上的甘苦的。

平行式蒙太奇　是用两条或两条以上的情节线索并列表现一个情节。影片《西安事变》中，临潼行动时，事态沿三条线索（南京、延安、西安）平行而进，把剧情推到了新的高潮。

交叉式蒙太奇　是一个平行动作或场景迅速交替表现。我们常见的敌人追捕革命者的镜头，用一个追，一个逃，交替快速的短镜头来叙述，给观众以强烈的悬念，造成一种紧张感。

复现式蒙太奇　是指同一内容的镜头再次出现，它是为了强调某一重点，通过视觉上的重复，达到内容上的突出。《乡音》中，妻子给丈夫端水洗脚的画面多次重复，深刻地揭示了传统观念沿袭至今的现实，看了令人震惊不已。

积累式蒙太奇　把一系列性质相同或相近的镜头，连接在一起，通过视觉上的积累效果，造成强烈作用。例如，把柳枝发芽、迎春花开放、冰雪消融三个镜头组接在一起，就告诉观众，春天来了。

表现性蒙太奇，是追求表现力的生动，给人以艺术美的享受，激起观众的联想的一种手法。表现性蒙太奇一般分为对比式、隐喻式、抒情式、理性式、心理式等不同结构形式。

对比式蒙太奇　用不同的画面形象和画面元素，通过尖锐的对立和强烈的对比，使彼此的色彩更为鲜明。影片《杜十娘》中，李甲把杜十娘转聘给孙富的一场戏：酒楼上，李甲听信馋言，忘恩负义；小船上，杜十娘温酒备饭情深意挚，盼李甲归来。两组镜头一连接，互相映衬，美丑分明，最后形成了杜十娘怒沉百宝箱的高潮。

隐喻式蒙太奇　通过镜头与画面的连接，将不同形象加以并列，以甲比乙，暗示出一种视觉上的直喻。如影片《摩登时代》中，将倾巢而出的羊群与放工出厂的工人加以并列，比喻在反动统治下，工人犹如牲口一样度日。

抒情式蒙太奇　是电影的一种诗的笔法。它通过画面的组接，创造意境，使剧情的发展充满诗意。如普多夫金的《母亲》的结尾，在工人游行示威的场面中，反复插入初春冰释河开、湍急流水的镜头，这两条并行发展的动作线，使观念领悟到，觉醒了的工人兄弟不就像溶溶春水一样，充满活力，势不可挡吗？这个抒情蒙太奇的巧妙运用，使整个场面波澜壮阔，诗意盎然。

理性式蒙太奇　是把不同的生活画面组接起来，通过它们的对比，以产生一种深刻的内在的政治含义。如苏联早期影片《十月》，用沙皇塑像的倒坍和重新回到基座上，表明沙皇专制制度的崩溃与反动势力的卷土重来。

心理式蒙太奇　是电影的一个重要手法，借以进行人物的心理描写。它能把复杂的心理活动以及隐曲之情，通过视觉形象准确而具体地表现出来。这一手法不仅可以表现人物的回忆。而且还常常表现特定环境下人物的种种心理活动和精神状态，如闪念、梦境、遐想、潜意识以及其他主观感觉。这一手法，我们在一般的电影作品中，也都是常见的。

《辛德勒的名单》（美国）

当然，蒙太奇的表现手法是多种多样的，除了上面介绍的，还有声画式蒙太奇。声画式又有声画合一式、声画分立式和声画对位式之分。现在有的探索影片还出现了色彩蒙太奇的手法，利用色彩来渲染气氛、表现人物情感等。总之，蒙太奇没有一成不变的定规和模式，导演是按照电影作品所要表现的内容以及他的个人风格来决定镜头的分割和组接的。而我们欣赏电影的蒙太奇时，不但要努力理解镜头之间的表面连接，更要深入体会其中内在的逻辑关系；不仅要会欣赏叙述性蒙太奇，更要懂得表现性蒙太奇所表现的艺术内涵。这样的欣赏电影作品，就不会属于低层次的欣赏了。

从电影文学剧本到登上银幕，从文学形象到直观的视觉形象，要通过导演的艺术再创造。这种把语言形象变成银幕形象的再创造，就是导演的艺术构思在起主要作用。即使是优秀的电影文学剧本，导演也常以新的构思，不断地修正、调整、补充和丰富着剧本，使电影作品更完善、更艺术地表现生活。影片《巴山夜雨》中，蒲公英这一细节的运用，正体现了导演在银幕形象再创造中的艺术构思的特点。在文学剧本上，孤苦伶仃的小娟子唱的是：“我是一株杜鹃花，我在风雨中发芽……”一般来说，杜鹃花的形象充满着奋发气息，尽管受到风雨摧残，总隐蕴着蓬勃的活力的欢欣的色彩。而小娟子的命运却十分悲凉哀伤，杜鹃花与小娟子之间的联系并不十分融洽确切。如果随着小娟子的歌声，画面上出现红艳艳的杜鹃花，便与小娟子当时的孤寂心情，与影片总体构思所追求的深沉、含蓄、淡雅的水墨画色彩极不协调，这样会破坏影片整体上的艺术统一。因此，导演请编剧改写为：“我是一颗浦公英的种，谁也不知道我的欢乐和悲伤……”的歌。蒲公英在色彩上十分清淡，它的种子随风飘扬，虽然孤独，却又充满了顽强的生命力。这样一改，不仅把小娟子的身世、感情形象准确地表现出来了，同时也与影片的整体十分和谐。导演还进一步构思了贯穿在小娟子和她母亲身上的吹蒲公英的动作和秋石家中那幅套色木刻画《蒲公英》，使蒲公英这个细节形象在影片中反复出现，参与了影片的整体形象结构，成为情节和意念的有机组成部分，起到画龙点睛地显现艺术意境的重要作用。

总而言之，导演艺术集中地体现着电影艺术的特殊规律，因此，我们在欣赏电影时，要通过对导演艺术的理解和体会，来加深自己对电影作品的感受程度，提高欣赏水准。

2. 电影表演艺术的欣赏

电影表演要生活化，要真实化，这和戏剧表演不一样。电影艺术具有高度的逼真性，它是所有艺术中最接近生活真实的一种艺术，虽然人工搭的景是假的，但它也必须和实际生活相一致，给观念以真实感。电影演员在这种“真实”环境里进行角色塑造。

因此，为了与环境协调，演员的表演必须生活化，真实化。无论一抬手一投足，都要像生活中那样自然适度，说话的语气和声调也要和生活中一样得体可信。所以电影演员必须具备在镜头前自然、松弛的表演才能。

电影演员由于受作品制作的特殊要求限制，必须习惯表演的不连贯性。演员的表演常常是被分割成一个个独立的片断，表演顺序常常不按剧情发展顺序进行。因此，往往出现先演老年、再扮少年；先演结尾，后演开始、高潮的情况。为了适应这种“七颠八倒”的拍摄顺序（它是按最经济最有效的拍摄方法来决定拍摄顺序的），电影演员必须具有很强的情绪记忆力、丰富的想象力“无对象交流”的本领和“瞬时入戏”的能力。电影《红色娘子军》中“常青就义”和“琼花悲痛欲绝”两组镜头，拍摄间隔的时间很长。扮演琼花的祝希娟为了准确地把握人物情绪，在拍“常青牺牲”那段戏时，她一直在现场观察，感受和体会常青牺牲对琼花的刺激以及引起的情绪变化。当她进入拍摄时，祝希娟就调动当时的情绪记忆，想象那悲壮的情景，与设想的对手展开交流，表演终于获得成功。

电影演员还要具有“镜头感”。由于摄影机的取景器范围有限。演员的活动不得不限制约束在这个范围内。舞台上表演，演员多走几步、少走几步可由演员自己决定，它不会影响全剧的演出效果。可在拍摄镜头前，很可能多走几步“出格”了，少走几步又破坏了画面构图。一个镜头在开拍前，演员往往要反复地“走位”，免得正式拍摄时因“出格”而徒劳一场。因此，演员即使完全进入角色，激动不已时，可头脑中还须有一根神经在不断地提醒着——“镜头”！由于摄影机有推、拉、移、摇的多种运动，有仰摄、俯摄、长焦、变焦等不同拍法，电影演员为了能反映出人物的神态和情绪，还必须了解拍摄常识以及可能出现的屏幕效果。当然演员还要了解导演的蒙太奇构思，最后根据人物的性格特征，设计出镜头前表演的动作。如果是全景，演员要注意自己形体动作的表现力，而不必在手指、面部肌肉等局部多作努力；如果是近景，则要使人物面部表情能够传神，使观众能通过它来窥探人物的内心世界；如果是一个脸部的特写，那么对身体其他部位可不必作任何设计了，只要全神贯注地把表演功夫放在脸上，假如稍一

《天云山传奇》

不慎，把平时嘴巴一撇的习惯性动作流露出来，在这个特写时就会形成一次极大的震动，使观众发生错觉，以为人物受到了什么大的刺激。所以，在特写镜头前，演员特别需要控制、含蓄，努力使自己的每一根神经、每一块肌肉都会“说话”，都具有“镜头感”。除了这些，在镜头前表演，演员还须学会“当众孤独”的本事，因为拍摄现场吵吵嚷嚷，缺少艺术创造的氛围。因此，电影演员还得要有“自信心”和不为现场环境所干扰的本领。

《乱世佳人》（美国）

为了塑造一个活生生的艺术形象，电影演员加强自身的修养也十分重要。一般来说，演员的修养包括思想、艺术、知识、技巧和生活积累等方面。

由于演员们的表演戏路不同，我们通常还把电影演员分为性格演员和本色演员等。有的演员创造的角色，一个个性格迥异，与他们自身的个性、气质特征颇有不同，他们演一个像一个，无论是造型、神态、风度，均能各显其采。这种演员，我们称性格演员。比如，像我国的石挥、金山、赵丹、蓝马、舒绣文、上官云珠等，他们曾成功地塑造过不同的性格化人物。另一种演员则总是以本人的气质、体态、外貌、个性来创造角色，每一个角色中都渗透着演员本人的内部和外部的造型因素，都可以找到明显的属于演员本人的成分，这一类属本色演员。如崔嵬、魏鹤龄、孙道临、白杨、张瑞芳等，他们以本身独具的气质和魅力、深厚的表现功底，成功地塑造了为人瞩目的艺术形象。性格演员与本色演员并无高下之分，两者都能成为优秀的表演艺术家，他们各有杰出的代表作，在电影艺坛上相互争辉。因此，我们决不能盲目地、无知地抑此扬彼，而应根据具体角色作具体分析。

3. 电影声音艺术的欣赏

电影的声音，包括出现在银幕上的一切声音组成的银幕音响体系。电影的声音有

人的语言，即台词（包括对白、旁白和内心独白），有音响和音乐。

电影的对白不同于戏剧的对白。电影的对白不但要符合人物的性格、身份和讲话的情景、对象，而且要尽可能地符合口语化、生活化的特点，这是由电影的特性决定的。

每个人的对白，都是不同的。由于各人的性格、经历、素养、职业、年龄等因素的不同，对事物的态度也会有不同的反映，因此，各人说的话都带有各自的气质特点。话如其人，就是这个道理。电影《归心似箭》中玉贞向老魏表达爱情时说的那段话，给人印象特深："那你一天就给我挑两趟水……挑到我儿子娶媳妇，挑到我闺女出门子，给我挑一辈子！"这段话把老魏乐得反问起来："挑一辈子？"玉贞连羞带笑地说："挑一辈子！"这段精彩的对白确实活现出一个北方农村妇女聪慧的性格和含羞的心理。久居山村的我国农村妇女，自然不会有西方那种爱情表达方式，她们是内秀的、含蓄的。她们借助于独特的方式来暗示自己的感情，以求得对方的感应，是符合我们民族的特点的。此外，对白还须讲究简洁、自然等。

电影中常出现画外的旁白声音，它在影片中起着刻画人物、介绍剧情、说明交待等作用。旁白有第一人称和第三人称之分。希区柯克的《蝴蝶梦》，曾获 1941 年奥斯卡最佳故事片奖。影片一开头就采用画外音："昨夜，我在梦中又回到了曼德利。我好像站在铁门前停了一下，被铁门阻拦着不能过去，路被隔绝了。"……画面没有出现人，从铁门到旧居这一段路，镜头仿佛代表着梦境中的女主人公的眼睛。而旁白的画外音，向观众介绍了这个梦。实际上这是在介绍曼德利的今昔。于是引出后面女主人公与曼德利的主人麦克西姆·德文特先生之间的由相识而初恋、结婚，最后共同生活的一段往事，构成了影片的剧情。像这样的旁白回忆，娓娓叙来，容易使人身临其境，也可省去大量的交待篇幅。如果全用画面表现，反显拖沓和累赘。许多电影作品中的旁白，都是采用夹叙夹议的方式，在叙述中直接或间接地表现作者的褒贬爱憎。如影片《被爱情遗忘的角落》的结尾，荒妹和荣树并肩站在小坡上，俯视着春意盎然的家乡，憧憬着美好的未来。"温暖的春天终于来了，美好的爱情还会远吗？"这热情洋溢的旁白，表达了作者的赞美和希望，给整部影片添上了一层亮色。

至于独白，主要是指人物内心感情的流露，是一种内在的自我言语和思考。因此，它必须是第一人称的。日本影片《生死恋》中，大宫离开夏子去出差，两人天天通信。我们听到他俩的心声。你一句我一言，超越了两地时空，在直接交流心声。这里的独白运用，把男女主人公相互间的思慕之情，表现得淋漓尽致。

电影的音响，指影片中自然界和人为的各种音响效果。如隆隆的雷声、叭叭的碰

《拯救大兵瑞恩》（美国）

击声、鸡啼狗叫声、人熟睡时的鼾声等。音响也是电影艺术中的一个重要因素，它以自己的独特方式来表现情节、刻画人物。优秀的导演往往对影片中的音响，具有总体设计和把握能力。像《乡音》的音响尤为出色。油榨房的撞击声前后一共出现三次。第一次是作为一种自然音响，仅仅显示出山村生产方式的落后；第二次作为一种氛围音响，揭示出古老的村镇依然被古老的观念和生产方式束缚着；第三次作为一种情绪音响，揭示出在陶春病重住院手术后的悲剧心绪。就在这部影片中，当油榨房的老式机械被拆除，人们点燃欢庆的鞭炮时，那种喜悦之情难以言状；当木生用独轮车推着陶春前往龙泉寨时，随着小车"吱吱呀呀"的车轴摩擦声，同时又响出了现代化的火车汽笛声，并掩盖了小车声，两种音响如此重叠在一起，配合着水生推着陶春的画面形象，产生了一种情绪高潮，也出现子一种主题的暗示，给观众以丰富的联想。可以说，如果没有导演对音响的艺术追求和总体把握，是不可能获得如此具有深刻含义的音响效果来的。音响还能表现空间感和节奏感。但音响在画面内外的出现是分散和零碎的，不像一段对白、一支插曲那样完整、意思清楚。可是留心影片中的音响效果，也会使我们的电影欣赏多增加一个方面的乐趣。

电影音乐的表现手法和音乐艺术的表现手法是一样的，这里只谈一些音乐与画面

的问题。电影的音乐要从属于影片的总体构思，它要与画面发生联系。音乐与画面可以是同步，也可以是分立，还可以是对立的。但这不是创作者随意为之，而是有“良苦用心”的。

音画同步，音乐与画面基本一致，情绪、节奏和含义也基本相符。画面乐，音乐也乐；画面悲，音乐也悲；镜头运动或长或短，音乐旋律也或慢或快。这种音画组合，在影片中是常见的。影片《城南旧事》中的主题歌，在我国20世纪20年代十分流行，它在影片中一出现，立即让人产生一种思乡怀旧的深情，这与画面中表现的“离愁别绪”是极为吻合的。尤为人们称道的是，影片结束，画面上小英子告别宋妈的情景，伴随着由笙、笛所吹奏出的主旋律，恰到好处地取得了高度的和谐。

音画分立，音乐与画面分离，各自表现人物的情绪状态，互不依赖，分头并行。这种在同一时间里，既有视觉形象，又有听觉形象，会给观众以双倍的印象。波兰影片《爱情的故事》，片头出现优美的主题音乐，银幕上出现女主角寻找男友的场面。这样，视觉上的焦急与听觉上的舒展，相互平行发展，使观众既感到女主人公的急切心情，又感到他们爱情的真挚，同时也使女主人公更能引起观众的注意。

音画对立，音乐与画面内容恰恰相反，这种相反所引起的在情绪上、气氛上、节奏上、内容上等方面的对比，更能开掘出人物丰富复杂的内心世界。如影片《小街》中，夏在动物园里被追捕遭毒打的场面，由优美深情的主题歌《妈妈留给我一道歌》的音乐，自始至终地伴随着这场惨不忍睹的暴行。这种善与恶的对照，美与丑的相映，使善恶美丑越比越分明。这样的艺术处理，

《罗生门》（日本）

就比渲染画面的残酷要巧妙得多，因此，其寓意也就深刻多。

4. 电影美工艺术的欣赏

电影的美工是电影艺术中不可缺少的部门，它的成败会直接影响到电影作品的艺术质量。一般人往往只把电影中的布景制作看做是美工，实际不然，电影的美工还应包括道具、服装、化妆等范围。电影美工要承担整部作品造型部分的艺术创造，所以电影美工在电影创作中地位也很重要。

布景的运用有多方面的作用。一部电影作品需要布景来“叙述”故事发生的时代背景、地理环境和剧情气氛，也需要用布景来感染观念，激起观众的欣赏情绪。如影片《雷雨》有这样一堂布景：客厅豪华宽大，门窗紧闭着，室内的陈设有西式的壁炉、中式的红木家具、柚木的护墙板、雕花的佛龛……观众看后，马上会感到这是中国20世纪20年代带有封建色彩的资产者的家庭。又看到一位神情郁闷的少妇在客厅里幽灵似地徜徉，我们就会猜度，她是何许人也？为何如此神色？戏还没有展开，这堂布景就把观众带到了影片规定的剧情中去了。

道具是电影中的一切陈设和用具，它还包括演员所佩戴携用的物件。道具不但能表现人物的身份、爱好和性格，有时还能参与剧情发展。影片《林则徐》中，林则徐对海关总督放手洋人烟贩子怒不可遏，砸碎茶碗时，看到墙上书有“制怒”格言的横幅，顿时由激愤转为冷静。假如没有横幅这个道具，戏也就很难一下子转过来。有的道具的运用，还具有寓意。像影片《林家铺子》开始，一盆污水倒入河中，这盆污水，寓意着那个肮脏的社会和肮脏的事。

《芙蓉镇》

服装设计要显现人物的身份、性格、气质和修养，能准确地反映电影所规定的时代感。服装师对电影中所有角色，包括群众演员的服装都要精心设计和仔细选择，使服装与剧情发展相一致，同各堂布景的色彩相协调。影片《野山》的服装，经过服装师的搜寻筛选、设计调配，使剧中灰灰、桂兰等主要人物的服装具有准确的个性和生活实感，大大丰富了人物的外部形象塑造。

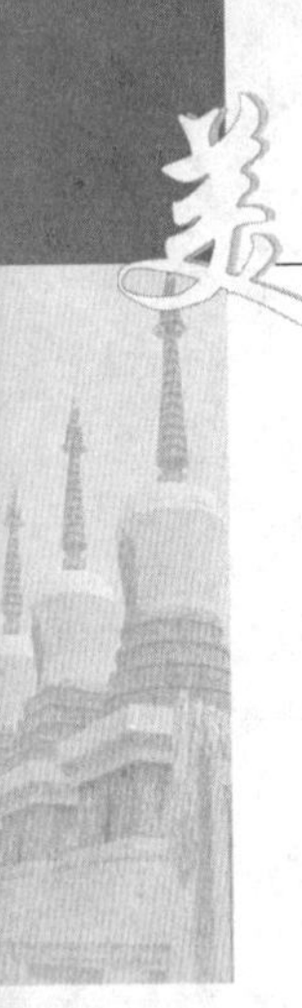

化妆要以剧本为根据，按角色的要求和演员的外部条件来塑造。优秀的化妆师不但能表现人物的外形特征，揭示人物的内在气质，又能使人物有个性、不脸谱化。由于影片常用特写镜头，因此，化妆更须不露痕迹，做到以“假”乱真。

总而言之，电影艺术是一门综合艺术，它几乎可以把所有的文学艺术门类的一些艺术手法都运用到电影艺术中来。除了电影艺术自己所具备的“特质”之外，在电影作品的结构上，有小说式结构，有散文式结构；在蒙太奇的手法方面，有诗化的镜头组接，借以产生一种诗一般的意境；音乐在电影艺术中的作用，也是相当突出的；绘画和雕塑在电影的构图、造型、色彩等方面，都直接参与创作；建筑的局部与整体的艺术处理关系与电影艺术的结构处理也有相通之处；舞蹈艺术在表达人类丰富、细腻和复杂的情感方面的独到之处，对电影的表演艺术不无启迪作用；当然，不言而喻，戏剧、摄影和电影艺术的关系就更为密切。上述诸多的文学艺术门类在参与电影之后，便丰富了电影艺术的叙事性、戏剧性、造型性和抒情性；正是由于各门文学艺术有再现性和表现性的分别，使得电影艺术有了这两种类型的有机结合。电影艺术便可以再现客观现实，又可以表现主观情感。电影艺术就是在这种再现客观世界中表现着主观世界，因此我们不能低估电影艺术的这种有机综合的能力。我们在观赏一部电影作品时，既要能在总体上得到一种审美的把握，又要能透过电影的各个组成元素，获得多方面的艺术享受。这样欣赏电影艺术作品，我们就会产生更多的乐趣，也会更快地提高艺术欣赏的水平。

第三节 电视

一、什么是电视

“电视”这个词来源于希腊文 fēle（意为从远处的、远的）和拉丁文 visio（意为看），合起来的意思就是“远距离传送画面”。“TV”作为电视的代号，是英文 television 的简写。前缀 Tele 是遥远、末端的意思，词干 vision 是视力、视觉的意思。因此 television 的含义就是“遥远的地方也能看得见的图像”。与前面所述的希腊文和拉丁文组成的“远距离传送画面”的意思，大致相近。

电视是透过空间远距离播送画面（静态和动态的、黑白和彩色的）以及音响，向观众直观地报道生活现象和艺术现象的传播工具，也是当代最先进的传播信息的媒介和人类文明进步的重要标志。1936 年 11 月 2 日，英国在伦敦市郊的亚历山大宫开办了世界上第一座正规的电视台，成为世界电视史上的重要里程碑。1940 年，美国诞生了第一部彩色电视机，大大加强了图像的表现力。1964 年，美国发射“同步静止卫星”，实现了全球性传播。20 世纪 70 年代美国又研制成功多路传播电视设备，提高了频道利用率和画面清晰度。现在，家庭拥有专门天线，接收卫星电视传播节目已成现实。我国的电视与世界上先进国家相比，起步较晚，但发展较快。1958 年 5 月 1 日，北京电视台（中央电视台前身）诞生，标志着我国也迈进了电视时代。20 世纪 80 年代，中国电视事业飞速发展。今天，中国电视已呈现出无线电视、卫星电视和有线电视等多种电视传播并举的局面。

二、什么是电视剧

随着科学技术的迅猛发展，世界已经进入了电子时代。文学艺术与科学技术的发展相适应，也进入了电视文艺时代。几乎每个文学艺术门类都可以和电视结缘，都可以通过电视这个传媒，深入到千家万户。电视文艺园地也越来越显得花团锦簇、五彩缤纷：MTV、舞蹈 TV、相声 TV、电视小说、电视散文、电视小品、电视文艺晚会、电视剧、电视风光片、电视艺术片……然而，电视文艺再繁荣，电视文艺的集中标志，还是应当说是以电视剧艺术为其代表的。无论在发达国家，还是在中国，在众多的电视文艺节目中，电视剧总是占有极其重要的地位，一般都在收视率最高的“黄金时间”，安排各种类型的电视剧，而且数量之多，达到了惊人的地步。英国一家电视系统（ITV）每年播放电视剧达三千多小时；美国三大广播公司（ABC、CBS、NBC）每年制作的电视剧多达二千多部。我国的电视剧生产近几年成倍增长，1995 年达到 7000（部）集。正是在这种高速发展中，电视剧日益显现出其独特的艺术特性，并逐渐地形成一门独立的、新兴的文学艺术样式。这样继绘画、雕塑、建筑、音乐、舞蹈、文学、戏剧、摄影、电影之后，正是由于电子技术的发展，为我们创造了人类历史上的第十艺术——电视剧

电视连续剧《铁齿铜牙纪晓岚》

艺术。

电视剧是一朵文艺新花。它是文学艺术与科学技术发展的产物，合影、光、声、色为一体，熔绘画、雕塑、音乐、舞蹈、文学、戏剧、电影精华于一炉，用现代化的录相手段制作而成的以家庭传播方式为主要特征的一种崭新的艺术样式。电视剧融合了舞台戏剧和电影的许多表现手法，加上电视传播手段。因此，电视剧的产生，如果没有电子技术的发展，没有电视科学的诞生，也就谈不上电视剧。其次，电视剧作为一门艺术，它又是戏剧、电影艺术的继续和发展，如果没有戏剧和电影，很难想象电视剧艺术该是什么样子。所以说，电子技术为电视剧的产生提供了必要的技术手段，而戏剧与电影又为电视剧的发展提供了重要的艺术依据。

电视剧继承了戏剧的传统、理论和艺术形式。戏剧为电视剧的构成提供了人物、情节、冲突、动作、语言等重要依据，这些已成为电视剧不可缺少的主要组成部分。因此，从这个意义上来说，电视剧是借助电子技术手段，在屏幕上播映的戏剧。

电视剧借鉴了电影的主要技术手段和表现技巧。电视和电影一样，创作班子里都需要编、导、演、摄、美、录等司职人员。它们都是先由演员按照戏剧情节规定进行表演，然而录制下来播映，所不同的是，电影使用摄影机和胶片，电视则使用摄像机和磁带。它们在拍摄过程中，都采用“切”、“特写”、“分镜头”、“内外景转换”以及“蒙太奇”等技术手段，所不同的是电影可以自如地运用全景、远景、中景、近景和特写，电视剧是更多地运用特写和中、近景。它们都借助于光源播映出来，所不同的是电影以电力为光源，电视以电子为光源。它们都需要在屏幕上显示形象，所不同的是电影借助银幕，电视则借助于荧屏。由于电视剧较多地借助于电影的主要技术手段和表现技巧，所以有人将电视剧直呼为“小电影”。

世界上第一部电视剧《花言巧语的人》于1930年在伦敦播放和中国第一部电视剧《一口菜饼子》于1958年在北京播出算起，中外电视剧诞生的时间都不算太长，但却得天独厚，大有后来居上趋势。电视剧一方面可以从母体电视身上吮吸乳汁，另一方面又可以从姊妹艺术身上吸取营养，博采众长，为己所用。母的先天条件——技术的先进性给电视剧带来了表现手段的先进性，“姊妹”身上的奇招怪式，各有独到之处，又给电视剧带来了表现手段的无限丰富性。然而，电视剧从最初照搬其他艺术的现成形式，发展到今天开始对自身表现方法的探索；从最初模仿戏剧和电影的手法，最后将发展到能认真吸收其他艺术之长，结合电视艺术的特点，来建构自己的美学体系，还需要一定时间的艺术实践。

由于电视剧反映社会生活异常广泛，艺术表现手法又十分灵活，因此，电视剧种类繁多，形式多样。我们根据电视剧各种不同的艺术特点，把电视剧按照传播方式、作品题材、改编方式来进行分类。

电视连续剧《围城》

按传播方式分类，可分为电视短剧、电视单本剧、电视连续剧和电视系列剧等；按作品题材分类，可分为电视历史剧、电视现代剧、电视战争剧、电视爱情剧、电视传记剧和电视儿童剧等；按改编方式分类，一般可分为小说改编、话剧改编、歌剧改编、戏曲改编、报告文学改编等。

三、电视剧的特征

技术特征　电视剧技术特征的鲜明标志是：制作快。拍摄一部单本电视剧通常只要半个月左右的时间。最慢的三五个月，最快的甚至只有四五天工夫就可以完成。这是电影所不能相比的。电视剧的这一技术特征是由电视技术决定的：①电视剧的拍摄一般用摄像机或录相机，生产工具的变革对生产力的提高无疑具有重大的作用。②电视剧通过拍摄和录相，当场可以看到艺术效果和艺术质量，如不符合要求，当场可以消磁重录。③录相技术可以同期录音，大大减化了制作过程，缩短了制作工期。④电视剧的画面剪辑，大部分是导演当场完成的，后期制作要比电影花的工夫少得多。正是由于电视剧的生产要比电影快得多，也就使电视剧能迅速地反映社会现实生活，能及时地将有影响的文学作品加以改编并抢先拍成翻映，这也大大提高了它与电影和戏剧的竞争能力。

观赏特征　电视剧的观赏特征主要标志是：屏幕小。这个“小”，是值得制作者高度重视的问题。剧作的结构、场面的处理、景别的运用，都要受到“小”的限制。否则，就达不到良好的艺术效果。这个“小”的特点，还决定了电视剧的特征：①视距近。电视剧拍摄时特别需要注意景别的运用和镜头的处理。场景运用不宜太多，多则情节易失于零散松懈。场景运用也不宜太少，少则看上去会像独幕剧，缺乏变化，流于单调。镜头 运用不宜于表现大场面，多用大远景，蒙太奇结构也应以中、近景和特写为基础。由于近，制作时就特别需要加强在反映现实生活和塑造人物方面的真实可信性。②随意性。电视剧的家庭观赏方式，带来了欣赏时方便、自由的随意性。这个随意性会使与观赏无关的活动起到抵消和消弱电视剧的艺术感染力的作用。因此，这就要求电视剧创作上必须扬长避短，“贵在浅中求深”，力求通俗易懂，雅俗共赏，把观众牢牢的吸引在屏幕之前。③群众性。电视剧拥有的观众数量是其他艺术样式所无法比拟的，因此尤需注意社会效果和艺术质量。又由于电视机深入家庭，一家男女老幼聚在一起观赏，因此，电视剧的创作者还应注意，不要把那些不健康的思想感情，不正当的伦理关系和使家庭成员间隐入难堪的场面、镜头出现在屏幕上，以避免造成不良的社会影响。

电视剧的技术特征和观赏特征属于电视剧的外部特征，这并不属于电视剧所独有的，也适合于其他电视文艺和电视节目。但这些外部特征是我们进一步探讨其内部特征，即电视剧的艺术规律所不能忽视的。因为，电视剧的艺术特征是受技术特征和观赏特征所制约的，甚至是由这些外部特征所决定的。

艺术特征　电视剧的艺术特征主要包括四个方面：①电视剧是综合性最强的艺术。首先，它是文学艺术和现代先进的科学技术的综合，它利用先进的科学技术，把人物、故事和环境变成一系列具体的视觉形象，映在屏幕上。其次，它又吸收了一切文学艺术样式的特长，尤其是吸取了也带综合艺术特点的戏剧和电影的艺术特长，加以创造性的综合，形成了迄今为止综合性最强的全新的艺术。因此，这就要求电视剧的创作者，应该熟悉各种文学艺术的特征，具有较高深的文学艺术修养，只有这样，才能较好地完成这一综合性最强的艺术的制作工作。②以家庭生活为主要题材的艺术。电视剧的“小屏幕”不适于表现千军万马的大场面，勉强为之，观众看不清楚，劳民伤财。但对于表现日常生活和家庭生活倒可细致入微，大显身手。又由于家庭欣赏方式所形成的观赏特征，表现日常生活和家庭生活的电视剧会比同类题材的电影，更能激发观众的感情共鸣，获得意想不到的收视效果。如外国的《安娜·卡列尼娜》、《女奴》、《血疑》、《娜拉》等，我国的《家风》、《新岸》、《婚礼上的儿歌》、《家教》等，都使观众感到电视剧里发生的故事，就像发生在自己的身边一样，觉得异常亲切生动。③以心理刻画来塑造人物为主要方法的

情景喜剧《密月中人》（美国）

艺术。电视机械和电子装置，为电视剧刻画人物的内心世界，提供了戏剧和电影所难以做到的技术条件。电视剧可以通过摄像机精确地抓住人物意味深长的细节，表现人物复杂的内心世界。而最细腻最逼真地展现人物内心世界的方法，就是运用特写镜头。因为特写镜头可以通过人的表情、动作来说话，来展示人物的内心活动，塑造人物的典型性格。电视剧的特写镜头又比电影的特写镜头看上去更自然、亲切和舒服。不像电视在银幕上的特写，人物的眼睛或脸部被放大成真人的几十倍，时间稍长观众会觉得太刺激而难受。④以紧凑精简设计情节为主要手段的艺术。观念的随意性，使电视剧的情节显得十分重要和突出。因此，电视剧要开门见山，快入情节，展开矛盾。只有情节紧凑，矛盾尖锐，才能紧紧地始终抓住观众。否则，观众会关掉电视机或转到其他频道上去。要吸引观众，电视剧必须做到：过渡尽量精简，人物推动情节，情节依靠冲突。

由于电视剧艺术尚处在探索和发展过程中，因而有些内部艺术规律还不十分突出和鲜明，这就有待于电视剧创作者们今后的艺术实践，也有待于电视剧的理论工作者们进一步去探求和总结。

四、怎样欣赏电视剧艺术

1. 多种多样的体裁

电视小品　小品，本来是戏剧学院里训练学员表演的一种练习形式，一般都是较短小的、有主题、有思想和简单情节的一段戏。原出于苏联戏剧界，经戏剧大师斯坦尼斯拉夫斯基的进一步创造发展，成为在戏剧排练中作为分析剧本和角色的辅助手段。小品在最近几年在我国的电视中十分走红，与歌舞、相声一起成为每年的春节文艺晚会的三大内容之一，深受观众欢迎。但是小品与电视小品有共性，又有个性，其个性就在于电视小品的电视形象化。它小巧灵便，采用实景拍摄，编写快、制作易、成本小，播出及时，能够调剂和丰富荧屏的花色品种。如中央电视台摄制的《多棱镜》、上海电视台摄制的《电视塔下》都曾在社会上引起较大反响。电视小品，又有电视短剧之称。

电视报道剧　以反映真人真事为基础的形象、视觉化的电视艺术形式，它以“真”、“快”、“新”夺人，是集新闻性、时代性、文学性、艺术性于一身的电视“报告文学”。像《邱财康》、《永不凋谢的红花》以及《徐洪刚》、《孔繁森》等。

电视单本剧　由一个完整的故事情节所构成，有整个故事的发生、发展、高潮和结

尾，矛盾集中，首尾连贯，结构完整，单独成剧，一次播完，时间有回旋余地，一般 50 分钟一部，短则 30 分钟，长则 100 分钟要分上集、下集。如《新岸》、《继母》、《秋白之死》等。

电视连续剧　是分集播出的多部集的电视剧。其中主要人物和情节是连贯的，每集只播整个故事的一部分，但它也可以单独成集，只是在结尾时留下悬念，以待下集人物和情节再继续发展。它类似我国的“章回小说”和“长篇评书”，往往说到紧张的高潮处，来一个“欲知后事如何，且听下回分解”，借以引起观众的兴趣，达到吸引观众再看下集的目的。

电视连续剧这种艺术形式，最能发挥电视的特长。现在一般认为，电视连续剧是最富电视剧特征的艺术形式，是将电视剧与其他视听艺术区别开来的主要方式。国外一部受欢迎的电视连续剧，往往能使数以亿计的观众受到它的影响。如美国的《佩顿·普赖顿》，至今已播出了上千集，仍望不到尽头。英国的《加冕典礼街》共 1144 集，连播 15 年以上，为举世罕见。我国电视连续剧虽起步晚，但近年来有了长足的进步。出现了一大批在观众中颇有影响的优秀之作，如根据我国四大古典名著改编的《红楼梦》、《西游记》、《三国演义》、《水浒传》，现代题材中的《围城》、《北京人在纽约》、《孽债》等。

电视系列剧　电视系列剧虽然也是分集播出，但它与电视连续剧不同，它虽由

电视系列剧《我爱我家》

几个主要人物贯穿全剧，但故事本身并不连贯。电视系列剧每一集都是一个新的完整的故事，并且这一集与下一集在故事内容上没有任何联系。也就是说，人物有连贯性，而情节是独立的，观众可以连续看，也可以断断续续看，就是偶然看一集，也能看得懂。如美国的《加里森敢死队》、日本的动画片《铁臂阿童木》、我国的《我爱我家》等。

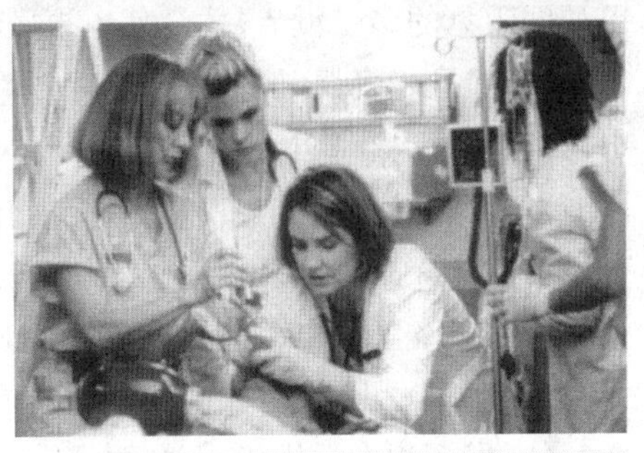

电视系列剧《急诊室的故事》（美国）

电视系列片　电视系列片与电视系列剧的区别就在于一个“剧”字上。电视系列片没有戏剧情节。像《动物世界》、《人和大地》，主要反映了大地上动植物的风貌，以及人与大地的亲密关系。

2. 新颖别致的特技

电视有它自己独特的表现手法和拍摄特技，如把荧屏画面的一部分开始消去，然后再把其他画面显示出来的“消显法”。“挖空图形法”就是把挖空的图形套在镜头上，映出其中的挖空部分，使画面摇曳多姿，悦目赏心。还可以用多面体的棱镜玻璃放在镜头上，拍摄多面性的图像，以造成幻觉和扑塑迷离的特殊效果。这里，着重介绍一种常用的“抠像法”。“抠像法”又叫嵌空法。它用一个讯道出蓝色衬景前的主体，同时又用第二个讯道出背景和环境画面，然后对第一讯道作蓝色消除的处理，把它叠在二讯道背景和环境画面上，从而坐收把主体置于任何环境中行动的效果。譬如，我们要拍摄一个在北京八达岭长城男女主人公邂逅的场面，不必到北京去实地拍摄，而是可以用“抠像”的技巧来解决。我们可以让演员在演播室里表演男女主人公邂逅这段戏，而什么布景都不用，只需在人物的背面放上蓝色的衬景，用讯道Ⅰ摄像机拍录这两个演员的表演，又用迅道Ⅱ摄像机摄录库存的北京八达岭长城的图片资料，把两个讯道叠合起来并对讯道Ⅰ作蓝色消除的处理，这就能在荧屏上映现出男女主人公在北京八达岭长城上的邂逅的场面了。现在，电脑制作也加入到电视艺术的制作中来，使电视的表现手法和特技制作更加丰富多彩，异象纷呈。

3. 有待探索的潜质

电视剧，顾名思义，就是“电视”的“剧”。它既不是舞台剧，也不是银幕上的剧，而是荧光屏上的剧。只有发挥电视艺术独特的个性，以其所独有的一套表现手段来展

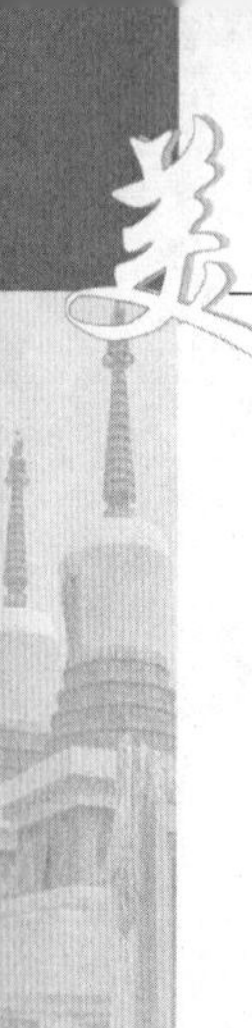

现耳闻眼见的多彩世界，才会使电视剧艺术经久不衰、青春常驻。纵观我国目前的电视剧，形式虽趋多样，但大部分是近似“电影缩小版”，都是用拍电影的一些手法来拍电视剧。因此，许多电视剧常显露出戏剧的思维定势和电影的创作模式。电视剧在我国涉世未深，只有40年左右的历史，尚未形成自己完整的美学体系。从道理上讲，只有显示自己特征的艺术才有生命力。电视剧应该朝这方面努力。但是，究竟什么是电视剧自己的路”怎样走自己的路？电视界和文艺理论界也众说纷纭，莫衷一是。这里浅谈几点以作引玉之砖。

(1) 发挥纪实性优势、新闻性优势。电视是传播信息既快又多的最先进的工具，它以快见长，以新取胜。电视艺术除了具有文艺的一般属性外，还具有纪实美学的一些特色。我国的电视剧从一诞生起，就具有鲜明的时代特色和纪实性。从《邱财康》到《女记者的画外音》，从《高山下的花环》到《苍天在上》，无一不是选择了人们最关心、最感兴趣的事物，发挥出电视剧纪实性和新闻性的优势。

(2) 发扬“家庭艺术”之长。由于屏幕小，视距近，电视剧不适宜表现气势恢宏的大场面，而以塑造人物、刻画人物心理见长，很有一种亲和的艺术感染力。那些表现人物内心世界的“心理剧”，伦理道德和家庭问题的连续剧，一直很受观众的青睐。尤其电视剧的特写更有穷幽显隐，化微为宏，化远为近，化暗为明的功能。它能直呈心灵，借助于回忆、闪回、联想、比兴、隐喻、象征、幻觉、梦境、意识流……把人物心灵的奥秘展现在观众面前，如睹“心灵透视片”。电视剧只有充分发挥特写的优势，做到以面部表情和眼神来说话：眯一下眼——这是一个事件，撇一撇嘴——又是一个事件，皱一皱眉——可能是天崩地裂，撼人心魄。掌握小中见大的规律，就能化局限为无限，使窄小荧屏别开生面。所以，电视剧切勿因荧屏小而感到无所作为，去和电影在“大”字上争长论短。只有遵循“小”的规律和发挥“家庭艺术”的优势，努力开拓心灵世界的屏幕潜力，电视剧的路子才能越走越宽。

早期直播剧《十二个愤怒的人》（美国）

(3) 注意“慢慢道来”的叙述方法。电视剧可以不受篇幅的任何限制，长达十几集甚至几十集，完全可以像长篇小说那样自由铺陈，长篇巨著在改编为电影时都会遭到必不可少的删割，而在电视连续剧中却可以充分保持其丰富的内容。

(4) 拒绝采用细碎的蒙太奇手法。时空错乱，镜头跳来跳去或剪辑过于细碎，这在电影中一度曾被视作“创新”之举，在电视剧中却难以采用。除非用于广告以吸引人注意，或用于游艺晚会以制造“目不暇接”的热闹气氛。观众坐在电视机前，更乐于平静地欣赏较稳定流畅的画面，而不大愿意被弄得眼花缭乱。

(5) 大胆尝试即兴创作。即兴创作在戏剧和电影中都曾有过，但随着戏剧和电影的成熟，即兴创作便逐步消失了。然而，由于电视制作工艺过程的简便，为即兴创作提供了物质手段，在西方，即兴创作在电视剧拍摄中并不少见，安东尼奥尼、达戈尔等人倡导即兴拍电影，也正是借鉴了电视创作的经验才提出这个主张的。

总之，电视剧创作既要博取广纳，为我所用，又要独辟蹊径，走自己的路，逐步形成自己的美学体系。

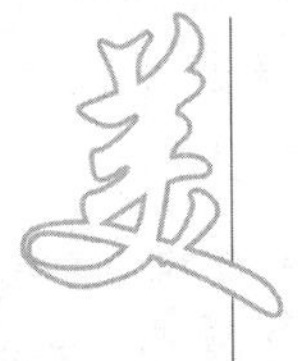

后 记

这本《大学美育》总结了我二十多年来在大学从事美育教学工作的心得。我真诚地希望读者能接受它。

从 1982 年开始，我在南京地区的高校为学生举办了有关文学、艺术、美学等各类讲座，受到了大学生们的热忱欢迎，其情其景至今仍令我感动。当时，大家对大学里进行美育的认识远不像今天这样清楚，但我明白在他们的知识结构里缺少文学、艺术、美学方面的储备；且从大学生那么欢迎上我的美育课中，也说明了他们对这部分知识的渴求。

随着我国高等教育改革的不断深入，大学美育也越来越被人们所重视。无论从 1988 年国家教委提出要在普通高校里普及艺术教育，到制定出台的从 1991 年—2000 年的《全国学校艺术教育总体规划》；还是 2001 年国家教育部提出要重视大学生的文化素质的教育，到 2009 年全国高校美育研究会召开的大学美育课程设置与教材编写的研讨会，都表明了我国高等教育的改革已经进入到人才素质的全面培养，并与世界高等教育发展趋势相一致的新的阶段。

本书是为了适应当代具有大学水平的学生，尤其是为适应理工科大学学生而编写的，在本书中，我较多地注意到这个层次读者的知识结构、专业特长以及对文学、艺术、美学关注的热点，并期望他们通过对本书的阅读，在了解美学的基本原理、掌握文学艺术的一般理论、提高文艺欣赏能力等方面，都有所提高，有所帮助。

在普通高校开设大学美育课程，目前还属起步阶段；编写这方面的教材，更是困难重重。我深感没有一条现成的道路可走，只有靠自己不断摸索。由于文学、艺术、美学等学科的许多理论问题目前仍在探索之中，而本书又是为适应教学的需求而仓促写就，更由于本人水平所限，因此，在全书的体系、章节、内容编排和具体论述等方面都有待于更严谨、更周密的推敲。在这里，仅作引玉之砖，希望得到美育专家、学者、同行们以及使用本书的大学生们不吝指正。

本书在编写过程中，得到了国家教育部体卫艺司领导、全国高校美育研究会的同仁、江苏省教育厅体卫艺处领导的关怀和南京理工大学教材科同志的积极支持。国防工业出版社为本书的出版做了大量的细致而富有成效的工作。在此，我谨向他们致以最诚挚的敬意！

姚　军

2009 年初冬于南京理工大学